JN132430

全国商業高等学校協会主催
情報処理検定試験準拠

情報処理検定試験模擬問題集　2級
―プログラミング編―

■ はじめに ■

　本書は，平素の学習がそのまま全商情報処理検定試験プログラミング2級合格につながるよう構成してあります。皆さんが最後の問題までていねいに学習され，検定試験合格の栄冠を得られることを願ってやみません。

● 【解説】では，出題範囲の用語解説と練習問題を登載しました。
● 【用語チェック問題】は，定着度のチェックや検定試験直前の確認にも使えます。
● 【模擬問題】は，全商情報処理検定試験プログラミング2級のこれまでの検定試験をもとに，最新の検定基準を踏まえて作成しました。(全12回)
● 【検定試験問題】は，最近2回分(第69・70回)の情報処理検定試験問題を収録しました。実際に出題された問題を解いて，実力を確認。

■ 情報処理検定試験について ■

　情報処理検定試験は，コンピュータの関連知識と利用技術・プログラミングを検定するために，公益財団法人全国商業高等学校協会の主催によって行われます。
　検定は，第1級(ビジネス情報・プログラミング)，第2級(ビジネス情報・プログラミング)および第3級が設定されています。第2級のビジネス情報と第3級には実技試験があります。検定に合格するためには，各級とも各試験において，100点を満点としたときに70点以上の成績を得ると合格になります。検定に合格した者には合格証書が授与されます。
　試験時間は次のようになります。

	ビジネス情報		プログラミング
	筆記試験	実技試験	筆記試験
1級	60分		60分
2級	30分	20分	50分

	筆記試験	実技試験
3級	20分	20分

目 次

ハードウェア・ソフトウェアに関する知識

■1▶ ハードウェアの構成

（1）磁気ディスク装置

金属やガラスの円盤に磁性体を塗り，磁気によって情報を記録する記録媒体。磁気ディスクと，その磁気ディスクにアクセスする機構が一体化したものを磁気ディスク装置とよぶことが多い。次のような構造で，情報を読み書きする。

① **磁気ヘッド**

磁気ディスクにデータを読み書きするパーツ。

② **アクセスアーム**

磁気ヘッドを磁気ディスクの所定の位置に移動させるパーツ。

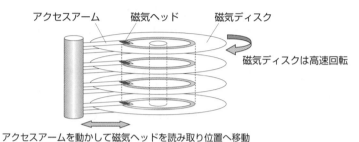

③ **トラック**

磁気ディスクの記録単位であり，磁気ディスクを同心円状に分割した領域。

④ **セクタ**

磁気ディスクの最小の記録単位であり，トラックを分割した領域。

⑤ **シリンダ**

磁気ディスク装置の記録単位であり，同じ半径のトラックの集まり。アクセスアームを動かさないでデータを読み書きすることができる。

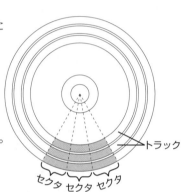

（2）入力装置

① OCR[Optical Character Reader　光学式文字読み取り装置]

手書きの文字や印刷された文字を光学的に読み取り，文字データに変換する装置。C は Character（文字）を意味する。次の OMR との違いに注意する。

② OMR[Optical Mark Reader　光学式マーク読み取り装置]

鉛筆などで塗りつぶされたマークシートのマークを光学的に読み取る装置。M は Mark を意味する。

（3）UPS[Uninterruptible Power Supply　無停電電源装置]

自然災害や操作ミスなどによってシステムへの電力供給が止まってしまった際に，コンピュータに一定時間電力を供給する装置。短い時間で UPS からの電力供給は途切れてしまうが，システムの管理者やユーザはこの時間を利用して安全にシステムを停止することができる。

練習問題 1-1　　　　　　　　　　　　　　　　　　　　　解答 ➡ P.2

【1】次の文に最も関係の深い語を解答群から選び，記号で答えなさい。

1．磁気ヘッドを磁気ディスクの所定の位置に移動させるパーツ。

2．磁気ディスク装置の記録単位であり，同じ半径のトラックの集まり。

3．鉛筆などで塗りつぶされたマークシートのマークを光学的に読み取る装置。

4．磁気ディスクの最小の記録単位であり，トラックを分割した領域。

5．自然災害や操作ミスなどによってシステムへの電力供給が止まってしまった際に，コンピュータに一定時間電力を供給できる装置。

─解答群─

ア. OCR　　　　　　　　**イ**. OMR　　　　　　　　**ウ**. UPS

エ. アクセスアーム　　　**オ**. 磁気ヘッド　　　　　**カ**. シリンダ

キ. セクタ　　　　　　　**ク**. トラック

1		2		3		4		5	

2 ソフトウェアに関する知識

（1）画像のデジタル表現

① ドット［dot］

ディスプレイに表示したり，プリンタで印刷したりする文字や画像を構成する最小単位の点。ドットは色情報をもたず，白か黒（点があるかないか）で表現される。ドットの密度が大きいほど，文字や画像を細かく表現することができる。

ドットの密度が大きい　　ドットの密度が小さい

② ピクセル（画素）［pixel］

色情報をもつ，デジタル画像の最小単位。画素ともいう。ドットと同じ意味で用いられることも多いが，ドットは色情報を持たないのに対し，ピクセルは色調・階調・透明度などの色情報を持つという点で異なる。

ピクセルの拡大図

③ 解像度

画像や文字などをどこまで細かく描写できるのかを表す尺度。dpi や ppi などの単位を用いて表現することが多い。

ア dpi［ディーピーアイ：dots per inch］

1 インチ（2.54cm）の中にいくつのドットが入っているのかを表す単位。例えば，300dpi の場合は，1 インチの中に 300 個のドットが存在する。この値が大きいほど解像度が高い。

イ ppi［ピーピーアイ：pixel per inch］

1 インチの中にいくつのピクセルが入っているのかを表す単位。例えば，300ppi の場合は，1 インチの中に 300 個のピクセルが存在する。この値が大きいほど解像度が高い。

④ RGB［アールジービー］

Red（赤），Green（緑），Blue（青）の頭文字を取ったもので，これらの色を組み合わせて色を表現する方法。ディスプレイ表示などで用いられる。

⑤ CMYK［シーエムワイケー］

Cyan（シアン）（青緑色），Magenta（マゼンタ）（赤紫色），Yellow（黄色），Key plate（黒）の頭文字を取ったもので，これらの色を組み合わせて色を表現する方法。カラー印刷などで用いられる。黒は，blacK の K であると表現されることもある。

⑥ 画像容量の計算

画像容量は，ビットカラーや画像のピクセル数などの情報から計算することができる。

ア ビットカラー

1 ピクセル（ドット）あたり何ビットのデータ量で色情報を表現するかを表す。例えば，24 ビットカラーは，1 ピクセルあたり 24 ビットのデータ量で色情報を表すことを示す。

ビットカラーと表示できる色数の関係は，次の計算式で表すことができる。

$$2^{ビット数} = 表示できる色数$$

ビット数と表示できる色数

8 ビットカラー →	2^8	=	256 色
16 ビットカラー →	2^{16}	=	65,536 色
24 ビットカラー →	2^{24}	=	約 1,677 万色

約 1,677 万色は，人間の目で識別できる色数を超えているといわれているため，24 ビットカラーをフルカラーという。

イ　画像容量の計算方法

（問い）　横 1,600 ピクセル，縦 1,200 ピクセルの画像をフルカラーで圧縮せずに保存する場合，画像 1 枚の記憶容量は何 MB になるか。ただし，フルカラーは 24 ビットカラーとし，1MB ＝ 10^6B とする。

（解説）以下のように，順を追って計算を行っていく。

ステップ1　画像全体の画素数を計算する

横 1,600 ピクセル，縦 1,200 ピクセルの画像の総画素数は，1,600 × 1,200 = 1,920,000 より，1,920,000 ピクセルとなる。

ステップ2　画像全体のビット数を計算する

1 ピクセルあたり 24 ビットのデータ量を持つことが，問題文に示されている。この画像には 1,920,000 ピクセルの画素が含まれているので，画像全体のビット数は，1,920,000 × 24 = 46,080,000 より，46,080,000 ビットとなる。

ステップ3　単位を変換する

1B は 8 ビットなので，46,080,000 ÷ 8 = 5,760,000 より，この画像は 5,760,000B の記憶容量をもつことになる。問題文より，1MB ＝ 10^6B なので，この画像は 5.76MB の記憶容量をもつことになる。

画像容量の計算方法は，次のように一般化することもできる。

$$画像に必要なバイト数 = \frac{横のピクセル数 × 縦のピクセル数 × 1ピクセルに必要なビット数}{8}$$

（2）圧縮と解凍

① 圧縮

データの意味を保ったまま，ファイルの容量を小さくすること。圧縮したファイルを利用するためには，解凍をしなければならない。

② 解凍

圧縮されているファイルを利用できるようにすること。展開ともいう。

圧縮には，解凍をすることで圧縮前の状態に戻すことができる可逆圧縮と，完全には元の状態に戻すことができない非可逆圧縮がある。

③ アーカイバ

複数のファイルをひとつにまとめたり，まとめたファイルを元に戻したりするためのソフトウェア。アーカイバでファイルをひとまとめにすることにより，データの送受信にかかる負担を軽減することができる。

（3）プラグアンドプレイ[plug and play]

コンピュータに周辺機器を接続すると，デバイスドライバのインストールなどの必要な設定を OS が自動で行う機能。

練習問題 1-2

解答 ➡ P.2

【1】 次の文に最も関係の深い語を解答群から選び，記号で答えなさい。

1．ディスプレイに表示されたり，プリンタで印刷されたりした文字や画像を構成する最小単位の点。

2．1 インチの中にいくつのピクセルが入っているのかを表す単位。

3．赤・緑・青の 3 色を組み合わせて色を表現する方法。

4．複数のファイルをひとつにまとめたり，まとめたファイルを元に戻したりするためのソフトウェア。

5．コンピュータに周辺機器を接続すると，デバイスドライバのインストールなどの必要な設定を OS が自動で行う機能。

```
┌ 解答群 ─────────────────────────────────┐
│ ア．CMYK          イ．dpi           ウ．ppi        │
│ エ．RGB           オ．アーカイバ      カ．圧縮       │
│ キ．解凍           ク．ドット         ケ．ピクセル    │
│ コ．プラグアンドプレイ                            │
└──────────────────────────────────────┘
```

1		2		3		4		5	

【2】 横 1,000 ピクセル，縦 700 ピクセルの画像をフルカラーで保存する場合，画像 1 枚の記憶容量（MB）はいくつになるか。ただし，圧縮は行わず，フルカラーは 24 ビットカラーとし，1MB = 10^6B とする。

（MB）

【3】 イメージスキャナを用いて，縦 6 インチ，横 8 インチの絵を，解像度 200dpi，フルカラーで読み込んだときの，画像 1 枚の記憶容量（MB）はいくつになるか。ただし，圧縮は行わず，フルカラーは 24 ビットカラーとし，1MB = 10^6B とする。

（MB）

3 ディレクトリとファイル

（1）ディレクトリ

記憶装置の中で，ファイルを分類して保存するための記憶場所。右図のように階層構造にすることによって，多くのファイルを分類・整理することができる。ディレクトリのことを，OS によってはフォルダともよぶ。

```
□ ■ ローカル ディスク (C:)
  ⊞ □ WINDOWS
  ⊟ □ 授業
      □ ビジネス情報
      □ 課題研究
    ⊟ □ 情報処理
        □ 課題
        □ 模擬問題
        □ 練習問題
```

① ルートディレクトリ

ディレクトリの階層構造の中で，最上位にあるディレクトリ。右図では，ローカルディスク（C:）がルートディレクトリとなる。

② サブディレクトリ

ディレクトリの階層構造の中に存在する，ルートディレクトリ以外のディレクトリ。

（2）ファイルの基本

ファイルとは，コンピュータが実行することのできる，一定の目的をもったデータの集まりである。ファイルにはいくつかの種類がある。

① 拡張子

ファイル名の末尾につけられる，ファイルの種類を特定するための文字列。「.」（ドット）以降の文字列が拡張子にあたり，例えば，「test.docx」というファイルの拡張子は「docx」の部分である。（docx

は Microsoft Word で作成されたファイルの拡張子)

② テキストファイル

文字データのみで構成されるファイル。

③ バイナリファイル

文字コードで表現できない情報が含まれるファイル。音声データや画像データなどはバイナリファイルである。バイナリ（binary）は 2 進数という意味であり，バイナリファイルは 2 進数によって記述されている。

（3）ファイル形式

① 画像ファイルの形式

ア BMP[ビットマップ：BitMaP]

画像データを圧縮せず，点の集まりとして保存する，フルカラーのファイル形式。画質はよいが，データ容量が大きくなる。

イ JPEG[ジェーペグ：Joint Photographic Experts Group]

画像を非可逆圧縮によって圧縮する，フルカラーのファイル形式。圧縮率は高いが，画質は劣化する。このファイル形式の規格を制定した団体の名前が，そのままファイル形式の名前になっている。デジタルカメラで撮影した写真や，インターネットの画像などに広く用いられる。

ウ GIF[ジフ：Graphics Interchange Format]

256 色までを扱うことができるファイル形式。イラスト，ロゴ，アイコンの作成などに向いている。簡単なアニメーションを表現したり，特定の色を透過させたりすることができる。インターネットの画像などに広く用いられる。

エ PNG[ピング：Portable Network Graphics]

フルカラーの画像データを，可逆圧縮により劣化させずに圧縮することができるファイル形式。ピクセルごとに透明度を設定することもできる。

② 動画・音声ファイルの形式

ア MPEG[エムペグ：Moving Picture Expert Group]

動画を圧縮して表現するファイル形式。動画は連続した画像である映像と，音声により構成されるが，これらを同期させて圧縮し，動画として表現している。MPEG2，MPEG4 などの種類がある。

イ MIDI[ミディ：Musical Instrument Digital Interface]

シンセサイザーなどの電子楽器を，他の電子楽器やコンピュータと接続し，デジタル信号によって音程や音の強弱，音色などを表現するファイル形式。

ウ MP3[エムピースリー：MPEG Audio Layer-3]

音楽を圧縮して表現するファイル形式。音楽 CD と同程度の音質を保ちながら，大幅にデータ容量を圧縮することができる。

③ その他のファイル形式

ア CSV[シーエスブイ：Comma Separated Values]

値をコンマ（,）で区切って表現するファイル形式。汎用性が高く，表計算ソフトウェアやデータベースソフトウェアなどのさまざまなソフトウェアで利用することができる。

エクセルデータ　　　　　　　　　　　エクセルデータをCSV形式で保存したデータ

	A	B	C	D	E
1	北海道	本州	四国	九州	沖縄
2	60	50	70	40	10
3	15	25	20	25	45

→

```
北海道,本州,四国,九州,沖縄
60,50,70,40,10
15,25,20,25,45
```

イ PDF[ピーディーエフ：Portable Document Format]

コンピュータの機種やソフトウェアのバージョンなどの使用環境に左右されず，作成者が意図したとおりに文書を表現することができるファイル形式。Adobe Reader などのソフトウェアを利用することで，PDF ファイルを読むことができる。

ウ　ZIP[ジップ]

　Windows の「圧縮フォルダ」機能などで使用されているファイル圧縮形式。複数のファイルを，データ容量を小さくしたうえでひとつの ZIP ファイルにまとめることができる。

練習問題 1-3 　　　　　　　　　　　　　　　解答 ➡ P.2

【1】次の文に最も関係の深い語を解答群から選び，記号で答えなさい。

1．256 色までを扱うことができるファイル形式。イラスト，ロゴ，アイコンの作成などに向いている。
2．値をコンマ（,）で区切って表現するファイル形式。
3．音楽を圧縮して表現するファイル形式。音楽 CD と同程度の音質を保ちながら，大幅にデータ容量を圧縮することができる。
4．フルカラーの画像データを，劣化させずに圧縮することができるファイル形式。
5．シンセサイザーなどの電子楽器を，他の電子楽器やコンピュータと接続し，デジタル信号によって音程や音の強弱，音色などを表現するファイル形式。
6．コンピュータの機種やソフトウェアのバージョンなどの使用環境に左右されず，作成者が意図したとおりに文書を表現することができるファイル形式。
7．Windows の「圧縮フォルダ」機能などで使用されているファイル圧縮形式。
8．動画を圧縮して表現するファイル形式。
9．画像データを圧縮せず，点の集まりとして保存する，フルカラーのファイル形式。
10．画像を非可逆圧縮によって圧縮する，フルカラーのファイル形式。圧縮率が高く，画質が劣化しにくい。

```
解答群
ア．BMP      イ．CSV      ウ．GIF      エ．JPEG     オ．MIDI
カ．MP3      キ．MPEG     ク．PDF      ケ．PNG      コ．ZIP
```

1		2		3		4		5	
6		7		8		9		10	

4 ▶ 関連知識

（1）2進数の計算

① 基数変換

　0 と 1 の 2 種類を用いて値を表現する方法を，2 進数という。コンピュータは電気を使って処理を行うが，電流が流れている状態を 1，流れていない状態を 0 と表すことができるので，コンピュータにおける情報表現は 2 進数と相性がよい。一方，コンピュータの利用者である人間は多くの場合 10 進数を用いて情報表現をするため，コンピュータは 10 進数で入力された値を 2 進数に変換したり，2 進数で処理をして算出した値を 10 進数に変換したりする必要がある。

　このように，ある進数で表した数値を別の進数に変換することを**基数変換**という。

10 進数と 2 進数の対応表

10進数	2進数
0	0
1	1
2	10
3	11
4	100
5	101
6	110
7	111
8	1000
9	1001
10	1010
11	1011
12	1100
13	1101
14	1110
15	1111
16	10000
17	10001
18	10010
19	10011
20	10100

② 基数変換の方法

ア 10 進数から 2 進数への変換

10 進数を 2 で割り切れなくなるまで割り，その余りを逆から読む。

例 10進数14を2進数にしなさい。

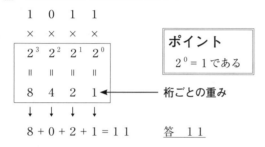

```
2）14      余り
2）  7・・・0
2）  3・・・1
2）  1・・・1
      0・・・1
```

答　1110

イ 2 進数から 10 進数への変換

2 進数の各桁に，桁ごとの重みを乗じてその和を求める。

例 2進数1011を10進数にしなさい。

```
1   0   1   1
×   ×   ×   ×

2³  2²  2¹  2⁰
‖   ‖   ‖   ‖
8   4   2   1  ◄──── 桁ごとの重み
↓   ↓   ↓   ↓
8 + 0 + 2 + 1 = 11      答　11
```

ポイント

$2^0 = 1$ である

ウ 2 進数の加算

例 2進数1110と2進数1011の和を求めなさい。

```
    1110
+   1011
   11001
```

答　11001

加算の基本

$0 + 0 = 0$
$0 + 1 = 1$
$1 + 0 = 1$
$1 + 1 = 10$ ‥‥‥ 1 + 1 は桁が上がり
10 となる。

エ 2 進数の減算

例 2進数1110と2進数1011の差を求めなさい。

```
    1110
-   1011
    0011
```

答　11

減算の基本

$0 - 0 = 0$
$0 - 1 = -1$ ‥‥‥ −1 になる場合は，上位
の桁から借りてくる。
$1 - 0 = 1$
$1 - 1 = 0$

オ 2 進数の乗算

例 2進数1110と2進数1011の積を求めなさい。

```
       1110
×      1011
       1110
      1110
     0000
    1110
 10011010
```

乗算の基本

$0 × 0 = 0$
$0 × 1 = 0$
$1 × 0 = 0$
$1 × 1 = 1$

答　10011010

（2）情報関連規格

① ISO［アイエスオー：International Organization for Standardization］

　　国際標準化機構。国際間での製品の取引を促進するために，工業などのさまざまな産業における規格の標準化を行う国際機関。

② IEEE［アイトリプルイー：Institute of Electrical and Electronics Engineer］

　　電気電子学会。コンピュータやネットワークにおける規格の標準化を行う，世界規模の研究組織。本部はアメリカのニューヨークにある。例えば，IEEE1394 はデジタルカメラやハードディスクなどの周辺機器とパソコンを接続する規格であり，IEEE802.11 は機器同士が相互に無線 LAN 通信を行うための規格である。

③ JIS［ジス：Japanese Industrial Standards］

　　日本産業規格。日本の製品やサービスについて，生産者の効率性や利用者の利便性のために定められる規格。

④ ANSI［アンシー：American National Standards Institute］

　　米国規格協会。アメリカの工業製品について，標準化・規格化を行う団体。日本の JIS と同じような役割を担っている。

（3）文字コード

　　文字コードとは，コンピュータで文字を扱うためのルールである。代表的な文字コードには，JIS コード，ASCII コード，Unicode がある。

① JIS コード［ジスコード：Japanese Industrial Standards Code］

　　JIS によって定められた文字コード。パソコンで日本語を扱うための文字コードのひとつ。アルファベットや数字などは 7 ビット（または 8 ビット）で，漢字は 16 ビットで表現する。

② ASCII コード［アスキーコード：American Standard Code for Information Interchange］

　　ANSI によって定められた文字コード。アルファベットや数字などを，1 文字につき 7 ビットで表現している。英数字を表す文字コードとして，互換性が高い。

③ Unicode［ユニコード］

　　世界中で使われている文字を，ひとつのコードとして表現する文字コード。当初は 1 文字を 2 バイトで表現しようとしたが，漢字などを収録しきれず，1 文字を 4 バイトで表現する拡張規格が設けられた。

（4）システムにかかる費用

① イニシャルコスト

　　システムを導入する際にかかる費用。コンピュータ機器やソフトウェアの購入代金が，イニシャルコストの例として挙げられる。

② ランニングコスト

　　システムを導入した後，運用や維持のために必要となる費用。プリンタのインク代や，ソフトウェアのバージョンアップ費用，セキュリティのための保守費用などがランニングコストの例として挙げられる。

③ TCO（総保有コスト）［Total Cost of Ownership］

　　イニシャルコストとランニングコストを合わせた，システム利用のための費用の総額。

（5）ワイルドカード

　　文書作成ソフトウェアやファイル管理機能などにおいて，文字列やファイル名の検索を行う際に，任意の文字（文字列）を表す特殊な記号。ワイルドカードを利用することにより，効率的に検索や置換を行うことができる。

　　ワイルドカードには，「*」と「?」がある。

*	任意の長さの文字列を表す
?	任意の1文字を表す

例 ファイル名を「a*.*」の条件で検索したら，4つのファイルを検索できた。

<ファイル一覧>

agt15.gif	apps.exe	atm.sys
admp.gif	back.exe	boot.gif
calc.gif	dialer.bmp	dijoy.gif

「a*.*」で
検索
⇨

<検索結果>

agt15.gif	apps.exe
atm.sys	admp.gif

ファイル名の最初に「a」の文字が付くファイルをすべて検索することができる。

例 ファイル名を「a???.???」の条件で検索したら，2つのファイルを検索できた。

<ファイル一覧>

agt15.gif	apps.exe	atm.sys
admp.gif	back.exe	boot.gif
calc.gif	dialer.bmp	dijoy.gif

「a???.???」
で検索
⇨

<検索結果>

apps.exe	admp.gif

ファイル名の最初に「a」の文字が付き，条件と同じ文字数のファイルをすべて検索することができる。

練習問題 1-4

解答 ➡ P.2

【1】次の文に最も関係の深い語を解答群から選び，記号で答えなさい。

1．国際間での製品の取引を促進するために，工業などのさまざまな産業における規格の標準化を行う国際機関。

2．コンピュータやネットワークにおける規格の標準化を行う，世界規模の研究組織。本部はアメリカのニューヨークにある。

3．日本の製品やサービスについて，生産者の効率性や利用者の利便性のために定められる規格。

4．世界中で使われている文字を，ひとつのコードとして表現する文字コード。

5．システムを導入した後，運用や維持のために必要となる費用。

┌─ 解答群 ────────────────────────
│ **ア**．ANSI **イ**．ASCIIコード **ウ**．IEEE
│ **エ**．ISO **オ**．JIS **カ**．JISコード
│ **キ**．TCO **ク**．Unicode **ケ**．イニシャルコスト
│ **コ**．ランニングコスト
└────────────────────────────────

1		2		3		4		5	

【2】次の説明に当てはまる値を答えなさい。

1．2進数の 1011 と 2進数の 111 の和を表す 2進数。

2．10進数の 15 と 2進数の 11001 の和を表す 2進数。

3．2進数の 10111 と 10進数の 6 の差を表す 10進数。

4．2進数の 1101 と 2進数の 110 の積を表す 10進数。

1		2		3		4	

【3】"*"は，0 文字以上の任意の文字列を表すワイルドカードである。また，"?"は任意の 1 文字を表すワイルドカードである。次の問いに答えなさい。

1．「株式会社」を含むすべての文字列を抽出するものを，解答群からひとつ選び，記号で答えなさい。

2．「株式会社」で終わるすべての文字列を抽出するものを，解答群からひとつ選び，記号で答えなさい。

解答群

ア．?株式会社?	**イ**．株式会社?	**ウ**．?株式会社
エ．*株式会社*	**オ**．株式会社*	**カ**．*株式会社

1		2	

ネットワーク

通信ネットワークに関する知識

■1 ネットワークの構成

（1）通信回線の種類

　ネットワークとは，複数のコンピュータを互いに接続し，データや資源を共有できるようにしたシステムのことである。ネットワークを構築することにより，遠距離の相手と，物理的に移動せずに，瞬時に情報を共有することができるようになる。

　ネットワークにおいて，コンピュータ同士をつないでいる線を通信回線という。通信回線には，大きく分けてアナログ回線とデジタル回線がある。

① **アナログ回線**

　情報を，区切りなく連続的に変化する信号（アナログ信号）として送受信する回線。

② **デジタル回線**

　情報を，0 と 1 に数値化された信号（デジタル信号）として送受信する回線。

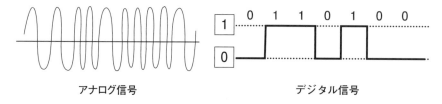

アナログ信号　　　　　　　　　　　デジタル信号

（2）パケット[packet]

　ネットワークにおいてデータを送受信する際の単位。ひとつのデータを複数のブロックに分割したものであり，宛先情報や送信元情報を付加できる。パケットとは「小包」を意味する。

　データをそのまま回線に流さず，パケットに分割することで，回線を占有せずに複数のデータを並行して送信することができる。

（3）LAN[Local Area Network]

　同じ建物の中など，限られた範囲を結ぶように構築されたネットワーク。LAN には，有線 LAN と無線 LAN がある。

① **有線 LAN**

　LAN ケーブルを使って機器同士を接続し，通信を行うネットワーク。通信が安定することや，設定が簡単な場合が多いことが利点として挙げられる。一方，機器をケーブルに接続しないと通信を行うことができないので機器の移動がしづらいことが欠点として挙げられる。

　光ファイバ回線を利用すると，動画などのデータ量が多い情報でも短時間で送受信をすることができる。

LANケーブル

LAN

② **無線 LAN**

　赤外線や電波などの無線を使って機器同士を接続し，通信を行うネットワーク。機器の移動がしやすく，スマートフォンやタブレット端末をネットワークに接続しやすいが，通信速度や通信の安定性は有線 LAN に劣る場合が多い。

　ア　**Wi-Fi[ワイファイ：Wireless Fidelity]**

　　無線 LAN に接続する機器に対して付けられるブランド名。このブランド名が付けられている機器同士は，無線 LAN によって相互に接続することができることが保証されている。IEEE の無線 LANに関する規格である IEEE802.11 に基づく言葉である。

　イ　**SSID[エスエスアイディー：Service Set Identifier]**

　　無線 LAN のアクセスポイントの識別名。アクセスポイントとは，複数の機器をネットワークに接続するために電波を受信する装置であり，親機ともいう。アクセスポイントが複数ある場合に，SSID

によって識別することができる。

ウ テザリング[tethering]

スマートフォンなどの通信機能を使用し，パソコン・タブレット・ゲーム機などの端末をインターネットに接続する機能。Tether には「つなぐ」という意味がある。

練習問題 2-1　　　　　　　　　　　　　　　　　　　　　　　解答 ➡ P.2

【1】 次の文に最も関係の深い語を解答群から選び，記号で答えなさい。

1. 情報を，区切りなく連続的に変化する信号として送受信する回線。
2. LAN ケーブルを使って機器同士を接続し，通信を行うネットワーク。
3. 無線 LAN に接続する機器に対して付けられるブランド名。このブランド名が付けられている機器同士は，無線 LAN によって相互に接続することができることが保証されている。
4. スマートフォンなどの通信機能を使用し，パソコン・タブレット・ゲーム機などの端末をインターネットに接続する機能。
5. 無線 LAN のアクセスポイントの識別名。

> ─ 解答群 ─
>
> **ア**. SSID 　　　　　**イ**. Wi-Fi 　　　　　**ウ**. アナログ回線
>
> **エ**. デジタル回線 　　**オ**. テザリング 　　**カ**. パケット
>
> **キ**. 無線LAN 　　　　**ク**. 有線LAN

1		2		3		4		5	

---

２ ネットワークの活用

（1）LAN 形態の種類

LAN において，サービス（さまざまな機能）を提供するコンピュータをサーバ，サービスを依頼するコンピュータをクライアントという。LAN は，サーバとクライアントの関係から，ピアツーピアとクライアントサーバシステムの 2 つに分けることができる。

① ピアツーピア[peer to peer]

サーバ専用機を置かず，コンピュータ同士を対等の立場として接続するネットワークシステム。お互いが場面に応じてクライアントになったり，サーバになったりする。

例えば右の図では，コンピュータ A が印刷をしたい場合，コンピュータ A がクライアント，コンピュータ B がサーバとなる。また，コンピュータ B がインターネットに接続する場合には，コンピュータ B がクライアント，コンピュータ A がサーバとなる。

② クライアントサーバシステム[client server system]

サーバ専用のコンピュータと，クライアントから構成されるネットワークシステム。中核となるサーバで機能を集中管理することができるため，比較的規模の大きいネットワークに向いている。

例えば右の図では，クライアントはサービスを提供せず，サーバがもっぱらサービスを提供する。プロキシサーバ（ネットワークの内部と外部の中間に立ち，それぞれを代理して通信を行うサーバ。アクセス制御などの用途で用いられる）がインターネットとの通信中継を，プリントサーバが印刷を，ファイルサーバがファイル共有を，サービスとし

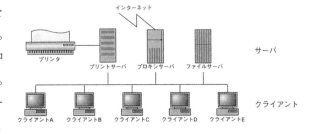

てクライアントに提供している。

（2）ストリーミング [streaming]

インターネット上にある動画や音楽を再生する際，データの受信と並行して再生を行う方式。すべてのデータがダウンロードされなくても再生をすることができるので，ユーザの利便性が向上する。

（3）グループウェア [groupware]

企業内などで，ネットワークを活用して情報共有やスケジュール管理を行うことができるソフトウェア。遠隔地を結んで電子会議を行ったり，スケジュールを共同で編集したりすることにより，効率的に共同作業を進めることができる。ブラウザで使用できるものが多い。

グループウェアのイメージ

練習問題 2-2　　　　　　　　　　　解答 ➡ P.2

【1】次の文に最も関係の深い語を解答群から選び，記号で答えなさい。

1．企業内などで，ネットワークを活用して情報共有やスケジュール管理を行うことができるソフトウェア。

2．サーバ専用機を置かず，コンピュータ同士を対等の立場として接続するネットワークシステム。

3．インターネット上にある動画や音楽を再生する際，データの受信と並行して再生を行う方式。

4．サーバ専用のコンピュータと，クライアントから構成されるネットワークシステム。

> ── 解答群 ──
> **ア**．クライアントサーバシステム　　**イ**．グループウェア
> **ウ**．ストリーミング　　　　　　　　**エ**．ピアツーピア

1		2		3		4	

情報モラルとセキュリティに関する知識

1 権利の保護と管理

（1）知的財産権

　人間の知的創作活動の成果について，その創作者に認められる財産としての権利。知的財産権には，特許権，実用新案権，意匠権，商標権，著作権などがあり，このうち特許権，実用新案権，意匠権，商標権を産業財産権という。

```
┌─────────────────────知的財産権─────────────────────┐
│  ┌──────産業財産権──────┐                          │
│  │ 特許権（特許法）      │   著作権（著作権法）      │
│  │ 実用新案権（実用新案法）│   商号（会社法・商法）など │
│  │ 意匠権（意匠法）      │                          │
│  │ 商標権（商標法）      │                          │
│  └─────────────────────┘                          │
└──────────────────────────────────────────────────┘
```

セキュリティ

① 産業財産権

　産業の発展を図るために，新しい技術，デザイン，ネーミングなどに関して創作者に与えられる権利。特許庁に出願し，登録されることによって，創作者はその知的財産を独占的に利用することができる。

② 著作権

　小説，講演，音楽，美術，映画，コンピュータプログラム，データベースなどの著作物を，創作者である著作者が独占的に使用できる権利。copyright の訳語であることからも分かるとおり，著作権は元来，第三者が無制限に著作物をコピーしてしまうことから著作者を守るために設けられた権利である。著作権は，著作者の死後 70 年まで保護される。また，著作権は著作物を創作することで自動的に生じる。

（2）肖像権

　本人の承諾を得ずに，本人の顔や姿などの肖像を撮影されたり，公表されたりしないことを主張できる権利。肖像権は，法律による明文の保護規定はないが，判例では日本国憲法第 13 条の幸福追求権を根拠に肖像権を認めている。

（3）情報の保護や管理に関する法律

① 著作権法

　著作物を創作した人の権利を定めた法律。

② 個人情報保護法

　正式名称は「個人情報の保護に関する法律」。個人情報利用の有用性に配慮しつつ，個人情報を適正に管理することについて，個人情報を取り扱う事業者に義務を果たすよう定めた法律。現在は，個人情報を 1 件でも取り扱う企業は，個人情報保護法の法規制の対象となる。

③ 不正アクセス禁止法

　正式名称は「不正アクセス行為の禁止等に関する法律」。他人の ID やパスワードを使ってコンピュータを不正に利用したり，データを改ざんしたりする行為を禁じる法律。

（4）ソフトウェア利用の形態

① フリーウェア[freeware]

　試用期間などの制限なく，だれでも無償で自由に使用できるソフトウェア。ただし，利用料金に関して「フリー」なのであり，著作権は放棄されていないことに注意が必要である。よって，無断での改変や再配布は，多くの場合認められない。

② シェアウェア[shareware]

試用期間中の試用は無料だが，それ以降も継続して使用する場合は料金を支払う必要があるソフトウェア。試用期間中は機能が制限されるものもある。

③ サイトライセンス[site license]

ソフトウェアやサービスについて，個々の利用者や端末ごとに契約するのではなく，企業や学校などで一括契約をすること。一般的に，一括契約をする数が多くなると単価が安くなる。

④ OSS[オーエスエス：Open Source Software]

ソースコードを公開し，誰でも自由にソフトウェアを改良・再配布できるようにしたソフトウェア。多くの人の知恵を集めることでよいソフトウェアを作ることができる，という考え方に則っている。

練習問題 3-1　　　　　　　　　　　　　　　　解答 ➡ P.2

【1】次の文に最も関係の深い語を解答群から選び，記号で答えなさい。

1．ソースコードを公開し，誰でも自由にソフトウェアを改良・再配布できるようにしたソフトウェア。

2．ソフトウェアやサービスについて，個々の利用者や端末ごとに契約するのではなく，企業や学校などで一括契約をすること。

3．産業の発展を図るために，新しい技術，デザイン，ネーミングなどに関して創作者に与えられる権利。

4．試用期間中の試用は無料だが，それ以降も継続して使用する場合は料金を支払う必要があるソフトウェア。

5．小説，講演，音楽，美術，映画，コンピュータプログラム，データベースなどの著作物を，創作者である著作者が独占的に使用できる権利。

6．他人の ID やパスワードを使ってコンピュータを不正に利用したり，データを改ざんしたりする行為を禁じる法律。

7．本人の承諾を得ずに，本人の顔や姿などの肖像を撮影されたり，公表されたりしないことを主張できる権利。

解答群

ア．OSS	イ．個人情報保護法	ウ．サイトライセンス
エ．産業財産権	オ．シェアウェア	カ．肖像権
キ．著作権	ク．著作権法	ケ．不正アクセス禁止法
コ．フリーウェア		

1	2	3	4	5	6	7

2 ▶ セキュリティ管理

（1） 多要素認証と多段階認証

認証とは，ある情報システムを利用しようとしている者が，利用資格をもっているかどうかを確認することである。認証に用いる要素には，次のようなものがある。

要素	説明	例
知識	利用資格のある利用者本人しか知りえない情報。	パスワード，秘密の質問
所有	利用資格のある利用者本人しか持ちえないモノ。	IC カード，通帳
生体	利用資格のある利用者本人の身体的特徴。	指紋，顔，声紋

これらのうち，2 つ以上の異なる要素（原理）を組み合わせて，安全性の高い認証を行うことを**多要素認証**という。一方，一度の認証で済まさず，異なる方式で複数回の認証を行うことを**多段階認証**という。

例えば，パスワード（知識要素）で認証を行ったのちに秘密の質問（知識要素）でも認証を行うことは，多段階認証ではあるが，多要素認証ではない。

（2）ワンタイムパスワード

トークンの例

一度きりしか使用することができないパスワード。パスワードの有効期限が 30 秒程度と短い場合が多いため，万が一パスワードを盗聴されたとしても，不正に認証されることを防ぎやすい。

ワンタイムパスワードを生成するツールをトークンという。トークンには，キーホルダーやカードのようなハードウェアや，スマートフォンのアプリのようなソフトウェアがある。ワンタイムパスワード生成のしくみの例として，時刻をもとにワンタイムパスワードを生成する時刻同期方式がある。

（3）シングルサインオン（SSO, Single Sign On）

一度の認証で複数の情報システムを利用できるしくみ。利用者が複数のパスワードを管理しなくてもよくなるので利便性・効率性が上がるうえ，複数のパスワードを管理するために利用者がメモを残したり覚えやすい簡単なパスワードにしたりすることを防げるため，パスワードの漏えい防止にもつながる。

（4）アクセス許可

情報システムの利用者ごとに，ファイルやディレクトリ（フォルダ）に対してどのような操作を許すのかを設定すること。許可の種類には，フルコントロール，読み取り，書き込みの3種類がある。

① **フルコントロール**

すべての操作を行うことができる。

② **読み取り**

ファイルやディレクトリを参照できるが，変更や削除はできない。

③ **書き込み**

ファイルやディレクトリを参照し，データの変更をすることはできるが，削除やアクセス許可の変更はできない。

アクセス許可	許可	拒否
フル コントロール	✓	
変更	✓	
読み取りと実行	✓	
読み取り	✓	
書き込み	✓	
特殊なアクセス許可		

Windows におけるアクセス許可の設定画面

（5）ファイアウォール[firewall]

内部ネットワークと外部ネットワークの境界に設置し，部外者が内部ネットワークに無断で侵入できないようにするシステム。ファイアウォールは「防火壁」を意味する。

インターネット

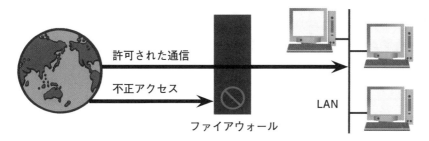

許可された通信

不正アクセス

LAN

ファイアウォール

（6）セキュリティホール[security hole]

システムやソフトウェアの設計・設定ミスやバグによって生じる，セキュリティ上の弱点。セキュリティホールより，外部からの侵入を招いてしまう可能性がある。OS やソフトウェアのアップデートや，パッチとよばれる修正プログラムによって対応することができる。

（7）キーロガー[key logger]

キーボードからの入力内容を記録するソフトウェアやハードウェア。ログ（log）は「記録」を，ロガー（logger）は「記録するもの」を意味する。本来はプログラムの修正などに使用されるが，攻撃者が

セキュリティ

悪用してターゲットのコンピュータにインストールすることにより，パスワードなどを盗むことができてしまう。

（8）ランサムウェア[ransomware]

ransom（身代金）とソフトウェアを組み合わせた言葉。実行することにより，ハードディスク内などのデータを暗号化して使用不可にし，復号と引き換えに金銭を要求するようなマルウェア（悪意のあるソフトウェア）。金銭を支払っても，必ず復号されるとは限らない。リモートワークの普及に伴い，リモートワークに使用されるツールが感染経路として狙われやすくなっており，被害は拡大傾向にある。

（9）ガンブラー[gumblar]

Web ページにウィルスなどを埋め込み，その Web ページを閲覧した者がウィルスに感染するようにする攻撃方法。攻撃者は，ウィルスを埋め込む Web ページを管理するための ID やパスワードを盗んで Web ページを改ざんし，閲覧しただけで感染するようなウィルスを埋め込むことが多い。

（10）暗号化と復号

インターネットなどのネットワーク通信においては，通信回線をデータ送信者・受信者で占有して使用するのではなく，様々な利用者が通信回線を共有して使用している。そのため，通信回線を流れるパケットを第三者が傍受し，内容を見たり（盗聴），改ざんをしたりする危険性もある。

このことを防ぐ方法のひとつに，暗号化がある。**暗号化**とは，データの中身を第三者が見ても分からないようにすることである。また，暗号化をしていない元データを**平文**といい，暗号化されたデータを平文に戻すことを**復号**という。

平文を暗号化する暗号化鍵と，暗号化されたデータを復号する復号鍵を，送信者と受信者で共有することで通信の安全性を実現することができる。

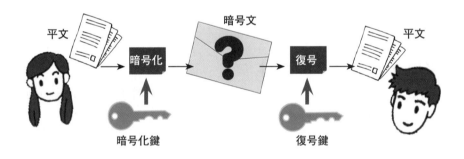

（11）バックアップ[backup]

データを別の記憶媒体に複製すること。複製したもの自体をバックアップということもある。

練習問題 3-2　　　　　　　　　　　　　　　　　　　　　　解答 ➡ P.2

【1】次の文に最も関係の深い語を解答群から選び，記号で答えなさい。

1．Web ページにウィルスなどを埋め込み，その Web ページを閲覧した者がウィルスに感染するようにする攻撃方法。

2．キーボードからの入力内容を記録するソフトウェア。

3．システムやソフトウェアの設計・設定ミスやバグによって生じる，セキュリティ上の弱点。

4．データを別の記憶媒体に複製すること。

5．ファイルやディレクトリを参照できるが，変更や削除はできないような権限。

6．一度きりしか使用できないパスワード。

7．一度の認証で複数のシステムを利用できるようにすること。

8．指紋認証で認証を行った後に顔認証で認証を行うように，2 回以上に分けて認証を行うこと。

9．実行することにより，ハードディスク内などのデータを暗号化して使用不可にし，復号と引き換えに金銭を要求するようなマルウェア。

セキュリティ

```
┌─ 解答群 ─────────────────────────────────────┐
│  ア．暗号化          イ．書き込み          ウ．ガンブラー       │
│  エ．キーロガー      オ．シングルサインオン  カ．セキュリティホール │
│  キ．多段階認証      ク．多要素認証        ケ．バックアップ     │
│  コ．ファイアウォール サ．復号            シ．フルコントロール  │
│  ス．読み取り        セ．ランサムウェア     ソ．ワンタイムパスワード│
└─────────────────────────────────────────┘
```

1		2		3		4		5	
6		7		8		9			

プログラミングの関連知識

（1）翻訳［コンパイル　compile］

　C 言語や Java 言語といったプログラム言語で書かれたプログラム（原始プログラム・ソースコード）を解析し，コンピュータが直接実行可能となる形式の機械語のプログラムに変換する作業。

（2）機械語［マシン語　machine code］

　コンパイル後の，コンピュータが直接実行可能となる形式のコード（オブジェクトコード）。2 進数の 0 と 1 を並べたビット列で表現されている。

（3）テストラン［test run］

　コンピュータで新しいプログラムを作成した際，正しい実行結果が得られるかどうかを，テストデータを用いてプログラムを実行し，検証する作業。

（4）文法エラー［シンタックスエラー　syntax error］

　プログラム言語などで記述したコードが，定められた文法に従って記述されていない場合に発生するエラー。コンパイル時に正しく変換できないために生じる。

（5）論理エラー

　コンピュータプログラムの作成意図とは異なる結果が出力されるエラー。計算式や手続きの間違いにより発生するエラーであるため，論理エラーを検出するためにテストランなどを実行して正しい出力結果が得られるか確認しなければならない。

（6）デバッグ［debug］

　コンピュータプログラムの不具合や誤作動などから，その原因（バグ）を見つけ，修正すること。プログラムの欠陥のことをバグ（虫）といい，「虫を取り除く」の意味からデバッグと呼ぶ。

（7）言語プロセッサ［language processor］

　何らかのコンピュータ言語で書かれたデータを読み込み，別の言語などの表現に変換するソフトウェアの総称。一般的には，ソースコードを機械語に翻訳（コンパイル）するソフトウェアを指す。

① コンパイラ［compiler］

　プログラム言語で書かれたプログラムを，コンピュータが解釈・実行できる形式に一括して変換するソフトウェア。C 言語や Java などはコンパイラを使用する。

② インタプリタ［interpreter］

　プログラム言語で書かれたプログラムを，コンピュータが解釈・実行できる形式に変換しながら，同時に実行していくソフトウェア。一般的にはスクリプト言語と呼ばれる JavaScript や Python などで使用する。

③ アセンブラ［assembler］

　アセンブリ言語で書かれたプログラムを機械語に翻訳するソフトウェア。この翻訳する変換工程のことをアセンブル（assemble）という。

（8）プログラム言語

　プログラム言語とは，人間がコンピュータに伝えたい命令があるときに用いられる，コンピュータ専用の言語である。コンピュータが理解しやすい機械語，機械語に近いアセンブリ言語などの低水準言語，人間が理解しやすい自然言語に近い形式の高水準言語などがある。

① C 言語

　UNIX と呼ばれるコンピュータの OS を開発する目的で作られた言語。汎用性が高くシステム記述に適している。「C++」や「C#」のような，C 言語から発展したプログラム言語も存在する。

② Java

　オブジェクト指向型の言語。特定の OS に依存せず使用できるため，高い汎用性と環境への非依存性

を持つ。

③　**アセンブリ言語**

　　コンピュータが直接解釈・実行できる機械語と 1 対 1 で対応した命令語によって構成された言語。C 言語や Java などの高水準言語に対して，低水準言語と分類される。

④　**簡易言語**

　　本格的なプログラム言語ではなく，簡単なコマンドだけで特定の機能（検索・作表・グラフ化など）を作業できるようにしたプログラム言語。

（9）データチェック

　データチェックとは，入力されたデータに誤りや矛盾がないかを検査することである。誤ったデータが入力されると，誤作動やシステムダウンの原因となってしまう。データチェックにはさまざまな種類があり，必要に応じて組み合わせて行う。

①　**シーケンスチェック（順序検査）**[sequence check]

　　昇順や降順など，順序が定められたようなデータが，定めた順序通りに並んでいるかどうかを確認する検査。日付や時刻などの時系列データや，通し番号が付与されたデータなどが正しく並んでいるかどうか検査することができる。シーケンス（シークエンス）とは，「順序」という意味である。

②　**リミットチェック（限度検査）**[limit check]

　　データの値が定めた範囲内にあるかどうかを確認する検査。値が定めた範囲の上限値より小さいか，もしくは下限値より大きいかどうかを確認することができる。

③　**トータルチェック**[total check]

　　コンピュータで求めた合計と，別の方法で求めた合計を比較し，合計が同じになるか確認する検査。データの入力ミスがないか，などを確認することができる。

④　**ニューメリックチェック（数値検査）**[numeric check]

　　数値として扱うデータに，数値以外のデータが含まれていないかどうかを確認する検査。アルファベットや記号などのデータが含まれていないかどうかを確認することができる。ニューメリックとは，「数値の」という意味である。

⑤　**チェックディジットチェック**[check digit check]

　　入力や読み取りの誤りを検出するため，入力データから一定の計算式により導かれるチェックディジット（検査文字）を定め，入力データの末尾に付加することにより，入力データに誤りがないかどうかを確認する検査。クレジットカード番号の入力確認やバーコードの読み取りなどに利用される。

（10）変数

　変数とは，値を一時的に保存していくための領域（データを格納する箱）である。途中計算の値を一時的に保存するのに利用する。

①　**グローバル変数**

　　プログラムや関数の外部で宣言され，どこからでも使用できる変数。

②　**ローカル変数**

　　プログラムや関数の内部で宣言され，使用できる範囲が決まっている変数。

関連知識

練習問題 4-1

解答 ➡ P.3

【1】次の文に最も関係の深い語を解答群から選び，記号で答えなさい。

1．オブジェクト指向型の言語。コンピュータの機種に依存せず実行可能である。

2．簡単なコマンドで特定の機能を搭載したプログラムを作成する言語。

3．機械語と 1 対 1 で対応しているプログラム言語。

4．原始プログラムのコンパイル自体は正常に行われるが，プログラムを実行しても意図した結果が得られないようなエラー。

5．原始プログラムを 1 命令ずつ解釈しながら実行するソフトウェア。

6．原始プログラムを翻訳する際，構文ミスやスペルミスによって生じるエラー。

7．コンピュータが直接実行可能な，2 進数のビット列から構成されるコード。

8．コンピュータで求めた合計と，他の方法で求めた合計が同じになるかを確認するチェック。

9．データが定められた順序で並んでいるかどうかを確認するチェック。

10．データが数値のみで構成されているかどうかを確認するチェック。

11．プログラムの内側で宣言し，使用できる範囲が決まっている変数。

12．プログラムからミスや欠陥を取り除くこと。

解答群

ア．C 言語	**イ**．Java	**ウ**．アセンブラ
エ．アセンブリ言語	**オ**．インタプリタ	**カ**．簡易言語
キ．機械語	**ク**．グローバル変数	**ケ**．コンパイラ
コ．コンパイル	**サ**．シーケンスチェック	**シ**．チェックディジットチェック
ス．テストラン	**セ**．デバッグ	**ソ**．トータルチェック
タ．ニューメリックチェック	**チ**．文法エラー	**ツ**．リミットチェック
テ．ローカル変数	**ト**．論理エラー	

1		2		3		4		5		6	
7		8		9		10		11		12	

◆用語チェック問題◆

解答 ➡ P.4

⑴　ハードウェア・ソフトウェアに関する知識

1．ハードウェアの構成

	問　題	解　答
1	磁気ディスク装置のうち，磁気ディスクにデータを読み書きするパーツ。	
2	磁気ディスク装置のうち，データを読み書きするパーツを磁気ディスクの所定の位置に移動させるパーツ。	
3	鉛筆などで塗りつぶされたマークシートのマークを光学的に読み取る装置。	
4	磁気ディスクの記録単位であり，磁気ディスクを同心円状に分割した領域。	
5	磁気ディスクの最小の記録単位。	
6	磁気ディスク装置の記録単位であり，複数の磁気ディスクの，同じ半径上にあるデータ記憶領域の集まり。これらについては，データを読み書きするパーツを動かさないでデータを読み書きすることができる。	
7	自然災害や操作ミスなどによってシステムへの電力供給が止まってしまった際に，コンピュータに一定時間電力を供給する装置。	
8	手書きの文字や印刷された文字を光学的に読み取り，文字データに変換する装置。	

2．ソフトウェアに関する知識

	問　題	解　答
9	1インチの中にいくつのドットが入っているのかを表す単位。	
10	1インチの中にいくつのピクセルが入っているのかを表す単位。	
11	1ピクセル（ドット）あたり何ビットのデータ量で色情報を表現するかを表す値。	
12	赤・緑・青の組み合わせによって色を表現する方法。	
13	コンピュータに周辺機器を接続すると，デバイスドライバのインストールなどの必要な設定をOSが自動で行う機能。	
14	ディスプレイに表示したり，プリンタで印刷したりする文字や画像を構成する，色情報を持たない最小単位の点。	
15	データの意味を保ったまま，ファイルの容量を小さくすること。	
16	ファイルの容量を小さくしたものを，使用できるようにすること。	
17	色情報をもつ，デジタル画像の最小単位。画素ともいう。	
18	青緑・赤紫・黄・黒の組み合わせによって色を表現する方法。	
19	複数のファイルをひとつにまとめたり，まとめたファイルを元に戻したりするためのソフトウェア。	

チェック問題

3．ディレクトリとファイル

	問　題	解　答
20	256 色までを扱うことができるファイル形式。イラスト，ロゴ，アイコンの作成などに向いている。	
21	Windows の「圧縮フォルダ」機能などで使用されているファイル圧縮形式。	
22	使用環境に左右されず，作成者が意図したとおりに文書を表現することができるファイル形式。	
23	ディレクトリの階層構造の中で，最上位にあるディレクトリ。	
24	ディレクトリの階層構造の中に存在する，最上位のディレクトリ以外のディレクトリ。	
25	ファイル名の末尾につけられる，ファイルの種類を特定するための文字列。	
26	フルカラーの画像データを，劣化させずに圧縮することができるファイル形式。ピクセルごとに透明度を設定することもできる。	
27	音楽を圧縮して表現するファイル形式。音楽 CD と同程度の音質を保ちながら，大幅にデータ容量を圧縮することができる。	
28	画像データを圧縮せず，点の集まりとして保存する，フルカラーのファイル形式。	
29	画像を非可逆圧縮によって圧縮する，フルカラーのファイル形式。圧縮率が高く，画質が劣化しにくい。	
30	値をコンマ（,）で区切って表現するファイル形式。	
31	動画を圧縮して表現するファイル形式。	
32	文字コードで表現できない情報が含まれるファイル。	
33	文字データのみで構成されるファイル。	

4．関連知識

	問　題	解　答
34	ANSI によって定められた文字コード。	
35	JIS によって定められた文字コード。	
36	システム利用のための費用の総額。	
37	システムを導入した後，運用や維持のために必要となる費用。	
38	システムを導入する際にかかる費用。	
39	国際標準化機構。国際間での製品の取引を促進するために，工業などのさまざまな産業における規格の標準化を行う国際機関。	
40	世界中で使われている文字を，一つのコードとして表現する文字コード。	
41	電気電子学会。コンピュータやネットワークにおける規格の標準化を行う，世界規模の研究組織。	
42	日本産業規格。日本の製品やサービスについて，生産者の効率性や利用者の利便性のために定められる規格。	
43	文書作成ソフトウェアやファイル管理機能などにおいて，文字列やファイル名の検索を行う際に，任意の文字（文字列）を表す特殊な記号。	

	問　題	
44	米国規格協会。アメリカの工業製品について，標準化・規格化を行う団体。日本の JIS と同じような役割を担っている。	

(2) 通信ネットワークに関する知識

1．ネットワークの構成

	問　題	解　答
45	LAN ケーブルを使って機器同士を接続し，通信を行うネットワーク。	
46	スマートフォンなどの通信機能を使用し，パソコン・タブレット・ゲーム機などの端末をインターネットに接続する機能。	
47	ネットワークにおいてデータを送受信する際の単位。ひとつのデータを複数のブロックに分割したものであり，宛先情報や送信元情報を付加できる。	
48	情報を，0 と 1 に数値化された信号として送受信する回線。	
49	情報を，区切りなく連続的に変化する信号として送受信する回線。	
50	赤外線や電波などの無線を使って機器同士を接続し，通信を行うネットワーク。	
51	無線によって接続するネットワークのアクセスポイントの識別名。アクセスポイントとは，複数の機器をネットワークに接続するために電波を受信する装置であり，親機ともいう。	
52	無線によってネットワークに接続する機器に対して付けられるブランド名。このブランド名が付けられている機器同士は，無線によって相互に接続することができることが保証されている。	

2．ネットワークの活用

	問　題	解　答
53	インターネット上にある動画や音楽を再生する際，データの受信と並行して再生を行う方式。	
54	サーバ専用のコンピュータと，クライアントから構成されるネットワークシステム。	
55	サーバ専用機を置かず，コンピュータ同士を対等の立場として接続するネットワークシステム。	
56	企業内などで，ネットワークを活用して情報共有やスケジュール管理を行うことができるソフトウェア。	

(3) 情報モラルとセキュリティに関する知識

1．権利の保護と管理

	問　題	解　答
57	ソースコードを公開し，誰でも自由にソフトウェアを改良・再配布できるようにしたソフトウェア。	
58	ソフトウェアやサービスについて，個々の利用者や端末ごとに契約するのではなく，企業や学校などで一括契約をすること。	
59	産業の発展を図るために，新しい技術，デザイン，ネーミングなどに関して創作者に与えられる権利。	
60	試用期間などの制限なく，だれでも無償で自由に使用できるソフトウェア。	
61	試用期間中の試用は無料だが，それ以降も継続して使用する場合は料金を支払う必要があるソフトウェア。	
62	小説，講演，音楽，美術，映画，コンピュータプログラム，データベースなどの著作物を，創作者である著作者が独占的に使用できる権利。	

チェック問題

63	情報利用の有用性に配慮しつつ，個人情報を適正に管理するよう，個人情報を取り扱う事業者に義務を果たすよう定めた法律。	
64	他人の ID やパスワードを使ってコンピュータを不正に利用したり，データを改ざんしたりする行為を禁じる法律。	
65	著作物を創作した人の権利を定めた法律。	
66	本人の承諾を得ずに，本人の顔や姿などの肖像を撮影されたり，公表されたりしないことを主張できる権利。	

2．セキュリティ管理

	問　題	解　答
67	2 つ以上の異なる要素を組み合わせて認証を行うこと。	
68	Web ページにウィルスなどを埋め込み，その Web ページを閲覧した者がウィルスに感染するようにする攻撃方法。	
69	一度きりしか使用することができないパスワード。	
70	一度の認証で済ませず，複数回の認証を行うこと（認証要素の種類数は問わない）。	
71	一度の認証で複数の情報システムを利用できるしくみ。	
72	キーボードからの入力内容を記録するソフトウェアやハードウェア。	
73	システムやソフトウェアの設計・設定ミスやバグによって生じる，セキュリティ上の弱点。	
74	すべての操作を行うことができる権限。	
75	第三者に分からないように変換されているデータを，元の状態に戻すこと。	
76	データの中身を第三者が見ても分からないように，データの内容を変換すること。	
77	データを別の記憶媒体に複製すること。	
78	ファイルやディレクトリの参照・変更はできるが，削除や権限の変更はできない権限。	
79	ファイルやディレクトリの参照はできるが，変更や削除は認められない権限。	
80	実行することにより，ハードディスク内などのデータを使用不可にし，使えるようにすることと引き換えに金銭を要求するようなマルウェア。	
81	内部ネットワークと外部ネットワークの境界に設置し，部外者が内部ネットワークに無断で侵入できないようにするシステム。	

⑷　プログラミングの関連知識

	問　題	解　答
82	UNIX と呼ばれるコンピュータの OS を開発する目的で作られた言語。汎用性が高くシステム記述に適している。	
83	アセンブリ言語で書かれたプログラムを機械語に翻訳するソフトウェア。	
84	オブジェクト指向型の言語。特定の OS に依存せず使用できるため，高い汎用性と環境への非依存性を持つ。	
85	コンピュータが直接解釈・実行できる機械語と 1 対 1 で対応した命令語によって構成された言語。	

86	コンピュータが直接実行可能となる形式のコード（オブジェクトコード）。	
87	コンピュータで求めた合計と，別の方法で求めた合計を比較し，合計が同じになるか確認する検査。	
88	コンピュータで新しいプログラムを作成した際，正しい実行結果が得られるかどうかを検証する作業。	
89	コンピュータプログラムの作成意図とは異なる結果が出力されるエラー。	
90	コンピュータプログラムの不具合や誤作動などから，その原因を見つけ，修正すること。	
91	データの値が定めた範囲内にあるかどうかを確認する検査。	
92	プログラム言語で書かれたプログラムを解析し，コンピュータが直接実行可能となる形式の機械語のプログラムに変換する作業。	
93	プログラム言語で書かれたプログラムを，コンピュータが解釈・実行できる形式に一括して変換するソフトウェア。	
94	プログラム言語で書かれたプログラムを，コンピュータが解釈・実行できる形式に変換しながら，同時に実行していくソフトウェア。	
95	プログラム言語などで記述したコードが，定められた文法に従って記述されていない場合に発生するエラー。	
96	プログラムや関数の外部で宣言され，どこからでも使用できる変数。	
97	プログラムや関数の内部で宣言され，使用できる範囲が決まっている変数。	
98	昇順や降順など，順序が定められたようなデータが，定めた順序通りに並んでいるかどうかを確認する検査。	
99	数値として扱うデータに，数値以外のデータが含まれていないかどうかを確認する検査。	
100	入力や読み取りの誤りを検出するため，入力データから一定の計算式により導かれる検査文字を定め，入力データの末尾に付加することにより，入力データに誤りがないかどうかを確認する検査。	
101	本格的なプログラム言語ではなく，簡単なコマンドだけで特定の機能（検索・作表・グラフ化など）を作業できるようにしたプログラム言語。	

プログラミングの基礎知識

ここでは，3級範囲も含め，これ以降の学習の土台となる「プログラミングの基礎知識」を学習する。

1　プログラミングとプログラム言語

コンピュータは，命令にしたがって，人間よりも高速かつ正確に演算などの情報処理を行う。この命令を，コンピュータが解釈して実行できるような形で記述したものを**プログラム**という。また，プログラムを記述することを**プログラミング**，プログラミングをするための言語を**プログラム言語**という。

2　アルゴリズムと流れ図

（1）アルゴリズム

ユーザーがコンピュータに処理を行わせる目的は，広い意味では，何かしらの問題を解決させるためだといえる。問題を解決するための方法や手順のことを**アルゴリズム**という。アルゴリズムに沿ったプログラムを作成することで，その処理手順のとおりにコンピュータに処理をさせることができる。

（2）流れ図

アルゴリズムをわかりやすく図で示したものを，**流れ図（フローチャート）**という。以下のような流れ図記号のなかに，処理内容を記述する。また，流れ図では基本的に，上から下に向かって処理を順に記述していく。

（端子の記号）	**端子** アルゴリズムの開始や終了を表す。	（準備の記号）	**準備** 初期値の設定などの準備処理を表す。
（処理の記号）	**処理** 演算や代入などの処理を表す。	（判断の記号）	**判断** 比較結果に従って処理を分岐させる。
（ループの記号）	**ループ** 繰り返しの処理を表す。	（データの記号）	**データ** データの入出力を表す。
（定義済み処理の記号）	**定義済み処理** 別の場所で定義された処理を表す。	（結合子の記号）	**結合子** 流れ図のつながりを表す。

（3）基本制御構造（順次・選択・繰り返し）

アルゴリズムで用いられる基本的な処理構造に，**順次**，**選択**，**繰り返し**がある。多くのアルゴリズムは，これら3つの処理構造を組みあわせて表現することができる。

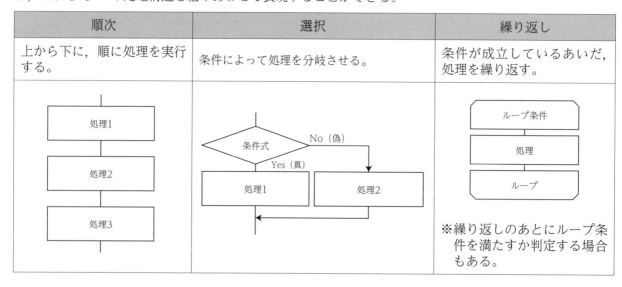

順次	選択	繰り返し
上から下に，順に処理を実行する。	条件によって処理を分岐させる。	条件が成立しているあいだ，処理を繰り返す。

※繰り返しのあとにループ条件を満たすか判定する場合もある。

3 変数と配列

（1）変数

変数とは，処理のために使用する値を一時的に記憶しておくための記憶領域に名前をつけたものである。変数に値を記憶することを**代入**といい，流れ図では「→」で代入処理を表す。例えば，「10 → X」は「変数 X に 10 という値を記憶する」という処理を表している。

また，複数の変数が用いられる場合は，適切に**変数名**を設定して変数の役割を判別できるようにする。

変数を活用することで，さまざまな処理を行うことができる。例えば，「A という変数に値を入力し，この値に 15 を加えた値を出力する」という処理は，右図のように表すことができる。

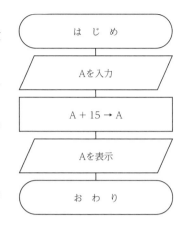

（2）配列

配列とは，同じ型のデータの集まりである。配列のなかの各データを配列の**要素**といい，その要素を区別するための番号を**添字**（そえじ）という。

例えば，ある市の地区 1 から地区 5 までの人口を変数に記憶したい場合，配列を使わないのであれば 5 個の変数を用意しなければならないが，配列を使用すれば，1 個の配列を用意するだけでよいので，プログラムの構造がシンプルになる。

例：ある市の地区 1 から地区 5 までの人口を，配列 Jin の添字が 1 から 5 の要素にそれぞれ記憶する。そのあと，添字が 0 の要素に地区 1 から地区 5 までの人口の合計を求め，出力する。

◆配列の初期状態

添字	(0)	(1)	(2)	(3)	(4)	(5)
Jin						

配列名　要素

◆Jin(1) に値を記憶する（流れ図の①の段階）

Jin	(0)	(1)	(2)	(3)	(4)	(5)
		100				

◆Jin(2) から Jin(5) に値を記憶する（流れ図の②の段階）

Jin	(0)	(1)	(2)	(3)	(4)	(5)
		100	150	200	250	300

◆Jin(0) に Jin(1) から Jin(5) の合計を求める（流れ図の③の段階）

Jin	(0)	(1)	(2)	(3)	(4)	(5)
	1000	100	150	200	250	300

※より効率的な総合計の求め方については，P.48で学習する。

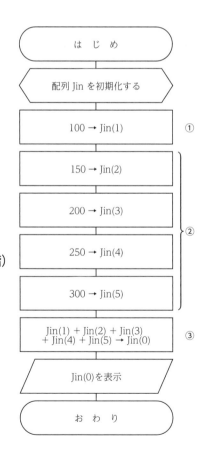

◢4▶ 演算子

演算子とは，流れ図やプログラムのなかで行う演算を表すための記号である。四則演算などの算術演算を表す**算術演算子**と，条件判定の際に行う比較を表す**比較演算子**がある。

なお，流れ図のなかで用いられる演算子と，プログラム言語のなかで用いられる演算子は若干異なる。プログラム言語（マクロ言語）のなかで用いられる演算子は，P.35 ～ 36 で解説する。

（1） 算術演算子

流れ図のなかで用いられる算術演算子は，算数・数学で学習したものと基本的に同じである。また，演算の優先順位は，①かっこ，②べき乗，③×および÷，④＋および−である。

+	加算を行う	−	減算を行う
×	乗算を行う	÷	除算を行う

（2） 比較演算子

流れ図のなかで用いられる比較演算子も，算数・数学で学習したものと基本的に同じである。演算子の左右にある値を比較する。基本制御構造の「選択」や「繰り返し」で使用する。

=	左右の値が等しい	≠	左右の値が等しくない
>	左の値は右の値より大きい	≧	左の値は右の値以上である
<	左の値は右の値より小さい	≦	左の値は右の値以下である

（3） 論理演算

流れ図のなかでは，比較演算を複数組み合わせて論理演算を行う場合もある。流れ図のなかでは，「かつ」で論理積（AND）を，「または」で論理和（OR）を，「ではない」で否定（NOT）を表す。

◢5▶ 繰り返しの応用

（1） 指定した回数の繰り返し

基本制御構造の「繰り返し」には，比較演算子による条件判定によってループを抜けるものだけでなく，指定した回数だけ処理を繰り返すようなものもある。繰り返しの回数を数えるために使用する変数を，カウンタ変数という。

流れ図では，「i は 1 から 1 ずつ増やして i ≦ 30 の間」のように，「（カウンタ変数）は（開始値）から（ループごとの変化値）ずつ増やして／減らして（条件式）の間」の形で記述する。この形式では，一度ループするたびにカウンタ変数に「ループごとの変化値」が加算（減算）される。

（2） 二重ループ

繰り返しのなかに別の繰り返しを設置しているような構造を，**二重ループ**という。また，二重ループを含め，繰り返しのなかに複数の繰り返しを設置しているような構造を多重ループという。

二重ループでは，外側のループが 1 周するたびに，内側のループは設定されている繰り返し処理を最後まで実行する。そして，外側のループが 2 周目の処理を行う際，内側のループは再び繰り返し処理を最後まで実行する。外側のループが繰り返し処理を最後まで行うことで，二重ループ全体の処理は終了となる。

6 トレース

トレースとは「追跡する」,「なぞる」という意味であり,プログラム中の変数や配列の数値を追跡することである。プログラムの構造を理解するうえで,トレースは有効な手段である。

練習問題 5-1　　　　　　　　　　　　　　　　　　　解答 ➡ P.3

次の流れ図において,a に 36 を入力するとき,トレース表の空欄(1)~(5)に当てはまる数値を答えなさい。なお,「-」は未使用を,太字は変更の生じた変数を表す。(第 60 回一部修正)

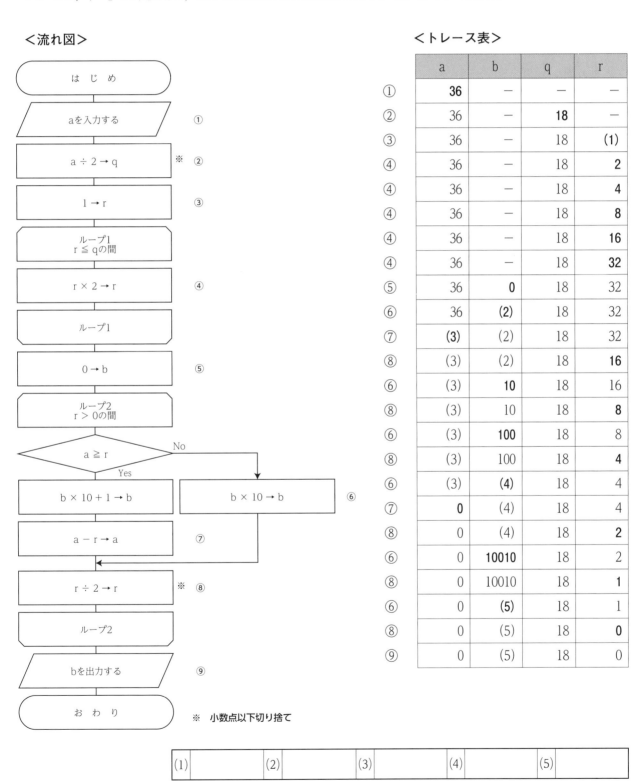

<流れ図>

<トレース表>

		a	b	q	r
①		36	-	-	-
②		36	-	18	-
③		36	-	18	(1)
④		36	-	18	2
④		36	-	18	4
④		36	-	18	8
④		36	-	18	16
④		36	-	18	32
⑤		36	0	18	32
⑥		36	(2)	18	32
⑦		(3)	(2)	18	32
⑧		(3)	(2)	18	16
⑥		(3)	10	18	16
⑧		(3)	10	18	8
⑥		(3)	100	18	8
⑧		(3)	100	18	4
⑥		(3)	(4)	18	4
⑦		0	(4)	18	4
⑧		0	(4)	18	2
⑥		0	10010	18	2
⑧		0	10010	18	1
⑥		0	(5)	18	1
⑧		0	(5)	18	0
⑨		0	(5)	18	0

※ 小数点以下切り捨て

(1)		(2)		(3)		(4)		(5)	

プログラム言語（マクロ言語）

ここでは，大問 4 で出題される内容を理解するために必要な知識を学習する。

1 マクロ言語

プログラム言語にはさまざまな種類があるが，そのなかでも**マクロ言語**は，マクロ機能を活用するために用いられる言語である。マクロ機能とは，ソフトウェアの複数の操作をマクロとしてひとまとまりにし，自動化できる機能である。

下の図は，練習問題 5-1（P.31）の流れ図をマクロ言語で表現したものである。（第 60 回一部修正）

これ以降の説明は，このプログラムをもとにして行う。また，各行の横の番号は行番号を表している。

＜流れ図＞

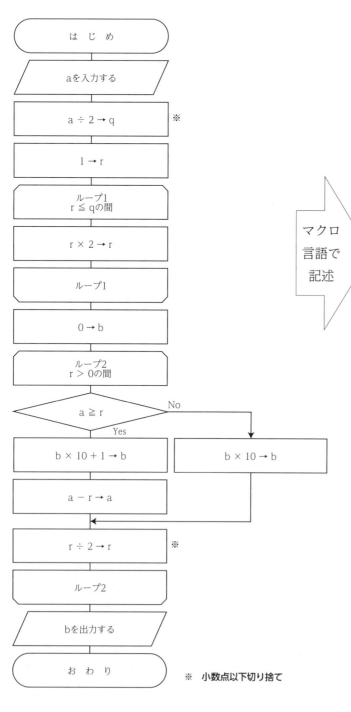

マクロ
言語で
記述

＜プログラム＞

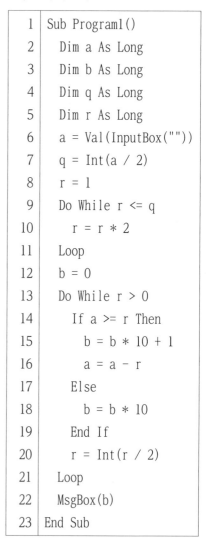

```
 1 | Sub Program1()
 2 |   Dim a As Long
 3 |   Dim b As Long
 4 |   Dim q As Long
 5 |   Dim r As Long
 6 |   a = Val(InputBox(""))
 7 |   q = Int(a / 2)
 8 |   r = 1
 9 |   Do While r <= q
10 |     r = r * 2
11 |   Loop
12 |   b = 0
13 |   Do While r > 0
14 |     If a >= r Then
15 |       b = b * 10 + 1
16 |       a = a - r
17 |     Else
18 |       b = b * 10
19 |     End If
20 |     r = Int(r / 2)
21 |   Loop
22 |   MsgBox(b)
23 | End Sub
```

※ 小数点以下切り捨て

▐2▌Sub プロシージャ（プログラム 1 行目〜 23 行目）

　プロシージャとは，処理のひとまとまりの単位のことである。マクロ言語では，1 行分の命令文をステートメントといい，いくつかのステートメントをまとめたものをプロシージャ（マクロ）という。

　プロシージャにはいくつかの種類があるが，そのなかでも **Sub プロシージャ**は，「Sub プロシージャ名()」と「End Sub」のあいだに記述した処理を実行するプロシージャである。

```
Sub プロシージャ
[構文]
Sub プロシージャ名()
  処理
End Sub
[意味]
「Sub プロシージャ名()」と「End Sub」のあいだに記述した処理を実行する。
```

　P.32 のプログラムでは，「Program1」という名前のプロシージャを生成し，2 〜 22 行目に書かれた処理を実行している。

▐3▌変数の宣言（プログラム 2 行目〜 5 行目）

（1）変数の宣言と Dim ステートメント

　プログラムで使用する変数は，宣言して使用する。変数を宣言するためには，Dim ステートメントを用いる。

```
Dimステートメント
[構文]
Dim 変数名
[意味]
指定した変数名で，その変数を使用することを宣言する。
```

（2）変数のデータ型の指定

　変数を宣言するとき，「As データ型」の形で，変数の**データ型**を指定することもできる。データ型には，数値型や文字列型などがある。データ型を指定すると，変数に記憶するデータの種類が限定される。

```
Dim ステートメント（データ型の指定）
[構文]
Dim 変数名 As データ型
[意味]
指定した変数名，データ型で，その変数を使用することを宣言する。
```

　2 級で用いられるデータ型は，次の 2 つである。

データ型	意味
Long	長整数型。このデータ型の変数には，整数値を記憶できる。
String	文字列型。このデータ型の変数には，文字列を記憶できる。

　P.32 のプログラムでは，「a」，「b」，「q」，「r」という 4 つの変数を，長整数型で宣言している。

（3）定数の宣言

　定数は，変数とは異なり，一度設定したらプログラム内で値を変更しないような値を記憶するための記憶領域である。定数として宣言された値はプログラム中で変更できない。例えば，消費税率などを定数として宣言しておくと，記述ミスによってプログラムの途中で税率を変えてしまうことを防げる。

　定数は，Const ステートメントで宣言する。また，定数は宣言時に値まで指定する。

Constステートメント
|構文|
Cosnt 定数名 As データ型 ＝ 記憶する値
|意味|
「定数名」で指定した定数名，「データ型」で指定したデータ型で，その定数を使用することを宣言する。
また，「記憶する値」を定数に記憶させる。

■4■ 変数への値の代入（プログラム 6 行目〜 8 行目など）

（1）変数への値の代入

　変数に値を代入するときは，**代入演算子**「=」を使用する。代入演算子の右側に記述した値を，代入演算子の左側に記述した変数に記憶する。なお，流れ図では矢印の左側に記述した値を右側に記述した変数に記憶するので注意する。

　また，代入演算子の右側には，数値や文字列だけではなく，変数や演算式を記述することもできる。

代入演算子の使用例
|例1|
a = 5
|例1の意味|
a に 5 を記憶する。
|例2|
b = 6 * 9
|例2の意味|
b に「6 × 9」の演算結果（54）を記憶する。
|例3|
c = 5
d = 10
e = c * d
|例3の意味|
c に 5 を，d に 10 を記憶し，e に「c × d」，つまり「 5 × 10 」の演算結果（50）を記憶する。

（2）InputBox 関数と Val 関数

　変数に値を代入するには，代入する値をプログラム中に記述するという方法以外に，ユーザーが実行時に値を入力するという方法もある。ユーザーによる値の入力を行うためには，InputBox 関数を利用する。

InputBox 関数
|構文|
InputBox（インプットボックスに表示するメッセージ）※
|意味|
インプットボックスに入力された値を返す。
※　ほかにも，タイトルバーに表示するメッセージや，入力欄の初期値を設定することもできるが，ここでは割愛する。

　インプットボックスに入力された値は，文字列として処理される。文字列の状態では，演算などが適切に行われない場合がある。入力された値を用いて算術演算や比較演算を行うのであれば，Val 関数を用いて文字列を数値に変換する必要がある。

Val 関数
|構文|
Val（文字列）
|意味|
文字列を数値に変換して返す。InputBox 関数と組み合わせると，次のようになる。
変数名 = Val(InputBox(インプットボックスに表示するメッセージ))

　なお，マクロ言語においては，文字列を表示させる場合はダブルクォーテーション（"）で囲む。

　たとえば，変数 Kin に購入した商品の価格を入力できるようにしたい場合，「Kin = Val(InputBox("購入した商品の価格を入力してください。"))」というステートメントを記述する。

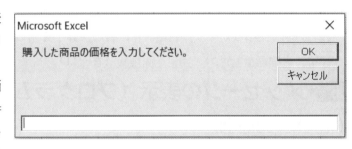

（3）Int 関数

　数値の小数点以下を切り捨てる場合は，Int関数を利用する。

Int 関数
|構文|
Int（数値）
|意味|
数値の小数点以下を切り捨てて返す。

5 マクロ言語における演算子

（1）算術演算子

　P.30 で学習した算術演算子と，マクロ言語で用いる算術演算子は若干異なる。マクロ言語では，以下の算術演算子を用いる。

+	加算を行う	−	減算を行う
*	乗算を行う	/	除算を行う
^	指数を指定し，べき乗を行う	¥	除算を行う（※）
Mod	除算の余りを求める		

※　「/」も「¥」も，除算を行い，商を求める算術演算子である。しかし，「/」は小数点以下も含めて商を求めるのに対し，「¥」は商の整数値を求めるという点が異なる。

算術演算子の使用例
|例1|
a = 5^2
|例1の意味|
a に 5 の 2 乗，すなわち 25 を記憶する。
|例2|
b = 5 ¥ 2
|例2の意味|
b に 5 割る 2 の商の整数値，すなわち 2 を記憶する。
|例3|
c = 5 Mod 2
|例3の意味|
c に 5 割る 2 の余り，すなわち 1 を記憶する。

（2）比較演算子

P.30 で学習した比較演算子と，マクロ言語で用いる比較演算子は若干異なる。マクロ言語では，以下の比較演算子を用いる。

=	左右の値が等しい	<>	左右の値が等しくない
>	左の値は右の値より大きい	>=	左の値は右の値以上である
<	左の値は右の値より小さい	<=	左の値は右の値以下である

（3）論理演算子

マクロ言語のなかでは，論理演算は論理演算子を用いて行う。

And	論理積（かつ）	Or	論理和（または）	Not	否定（ではない）

6 メッセージの表示（プログラム 22 行目）

（1）MsgBox関数

ユーザーに対するメッセージを表示する場合は，**MsgBox 関数**を利用する。MsgBox 関数によって，プログラムの処理結果を出力し，ユーザーに示すことができる。

MsgBox関数

構文

MsgBox（メッセージ）

意味

メッセージを表示する。「メッセージ」に変数名を記述すると，その変数に記憶されている値を表示する。

（2）文字列結合

マクロ言語において，文字列を表示させる場合はダブルクォーテーションで囲む。一方，変数に記憶されている値を表示したい場合は，ダブルクォーテーションで囲まない。

いくつかの文字列や変数を結合させて表示したい場合は，**アンパサンド「&」**でつなげる。

7 選択と繰り返し（プログラム 9・13・14 行目）

（1）If 〜 Then 〜 Else 〜 End If ステートメント

条件によって処理を分岐させる場合は，If 〜 Then 〜 Else 〜 End If ステートメントを利用する。なお，「選択」や「繰り返し」のための条件式は，演算子を用いて記述する。

If 〜 Then 〜 Else 〜 End If ステートメント

構文

If 条件式 Then

　処理①

Else

　処理②

End If

意味

条件式を満たしている場合は処理①を，条件式を満たしていない場合は処理②を実行する。

※　条件式を満たしていなければ処理を何も行わない場合，「Else〜処理②」を省略する。

（2）Do While 〜 Loop ステートメント

条件を満たしているあいだは処理を繰り返す場合は，`Do While 〜 Loop` ステートメントを利用する。なお，「Do 〜 Loop While 条件式」とすると後判定ループになり，「Loop While 条件式」の段階で条件式を満たさなければループを抜ける。

```
Do While 〜 Loop ステートメント
|構文|
Do While 条件式
    処理
Loop
|意味|
条件式を満たしているあいだは，処理を繰り返す。条件式を満たさなくなったら，ループを抜ける。
```

（3）For 〜 Next ステートメント

指定した回数だけ処理を繰り返す場合は，`For 〜 Next` ステートメントを利用する。流れ図における「指定した回数の繰り返し」（p.30 参照）に対応する処理となる。

```
For 〜 Next ステートメント
|構文|
For カウンタ変数 = 開始値 To 終了値 Step 加算値
    処理
Next カウンタ変数
|意味|
ループの 1 周目でカウンタ変数を開始値に設定し，ループを 1 周回るたびにカウンタ変数の値を加算値の分だけ増やす。カウンタ変数の値が終了値を超えたら，ループを抜ける。
※ 加算値には，負の数も設定できる。また，「Step 加算値」を省略した場合，加算値は 1 になる。
```

8 ▶ 読みやすいプログラムにするために

（1）字下げ（インデント）

「選択」や「繰り返し」を記述する場合，行の開始位置をずらして書くことで，構造がわかりやすくなる。

（2）注釈

プログラムのなかで，シングルクォーテーション（'）のあとに記述した部分は**注釈**となる。注釈は処理として実行されない。備考などを書き込んでおくと，あとで確認したときにわかりやすくなる。次は，注釈の使用例である。

```
Sub 合計金額の計算()
    Dim Kin As Long        '変数 Kin を長整数型で宣言。商品 1 つあたりの価格を記憶する変数。
    Dim Su As Long         '変数 Su を長整数型で宣言。商品の購入数を記憶する変数。
    Dim Kei As Long        '変数 Kei を長整数型で宣言。合計金額を記憶する変数。
    Kin = 250              'Kin に商品 1 つあたりの価格 250 を代入する。
    Su = 9                 'Su に購入数 9 を代入する。
    Kei = Kin * Su         'Kei に Kin × Su の計算結果を代入する。
    MsgBox("合計価格は, " & Kei & "円です。")        '合計金額を表示する。
End Sub
```

練習問題 5-2

解答 ➡ P.3

【1】次の処理に最も関係の深いマクロ言語のステートメントや関数を答えなさい。

1．複数の処理をひとつにまとめて実行する。

2．ユーザーにキーボードから値を入力させ，入力された値を返す。

3．数値の小数点以下を切り捨てる。

4．変数を宣言する。

5．定数を宣言する。

6．ユーザーに対してメッセージを表示する。

7．開始値，終了値，加算値を決め，指定した回数だけ処理を繰り返す。

8．条件を満たしている間，処理を繰り返す。

9．条件式によって処理を分岐させる。

```
━ 解答群 ━
ア．Const ステートメント          イ．Dim ステートメント
ウ．Do While ～ Loop ステートメント   エ．For ～ Next ステートメント
オ．If ～ Then ～ Else ～ End If ステートメント   カ．InputBox 関数
キ．Int 関数                    ク．MsgBox 関数
ケ．Sub プロシージャ             コ．Val 関数
```

1		2		3		4		5	
6		7		8		9			

【2】次のプログラムを実行したとき，出力されるxの値を答えなさい。

＜プログラム＞

```
Sub Program1()
    Dim a As Long
    Dim b As Long
    Dim c As Long
    Dim x As Long
    a = 10
    b = 20
    c = 30
    x = ((a + b) * c) / 2
    MsgBox(x)
End Sub
```

【3】 次のプログラムに従って処理するとき，1，2 を答えなさい。なお，入力する P の値は 2 以上 9 以下の整数とする。（第 51 回一部修正）

＜プログラム＞

```
Sub Program1()
    Dim B As Long
    Dim C As Long
    Dim G As Long
    Dim K As Long
    Dim P As Long
    Dim S As Long
    K = 0 ·················①
    B = 1 ·················②
    G = Val(InputBox("")) ········③
    P = Val(InputBox("")) ········③
    Do While G > 0
        S = Int(G / P)··········④
        C = G - P * S ··········⑤
        If C > 0 Then
            K = K + C * B ·······⑥
        End If
        B = B * 10··············⑦
        G = S ·················⑧
    Loop
    MsgBox(K) ················⑨
End Sub
```

＜トレース表＞

	K	B	G	P	S	C
①	0	—	—	—	—	—
②	0	1	—	—	—	—
③	0	1	21	2	—	—
④	0	1	21	2	(1)	—
⑤	0	1	21	2	(1)	1
⑥	1	1	21	2	(1)	1
⑦	1	10	21	2	(1)	1
⑧	1	10	10	2	(1)	1
④	1	10	10	2	5	1
⑤	1	10	10	2	5	(2)
⑦	1	100	10	2	5	(2)
⑧	1	100	5	2	5	(2)
④	1	100	5	2	2	(2)
⑤	1	100	5	2	2	1
⑥	(3)	100	5	2	2	1
⑦	(3)	1000	5	2	2	1
⑧	(3)	1000	(4)	2	2	1
④	(3)	1000	(4)	2	1	1
⑤	(3)	1000	(4)	2	1	0
⑦	(3)	10000	(4)	2	1	0
⑧	(3)	10000	1	2	1	0
④	(3)	10000	1	2	0	0
⑤	(3)	10000	1	2	0	1
⑥	(5)	10000	1	2	0	1
⑦	(5)	100000	1	2	0	1
⑧	(5)	100000	0	2	0	1
⑨	(5)	100000	0	2	0	1

1．G の値が 21，P の値が 2 のとき，トレース表の空欄(1)～(5)に当てはまる値を答えなさい。

2．プログラムの処理について説明した文のうち，正しいものはどれか**ア**，**イ**，**ウ**の中から選び，記号で答えなさい。

ア．P の値は C の値を超えることはない。

イ．C の値は P の値を超えることはない。

ウ．C の値は必ず 0 か 1 になる。

1	(1)		(2)		(3)		(4)		(5)		2	

（参考）プログラムをパソコンで実行するために

　<u>P.40〜47 の内容は，全商情報処理検定試験プログラミング2級の出題範囲外である</u>。しかし，この内容を活用することで，P.48〜63のアルゴリズム解説や，P.64〜159の模擬問題について，プログラムをパソコンで実行したり，編集したりすることができるようになる。

　プログラムを実際に実行したり，部分的に書きかえたり，機能を追加してみたりすることにより，プログラミングに関する理解を深めることができる。マクロ言語でプログラムを開発・実行するための環境を構築することは比較的容易なので，学校での学習や家庭学習において，プログラムデータに実際に触ってみよう。

■1 プログラムデータの実行と編集

　マクロ機能とは，アプリケーションソフトウェアにおいて複数の操作や処理を「マクロ」としてひとつにまとめることができる機能である。ユーザーが行った操作を記録し，自動的にマクロを作成することもできるが，マクロ言語を用いたプログラミングによってマクロを作成することも可能である。

　マクロ言語のうち，Microsoft Office シリーズのソフトウェアにおけるマクロを作成するためのものに，**VBA**（Visual Basic for Applications）がある。ここでは，Microsoft Excel で VBA を用いたプログラムを作成・編集・実行する方法について説明する。

① Microsoft Excel を起動し，[開発]タブの[Visual Basic]をクリックする。

※ [開発]タブが表示されていない場合は，[ファイル]→[オプション]→[リボンのユーザー設定]で[開発]にチェックマークをつけ，OK ボタンをクリックする。

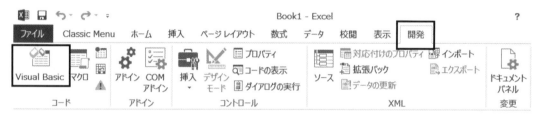

② コードは，モジュールに記述する。プロジェクトエクスプローラーからモジュールを選択し，右クリックして[コードの表示]をクリックすると，コードウィンドウにコードが表示される。

　本書の提供データでは，ユーザーフォームに関連したコードは[フォーム]に，それ以外のコードは[標準モジュール]に，それぞれ記述されている。

※ プロジェクトエクスプローラーなどが表示されない場合は，メニューバーの[表示]から表示させることができる。

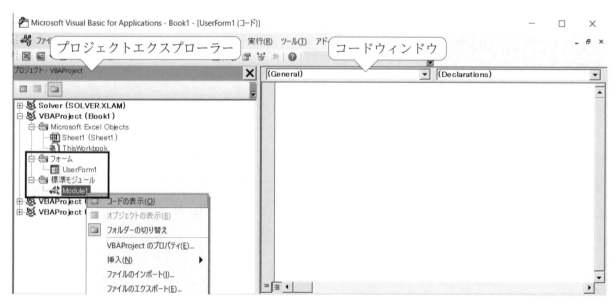

マクロ言語

③ プロシージャを実行するときは，実行するプロシージャにカーソルを移動し，[Sub/ユーザーフォームの実行]をクリックする。

④ マクロを保存する場合は，[名前を付けて保存]の[ファイルの種類]を「Excelマクロ有効ブック」にしてから保存する。

2▶ 変数（応用）

（1） 変数の型（応用）

P.33 で学習したデータ型である長整数型（Long）と文字列型（String）に加えて，次のようなデータ型もある。

データ型	意味
Integer	整数型。長整数型に比べて絶対値が小さい整数値を記憶する。長整数型に比べて，使用メモリが小さい。データ型を Integer にして宣言した変数に，$-32,768 \sim 32,767$よりも絶対値が大きい値を記憶しようとすると，エラーとなる。
Single	単精度浮動小数点数型。小数を含む数値を記憶する。
Double	倍精度浮動小数点数型。Single よりも大きな桁の小数を含む数値を記憶する。
Boolean	ブール型。真（True）か偽（False）を記憶する。

（2） 変数の宣言の強制

Option Explicit ステートメントをモジュールの先頭に記述することで，宣言していない変数をプログラム中で使用することができなくなる。右図では，Dim ステートメントで変数 Kin を宣言することなく使用しているので，エラーが表示されてプログラムが実行されなかった。もし，Option Explicit ステートメントが記述されていなければ，その変数がはじめて使用されたところで自動的に変数として設定され，プログラムは実行される。

Option Explicit ステートメントを利用することで，例えば変数 Kin を複数回使用するプログラムで，1 か所を誤って Kinn と入力してしまった場合などのエラーを防ぐことができる。

（3） 配列の宣言

配列は，変数と同様に Dim ステートメントで宣言する。

配列の宣言
構文
Dim 配列名（添字の上限値）As データ型
意味
指定した配列名で，その配列を使用することを宣言する。
※ 添字が 0 の要素も生成されるので，添字の上限値を n にした場合，n+1 個の要素が生成される。
例えば，「Dim Jin(3) As Long」と宣言した場合は，Jin(0)，Jin(1)，Jin(2)，Jin(3)という 4 つの要素が生成されることになる。

---

3 ▶ メッセージの表示（応用）

（1） 表示形式の指定

Format 関数を利用することで，数値や文字列の表示書式を変換することができる。これによって，例えば数値を 3 桁ごとにカンマで区切ったり，桁数が小さい数と大きい数を並べて表示する際に 0 埋めをして各桁の位置を揃えたりすることができる。

Format関数
構文
Format（値,書式）
意味
値を，指定した書式に合わせて返す。

Format 関数で使用する書式には，次のようなものがある。

書式記号	説明	値	書式	表示
数値				
#	その桁に値があれば表示し，なければ何も表示しない	12345	"######"	12345
0	その桁に値があれば表示し，なければ 0 を表示する	12345	"000000"	012345
.	ピリオドを表示する	12345	"####.#"	1234.5
,	カンマを表示する	12345	"##,###"	12,345
¥	書式記号などの特別な意味をもつ文字も含め，¥のあとの 1 字をそのまま表示する	12345	"¥¥##,###"	¥12,345
文字列				
&	その位置に文字があれば表示し，なければ何も表示しない	5	"&&月"	5月
@	その位置に文字があれば表示し，なければスペースを表示する	5	"@@月"	5月

（2） 数値の文字列変換

Val関数が文字列を数値に変換するのに対し，Str 関数は数値を文字列に変換する。

Str 関数
構文
Str（数値）
意味
数値を文字列に変換して返す。

（3） メッセージの改行処理

Chr 関数は，文字コードに対応した文字を表示する関数であるが，メッセージボックスやユーザーフォームなどで改行処理をするために用いることもある。

Chr関数
構文
Chr(数値)
意味
数値に対応した文字コードの文字を返す。

　文字コードのなかには，入力されると改行や削除などを行う**制御文字**が用意されている。例えば，文字コードの 10 には「改行」を行う制御文字が，13 には入力カーソルを行の先頭に移動させる「復帰」を行う制御文字が，それぞれ用意されている。「MsgBox("Chr関数を使うと，" & Chr(10) & Chr(13) & "改行することができる。")」とすると，右図のように表示される。

4 ▶CSV ファイルの読み込み

　マクロ言語によってデータを処理するためには，変数にデータを代入する必要がある。しかし，データが大量にある場合，変数への代入を行うための記述が煩雑になってしまう。

　VBA では，データが記録されている CSV ファイルを活用して，大量のデータの読み込みを簡単に行うことができる。

（1）ファイル読み込みの準備

　マクロのなかで CSV ファイルを利用できるようにするためには，**Open ステートメント**を用いる。

```
Open ステートメント
｜構文｜
Open 開きたいファイルのパス For ファイルを開くモード As #ファイル番号
｜意味｜
指定したファイルを，指定したモードで開き，読み込みや書き込みができるようにする。
※　モードは，Input とすると読み込みモードで，Output とすると書き込みモードで開く。
※　ファイル番号は，#のあとに任意の番号を設定する。
```

（2）データの読み込み

　Open ステートメントでファイルを開いたあと，変数にデータを読み込むには，**Input ステートメント**を使用する。

```
Input ステートメント
｜構文｜
Input #ファイル番号,変数名
｜意味｜
指定した変数に，データを記憶する。ファイルに項目が複数あり，それぞれ別の変数に記憶する場合は，変数を半角のカンマで区切る。
```

　右図は，あるラーメン屋の売上データを記録した「売上データ.csv」である。このラーメン屋では，ラーメンが売れたときに，種類と個数を記録するようにしている。たとえば，1 行目は「醤油ラーメンが 4 つ売れた」ということを意味する。

　売れたラーメンの種類を文字列型の変数 Shurui，個数を長整数型の変数 Su に記憶する場合は，Open ステートメントで「売上データ.csv」をファイル番号 1 として開いたあと，「Input #1,Shurui,Su」と記述する。こうすることで，変数 Shurui に「醤油ラーメン」が，変数 Su に「4」が記憶される。

　CSV ファイルの 2 行目以降を変数に読み込みたい場合は，**EOF 関数**を活用する。EOF は End Of File の略であり，EOF 関数は開いているファイルの現在読み込み位置が末尾に到達しているかどうかを判定できる関数である。

> **EOF関数**
> 【構文】
> EOF（ファイル番号）
> 【意味】
> 読み込み位置が指定したファイルの末尾に到達していたら，True を返す。

　Do While ～ Loopステートメントと組み合わせ，EOF 関数をループ抜けの条件判定に使用することで，ファイルの末尾まで読み込みを行うことができる。例えば，醤油ラーメンの合計売上個数は，次のように記述することで算出できる。ループを 1 周回るたびに次の行を読み込み，EOF(1) が True になったらループを抜けるようになっている。（「売上データ.csv」は，読み込みモード，ファイル番号 1 ですでに開いており，醤油ラーメンの個数は長整数型の変数 Shoyu に記憶するものとする）

```
Do While Not EOF(1)
    Input #1, Shurui, Su
    If Shurui = "醤油ラーメン" Then
        Shoyu = Shoyu + Su
    End If
Loop
MsgBox ("醤油ラーメンの売上個数は，" & Shoyu & "です。")
```

（3）ファイル読み込みの終了

　Open ステートメントで開いていたファイルを閉じ，入力を終了するには，**Close ステートメント**を使用する。

> **Close ステートメント**
> 【構文】
> Close #ファイル番号
> 【意味】
> 指定したファイルへの入出力を終了する。

5 多分岐

　If ～ Then ～ ElseIfステートメントを使用することで，複数の条件で処理を振り分けられる。

> **If ～ Then ～ ElseIf ステートメント**
> 【構文】
> If 条件式1 Then
> 　処理1
> ElseIf 条件式2 Then
> 　処理2
> 　　　⋮
> Else
> 　処理3
> End If
> 【意味】
> 条件式 1 を満たしていれば，処理 1 を実行する。条件式 1 を満たしていない場合，条件式 2 を満たしていれば，処理 2 を実行する。いずれの条件式も満たしていなければ，処理 3 を実行する。
> ElseIf による分岐は，さらに増やすこともできる。

⑥ ユーザーフォーム

　ユーザーがシステムと接する部分を，**ユーザーインターフェース**という。これまでは，直接コード中に書き込んだり，インプットボックスやメッセージボックスを使用したりすることで値の入出力を行ってきたが，ユーザーが操作しやすい操作画面を設計すると，より効率的なデータ処理が可能となる。このような，入出力のための画面，およびそれを設計できる機能を**ユーザーフォーム**という。

（1）ユーザーフォームとコントロールの設置

　ユーザーフォームの土台を設置したあと，部品となるコントロールを設置する。

① Microsoft Excelの[開発]タブから[Visual Basic]をクリックし，さらに[挿入]から[ユーザーフォーム]をクリックする。

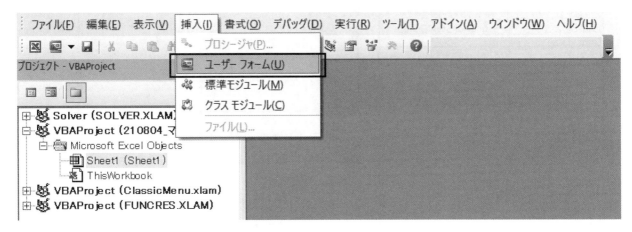

② ユーザーフォームにコントロールを設置する。

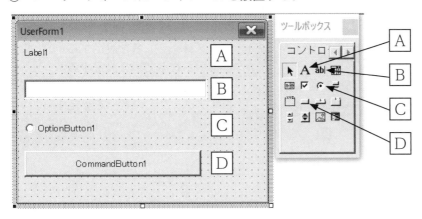

　おもなコントロールには，以下のようなものがある。

	コントロール	説明
A	ラベル	文字を表示する。
B	テキストボックス	文字を表示，および入力する。
C	オプションボタン	項目を選択する。
D	コマンドボタン	ボタンをクリックすることで処理を実行する。

③ ユーザーフォームの画面や，ユーザーフォームのコードウィンドウを開いている状態で，[Sub/ユーザーフォームの実行]をクリックすると，ユーザーフォームが実行される。

（2）プロパティ

VBA で操作対象となるものを**オブジェクト**という。コントロールもオブジェクトの一種である。また，サイズや色，表示されている文字列などの特性や情報を，オブジェクトの**プロパティ**という。

プロパティの確認や変更は，プロパティウィンドウから行うことができる。なお，プロパティウィンドウが表示されない場合は，メニューバーの[表示]から表示させることができる。

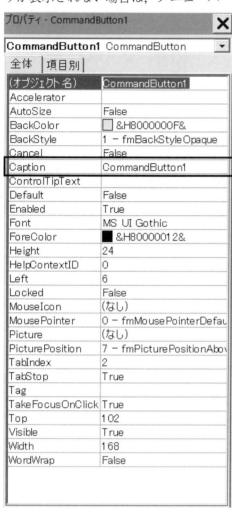

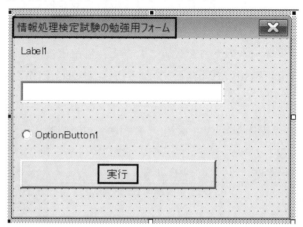

左図は，CommandButton1 をクリックした際にプロパティウィンドウに表示されるプロパティである。

CommandButton1 の Caption を「実行」に，UserForm1 の Caption を「情報処理検定試験の勉強用フォーム」に変えると，上のように表示される。

おもなプロパティには，次のようなものがある。

項目名	説明
（オブジェクト名）	オブジェクト名を設定する。
Caption	表示される文字を設定する。
Text	テキストボックスの文字を設定する。
Value	オブジェクトの状態を設定する。

（3）イベントプロシージャ

イベントとは，「コマンドボタンがクリックされたとき」などのように，処理のきっかけになる動作のことである。イベントが起こったときに処理が実行されるようなプロシージャを，**イベントプロシージャ**という。

ユーザーフォームに関連するイベントプロシージャを作成するためには，プロジェクトエクスプローラーでオブジェクトを右クリックし，[コードの表示]をクリックする。

イベントプロシージャ

構文
```
Private Sub オブジェクト名_イベント()
　　処理
End Sub
```
構文
指定したオブジェクトに，指定したイベントが生じた場合，処理を実行する。

おもなイベントには，次のようなものがある。

イベント	説明
Change	オブジェクトに値が入力されるなど，何かしらの変更が生じたときに発生する。
Click	オブジェクトがクリックされたときに発生する。
Initialize	ユーザーフォーム本体に対して，「Private Sub UserForm_Initialize()」のように記述すると，ユーザーフォームが表示される直前に発生する。初期設定などを行うために利用する。

　たとえば，「CommandButton1」というオブジェクト名のコマンドボタンを設置し，「Private Sub CommandButton1_Click 〜 End Sub」と記述すると，そのコマンドボタンをクリックするというイベントが発生したときに行う処理を指定することができる。

（4）プロパティの取得・変更

　オブジェクトのプロパティは，プロパティウィンドウからだけではなく，プログラム中でも操作したり，値を変更したりすることができる。また，オブジェクトのプロパティの値を変数に記憶することもできる。オブジェクトのプロパティは，「**オブジェクト名.プロパティ**」の形で指定する。

プロパティの取得・変更の例

例1

Label1.Caption = ""

例1の意味

オブジェクト名「Label1」のラベルに表示する文字を空白にする。

例2（長整数型の変数 Kei に，合計金額が記憶されている）

Label2.Caption = "合計金額は，" & Kei & "円です。"

例2の意味

オブジェクト名「Label2」のラベルに合計金額を表示する。

例3（Name は文字列型の変数であり，テキストボックスに入力されたユーザーの名前を記憶する）

Name = TextBox1.Text

例3の意味

オブジェクト名「TextBox1」のテキストボックスに入力された文字列（名前）を変数 Name に記憶する。なお，テキストボックスに入力された値は文字列として処理されるので，テキストボックスに入力された値を用いて演算などを行う場合は，Val 関数と併用する。

　また，オプションボタンについては，選択されていれば Value プロパティに True が，されていなければ False がそれぞれ設定される。If ステートメントと組み合わせることで，選択されているオプションボタンによって処理を分岐させることができる。

7 ▶ 読みやすいプログラムにするために（応用）

　半角のアンダーバー「_」を用いることで，1 つのステートメント（命令）を改行して書くことができる。これを，**行の継続**という。一方，半角のコロン「:」を用いることで，複数のステートメントを 1 行に書くことができる。これを，**マルチステートメント**という。

行の継続とマルチステートメント

次の3つは，同じ意味である。

```
1. Dim Ryo As Long
   Dim Su As Long
2. Dim Ryo As Long : Dim Su As Long
3. Dim Ryo _
   As Long
   Dim _
   Su As Long
```

データの集計

アルゴリズムの説明

　データの集計とは，複数のデータの合計を求めるアルゴリズムである。複数のデータの合計を表示したい場合などに使用する。また，データの合計は他の処理にさらに利用することもある。

　データの合計を表示したい場合は，次のような流れで処理を行う。なお，ここではデータの合計を記憶する変数の変数名を Gokei とする。

---

① Gokeiの初期値に 0 を設定する。

② データを読むたびに，Gokei にそのデータの値を加える。

③ データ終了後，Gokei を表示する。

練習問題 （解答➡P.5）

　流れ図の説明を読んで，流れ図の(1)〜(2)を答えなさい。

＜流れ図の説明＞

処理内容

　パン屋の売上データを読み，金額の合計を表示する。

入力データ

商品名 （Smei）	数量 （Suryo）	単価 （Tanka）
あんぱん	15	120
メロンパン	12	130
クリームパン	8	110
カレーパン	23	180
チーズパン	6	140

　1件のデータは「商品名，数量，単価」で構成されており，データ入力時にそれぞれ「Smei，Suryo，Tanka」という変数にデータを記憶することを意味する。例えば，「あんぱん，15，120」が1件のデータである。

　データの件数が多い場合は，P.54のように「×」を使って表す。

実行結果

```
　　　　　　 （売上一覧表）
（商品名）　（数量）（単価）（金額）
あんぱん　　　15　　120　　1,800
メロンパン　　12　　130　　1,560
クリームパン　 8　　110　　　880
カレーパン　　23　　180　　4,140
チーズパン　　 6　　140　　　840
　　　　　　　　　　 （合計）　9,220
```

画面設計（参考）

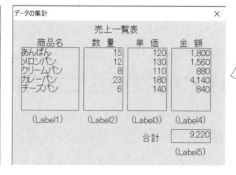

　右ページ「プログラム（参考）」と対応している。

処理条件

1．入力データを読み，数量と単価を乗算し，それぞれの商品の金額を求め表示する。

2．入力データが終了したら，合計を表示する。

＜流れ図＞

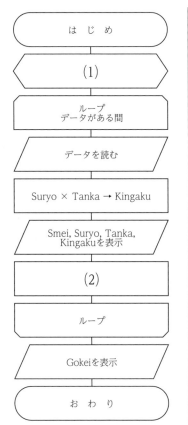

＜プログラム（参考）＞

```
Private Sub UserForm_Initialize()
    '変数の宣言
    Dim Smei As String
    Dim Suryo As Long
    Dim Tanka As Long
    Dim Kingaku As Long
    Dim Gokei As Long
    'ファイルを開く
    Open ThisWorkbook.Path & "\データの集計.csv" For Input As #1
    '初期値の設定
    [          ]
    'データの集計
    Do While Not EOF(1)
        'データを読む
        Input #1, Smei, Suryo, Tanka
        '金額の計算
        Kingaku = Suryo * Tanka
        'データの表示
        Label1.Caption = Label1.Caption & Smei & Chr(13) & Chr(10)
        Label2.Caption = Label2.Caption & Suryo & Chr(13) & Chr(10)
        Label3.Caption = Label3.Caption & Tanka & Chr(13) & Chr(10)
        Label4.Caption = Label4.Caption & Format(Kingaku, "#,##0") & Chr(13) & Chr(10)
        '合計の計算
        [              ]
    Loop
    '合計の表示
    Label5.Caption = Format(Gokei, "#,##0")
    'ファイルを閉じる
    Close #1
End Sub
```

　2 級では，このようなアルゴリズムは主に大問 5 以降で必要となる。大問 5 以降はプログラム（マクロ言語）ではなく流れ図での出題となるが，ここでは理解の促進のための補助資料として，試験範囲外の内容も含むがプログラムも掲載している。

　プログラムの読み方は，P.32〜47 を参照。また，とうほうのホームページより，プログラムデータをダウンロードできる。

＜ヒント＞

| ヒント(1) | 合計を記憶する変数の初期値を設定する。 |

| ヒント(2) | 合計を記憶する変数には，金額を累計していく。 |

＜解答欄＞

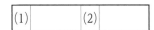

解答群

ア．Gokei + Kingaku → Gokei

イ．0 → Kingaku

ウ．0 → Gokei

エ．Gokei + Tanka → Gokei

アルゴリズム

データの件数と平均

アルゴリズムの説明

　データの件数と平均とは，入力データの件数をカウントし，データが終了したら，合計を件数で除算し平均を求めるアルゴリズムである。前に学習した「データの集計のアルゴリズム」では，読み込んだデータの値を累計したのに対し，データの件数を求めるためには，読み込んだデータの件数を累計することに注意する。すなわち，データの件数を記憶する変数には，データを読み込むたびに 1 を加算していく。

　また，平均は「合計 ÷ 件数」で求めることができる。

　データの件数と平均を表示したい場合は，次のような流れで処理を行う。なお，ここではデータの合計を記憶する変数の変数名を Gokei，件数を記憶する変数の変数名を Kensu，平均を記憶する変数の変数名を Heikin とする。

① Gokei，Kensu の初期値に 0 を設定する。

② データを読むたびに，データの値を Gokei に加え，1 を Kensu に加える。

③ データ終了後，「Gokei ÷ Kensu」によって Heikin を求め，Kensu，Heikin を表示する。

練習問題 （解答➡P.5）

　流れ図の説明を読んで，流れ図の(1)～(3)を答えなさい。

＜流れ図の説明＞

処理内容

　パン屋の売上データを読み，データの件数と金額の平均を表示する。

入力データ

商品名 (Smei)	数量 (Suryo)	単価 (Tanka)
あんぱん	15	120
メロンパン	12	130
クリームパン	8	110
カレーパン	23	180
チーズパン	6	140

実行結果

(売上一覧表)			
(商品名)	(数量)	(単価)	(金額)
あんぱん	15	120	1,800
メロンパン	12	130	1,560
クリームパン	8	110	880
カレーパン	23	180	4,140
チーズパン	6	140	840
		(件数)	5
		(平均)	1,844

画面設計（参考）

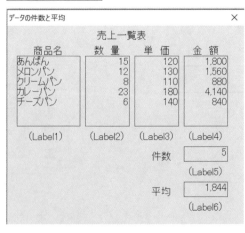

処理条件

1．入力データを読み，数量と単価を乗算し，それぞれの商品の金額を求め表示する。

2．入力データが終了したら，件数を表示する。また，件数を利用して平均を求め，平均を表示する。

アルゴリズム

＜流れ図＞

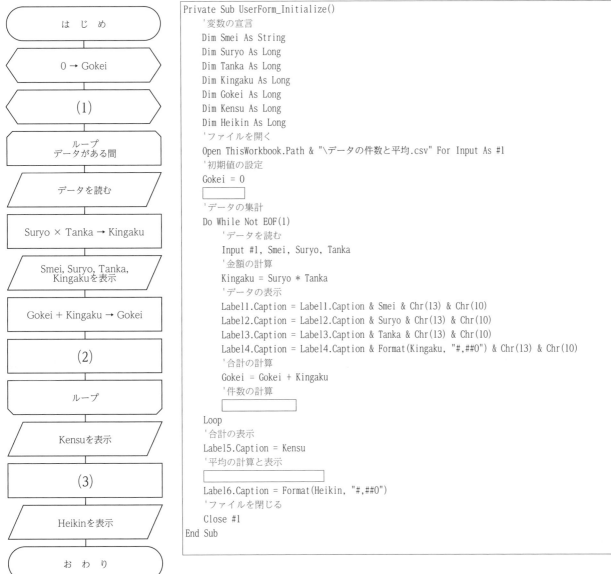

＜プログラム（参考）＞

```
Private Sub UserForm_Initialize()
    '変数の宣言
    Dim Smei As String
    Dim Suryo As Long
    Dim Tanka As Long
    Dim Kingaku As Long
    Dim Gokei As Long
    Dim Kensu As Long
    Dim Heikin As Long
    'ファイルを開く
    Open ThisWorkbook.Path & "\データの件数と平均.csv" For Input As #1
    '初期値の設定
    Gokei = 0
    ┌─────────┐
    └─────────┘
    'データの集計
    Do While Not EOF(1)
        'データを読む
        Input #1, Smei, Suryo, Tanka
        '金額の計算
        Kingaku = Suryo * Tanka
        'データの表示
        Label1.Caption = Label1.Caption & Smei & Chr(13) & Chr(10)
        Label2.Caption = Label2.Caption & Suryo & Chr(13) & Chr(10)
        Label3.Caption = Label3.Caption & Tanka & Chr(13) & Chr(10)
        Label4.Caption = Label4.Caption & Format(Kingaku, "#,##0") & Chr(13) & Chr(10)
        '合計の計算
        Gokei = Gokei + Kingaku
        '件数の計算
        ┌─────────┐
        └─────────┘
    Loop
    '合計の表示
    Label5.Caption = Kensu
    '平均の計算と表示
    ┌─────────┐
    └─────────┘
    Label6.Caption = Format(Heikin, "#,##0")
    'ファイルを閉じる
    Close #1
End Sub
```

＜ヒント＞

ヒント(1)	件数を記憶する変数の初期値を設定する。
ヒント(2)	件数を求めるための処理を行う。（合計を求めるための処理ではないので注意する）
ヒント(3)	平均金額は，どのように求めることができるのかを考える。

＜解答欄＞

(1)		(2)		(3)	

解答群

ア．Kensu ＋ 1 → Kensu

イ．0 → Kensu

ウ．0 → Heikin

エ．Gokei ÷ Kensu → Heikin

オ．Kensu ＋ Kingaku → Kensu

カ．Kensu ÷ Gokei → Heikin

最大値と最小値

アルゴリズムの説明

　　最大値と最小値とは，データのなかから最大値や最小値を求めるアルゴリズムである。実行結果に，複数のデータ内の最大値や最小値を表示したい場合などに使用する。

　　例えば，データのなかの最大値を表示したい場合は，次のような流れで処理を行う。なお，ここでは最大値を記憶する変数の変数名を Max とする。

> ①　Max の初期値として，あり得る値のなかで最も小さい値を設定する。
> ②　データを読むたびに，データと Max に記憶されている値とを比較する。読んだデータの値が Max の値より大きい場合，そのデータの値を Max に記憶する。読んだデータの値が Max の値より小さい場合は，何もしない。
> ③　②の処理を最後のデータまで行い，Max に記憶されている値を表示する。

　　一方，データのなかの最小値を表示したい場合は，次のような流れで処理を行う。なお，ここでは最小値を記憶する変数の変数名を Min とする。

> ①　Min の初期値として，あり得る値のなかで最も大きい値を設定する。
> ②　データを読むたびに，データと Min に記憶されている値とを比較する。読んだデータの値が Min の値より小さい場合，そのデータの値を Min に記憶する。読んだデータの値が Min の値より大きい場合は，何もしない。
> ③　②の処理を最後のデータまで行い，Min に記憶されている値を表示する。

　　なお，最大値や最小値と同じ値が2つ以上あった場合，「より大きい（＞）」や「より小さい（＜）」にすると先に入力されたデータが，「以上（≧）」や「以下（≦）」にすると後に入力されたデータが最大値・最小値となる。

練習問題 （解答➡P.6）

　　流れ図の説明を読んで，流れ図の(1)〜(3)を答えなさい。

＜流れ図の説明＞

処理内容

　　パン屋の売上データを読み，金額の最大値と最小値を表示する。

入力データ

商品名 (Smei)	数量 (Suryo)	単価 (Tanka)
あんぱん	15	120
メロンパン	12	130
クリームパン	8	110
カレーパン	23	180
チーズパン	6	140

実行結果

```
            （売上一覧表）
（商品名）      （数量）   （単価）     （金額）
あんぱん        15      120      1,800
メロンパン       12      130      1,560
クリームパン      8      110       880
カレーパン       23      180      4,140
チーズパン        6      140       840
                    （最大値）   4,140
                    （最小値）    840
```

画面設計（参考）

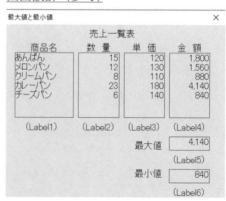

アルゴリズム

処理条件

1．入力データを読み，数量と単価を乗算し金額を求め表示する。

2．入力データが終了したら，金額の最大値と最小値を表示する。

<流れ図>　　　　　　　　　<プログラム（参考）>

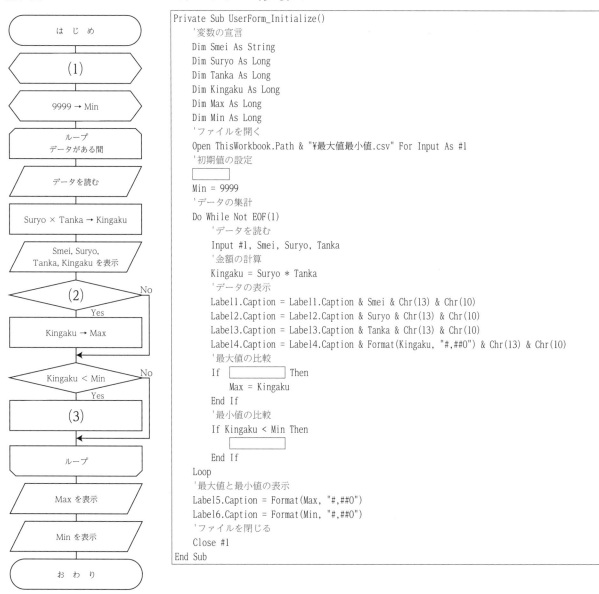

```
Private Sub UserForm_Initialize()
    '変数の宣言
    Dim Smei As String
    Dim Suryo As Long
    Dim Tanka As Long
    Dim Kingaku As Long
    Dim Max As Long
    Dim Min As Long
    'ファイルを開く
    Open ThisWorkbook.Path & "¥最大値最小値.csv" For Input As #1
    '初期値の設定
    ┌──────┐
    └──────┘
    Min = 9999
    'データの集計
    Do While Not EOF(1)
        'データを読む
        Input #1, Smei, Suryo, Tanka
        '金額の計算
        Kingaku = Suryo * Tanka
        'データの表示
        Label1.Caption = Label1.Caption & Smei & Chr(13) & Chr(10)
        Label2.Caption = Label2.Caption & Suryo & Chr(13) & Chr(10)
        Label3.Caption = Label3.Caption & Tanka & Chr(13) & Chr(10)
        Label4.Caption = Label4.Caption & Format(Kingaku, "#,##0") & Chr(13) & Chr(10)
        '最大値の比較
        If ┌──────┐ Then
            Max = Kingaku
        End If
        '最小値の比較
        If Kingaku < Min Then
            ┌──────┐
            └──────┘
        End If
    Loop
    '最大値と最小値の表示
    Label5.Caption = Format(Max, "#,##0")
    Label6.Caption = Format(Min, "#,##0")
    'ファイルを閉じる
    Close #1
End Sub
```

<ヒント>

ヒント(1)	「Max」の初期値には，あり得る値の中で最も小さい値を設定する。
ヒント(2)	「Kingaku」が「Max」よりも大きいかどうかの比較を行う。
ヒント(3)	「Kingaku」が「Min」よりも小さかった場合の処理を行う。

<解答欄>

(1)		(2)		(3)	

解答群

ア．Kingaku ＞ Max

イ．Kingaku → Max

ウ．0 → Max

エ．Kingaku ＜ Max

オ．Kingaku → Min

カ．9999 → Max

アルゴリズム

一次元配列

アルゴリズムの説明

　P.29 でも学習した通り，一次元配列とは，同じ種類のデータの集合である。配列の要素を区別する番号を添字というが，添字に変数を使用し，繰り返し構造（ループ）などと組み合わせることにより，データの初期設定などを効率的に行うことができる。また，複数の配列の添字を対応させることにより，ある商品の「商品名」と「価格」を結び付けて処理を行うことなども可能になる。

　例えば，商品が購入されるたびに商品コードとその商品の販売数を記録し，そのデータ（入力データ）を基に商品ごとの販売数を集計して表示する処理は，次のような流れで行う。

① 配列の各要素に 0 を記憶する。
② データを読むたびに，配列の該当要素にデータを記憶する。
③ データ終了後，配列の各要素の値を表示する。

練習問題　（解答➡P.6　解説動画➡▣）

　流れ図の説明を読んで，流れ図の(1)~(3)を答えなさい。

＜流れ図の説明＞

処理内容

　パン屋の売上データを読み，商品別の売上数量を表示する。

入力データ

商品コード (Scd)	数量 (Suryo)
×	× ×

　× 1 つが 1 桁（あるいは 1 字）を表す。この表は，入力データ 1 件が 1 桁の「商品コード」と 2 桁の「数量」によって構成されており，そのような入力データが複数件あることを表している。

実行結果

　　（売上一覧表）
　（商品名）　　　（数量）
あんぱん　　　　　13
メロンパン　　　　11
クリームパン　　　12
カレーパン　　　　19
チーズパン　　　　13

画面設計（参考）

処理条件

1. 配列 Skei のすべての要素に 0 を記憶する（初期化する）。
2. 配列 Smei に商品名を記憶する。なお，Smei の添字は商品コードと対応しており，商品コードは 1（あんぱん），2（メロンパン），3（クリームパン），4（カレーパン），5（チーズパン）の5種類である。
3. 入力データを読み，配列 Skei に商品ごとに数量を記憶する。なお，Smei と Skei の添字は対応している。
4. 入力データが終了したら，商品名と数量を表示する。

配列

	(0)	(1)	(2)	(3)	(4)	(5)
Smei		あんぱん	メロンパン	クリームパン	カレーパン	チーズパン

	(0)	(1)	(2)	(3)	(4)
Skei					

<流れ図>

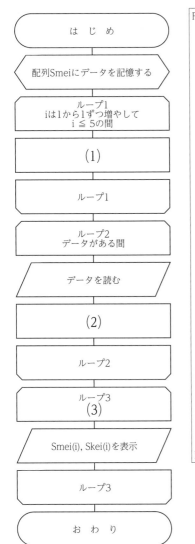

<プログラム（参考）>

```
Private Sub UserForm_Initialize()
    '変数の宣言
    Dim i As Long
    Dim Scd As Long
    Dim Suryo As Long
    '配列の宣言
    Dim Smei(5) As String
    Dim Skei(5) As Long
    '配列にデータを記憶
    Smei(1) = "あんぱん": Smei(2) = "メロンパン": Smei(3) = "クリームパン": _
    Smei(4) = "カレーパン": Smei(5) = "チーズパン"
    '配列の初期化
    For i = 1 To 5 Step 1
        ┌──────────┐
    Next i
    'ファイルを開く
    Open ThisWorkbook.Path & "\一次元配列.csv" For Input As #1
    'データの集計
    Do While Not EOF(1)
        'データを読む
        Input #1, Scd, Suryo
        '数量の集計
        ┌──────────────────┐
    Loop
    'ファイルを閉じる
    Close #1
    'データの表示
    ┌──────────────────┐
        Label1.Caption = Label1.Caption & Smei(i) & Chr(13) & Chr(10)
        Label2.Caption = Label2.Caption & Skei(i) & Chr(13) & Chr(10)
    Next i
End Sub
```

<ヒント>

ヒント(1)	集計用の配列 Skei の，すべての要素を初期化する。添字は何を使えばよいだろうか？
ヒント(2)	入力データの商品コードは，配列 Skei の添字と対応している。入力データの数量を集計する。
ヒント(3)	データを出力するために，配列の添字の範囲を繰り返し条件として設定する。

<解答欄>

(1)	(2)	(3)

―― 解答群 ――

ア. $0 \rightarrow$ Skei(i)

イ. $0 \rightarrow$ Skei(0)

ウ. Skei(i) + Suryo $\rightarrow$ Skei(i)

エ. Skei(Scd) + Suryo $\rightarrow$ Skei(Scd)

オ. i は 0 から 1 ずつ増やして i ≦ 5 の間

カ. i は 1 から 1 ずつ増やして i ≦ 5 の間

アルゴリズム

線形探索

アルゴリズムの説明

　探索アルゴリズムとは，複数のデータのなかから，目的のデータを見つけるためのアルゴリズムである。2 級で出題される線形探索のほかにも，1 級で出題される二分探索などがある。アルゴリズムの種類によって，探索にかかる時間も変化する。

　線形探索とは，ソートされていない配列や，内容が文字列の配列，入力データを添字にして参照できない配列などから目的のデータを見つけるために，配列の先頭から順に探索したいデータと比較を行い，探したいデータと一致するまで次の要素との比較を繰り返すアルゴリズムである。

① 次に比較する要素の位置（添字）を記憶する変数に，配列の先頭の添字の値を設定する。
② 探したいデータを入力する。
③ 添字の位置の要素に記憶されている値と，②で入力したデータが一致するか，比較する。
④ 一致しない場合には，添字に 1 を加える。一致したら，探索を終了する。

　例えば，配列 Scd に記憶されている値の中に，入力した商品コードがあるかどうかを線形探索によって探索する場合，次の図のような処理になる。また，添字が対応している他の配列があれば，商品コードに対応した商品名や価格などを表示することもできる。

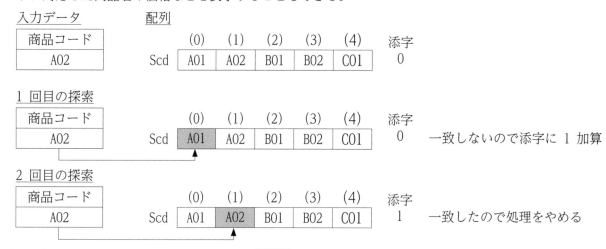

練習問題 （解答➡P.7　解説動画➡ [QRコード]）

　流れ図の説明を読んで，流れ図の(1)～(2)を答えなさい。

<流れ図の説明>

処理内容

　パン屋の商品検索システムとして，商品コードを入力すると，対応する商品名と価格を表示する。

実行結果

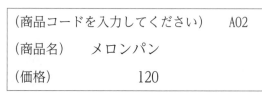

画面設計（参考）

処理条件

1．商品コードを入力し，「検索」をクリックすると，配列 Scd を探索し，その商品コードに対応する商品名と価格が表示される。

2．配列 Scd に商品コードが，配列 Smei に商品名が，配列 Skin に価格がそれぞれ記憶されている。なお，Scd の添字は Smei，Skin の添字と対応している。

配列

	(0)	(1)	(2)	(3)	(4)
Scd	A01	A02	B01	B02	C01
	(0)	(1)	(2)	(3)	(4)
Smei	あんぱん	メロンパン	クリームパン	カレーパン	チーズパン
	(0)	(1)	(2)	(3)	(4)
Skin	130	120	110	150	140

＜流れ図＞

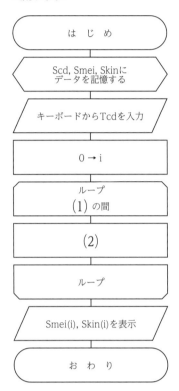

＜プログラム（参考）＞

```
'配列の宣言
Dim Scd(4) As String
Dim Smei(4) As String
Dim Skin(4) As Long
Private Sub UserForm_Initialize()
    '配列に商品コード，商品名，価格を記憶する
    Scd(0) = "A01": Scd(1) = "A02": Scd(2) = "B01": Scd(3) = "B02": Scd(4) =_
    "C01"
    Smei(0) = "あんぱん": Smei(1) = "メロンパン": Smei(2) = "クリームパン":_
    Smei(3) = "カレーパン": Smei(4) = "チーズパン"
    Skin(0) = 130: Skin(1) = 120: Skin(2) = 110: Skin(3) = 150: Skin(4) = 140_
    TextBox1.Text = "": Label1.Caption = "": Label2.Caption = ""
End Sub
Private Sub 検索ボタン_Click()
    '変数の宣言
    Dim Tcd As String
    Dim i As Long
    'テキストボックスに入力された値をTcdに記憶
    Tcd = TextBox1.Text
    '「現在の検索位置」に，配列の先頭の添字「0」を記憶
    i = 0
    '線形探索
    
    
    Loop
    '線形探索の結果に基づいて商品名と価格を表示
    Label1.Caption = Smei(i)
    Label2.Caption = Skin(i)
End Sub
```

＜ヒント＞

ヒント(1)　Tcd には，テキストボックスに入力された商品コード（探索したい商品コード）を記憶している。

ヒント(2)　データが一致しなかった場合，比較対象を配列中の次の添字の要素に移すためにはどうしたらよいだろうか？

＜解答欄＞

(1)		(2)	

解答群

ア．Tcd ≠ Scd(i)

イ．Tcd = Scd(i)

ウ．i + Tcd → i

エ．i + 1 → i

線形探索の応用①　データが見つからない場合

アルゴリズムの説明

　探索アルゴリズムによって探索を行ったものの，配列などのデータ群の中に探索したいデータが見つからない場合がある。データが見つからない可能性がある場合，見つからなかったときに対応できるアルゴリズムを用いていないと，プログラムの実行が停止したり，無限ループに陥ったり，予期せぬ動作をしたりしてしまうことがある。

　線形探索においてデータが見つからないときに対応する方法はいくつかあるが，検定試験では次の 2 つの方法が用いられることが多い。なお，ここでは p.56〜57 の練習問題と同じ事例を用いる。

①　リミットチェック

　線形探索で配列を探索する場合，配列の要素の添字を指定するための変数をループ中で操作するが，その変数の値が添字の上限を超えたら探索処理を抜けるようにする方法がある。

　次の図では，配列 Scd 内に存在しない「C02」を探索しようとし，Scd(0) から Scd(4) まで順に Tcd と一致するか確認したがいずれも一致せず，添字を指定する変数の値が 5 になった状況を表している。Scd(5) 以降には探索するデータがないので，添字を指定する変数の値が 5 になったら処理を抜けるようにループを設定することで，データが見つからない場合に処理を適切に終了することができる。

6 回目の探索

Tcd
C02

	(0)	(1)	(2)	(3)	(4)
Scd	A01	A02	B01	B02	C01

添字
5（添字上限は 4 なのでループを抜ける）

②　番兵法

　番兵とは，データの末尾を表すダミーのデータのことであり，番兵法とは，探索を開始する前に番兵を配列末尾に設置してから探索を始める方法である。なお，番兵を配列の先頭に設置し，配列末尾から先頭に向かって探索する場合もある。

　番兵としては，探索対象データを用いることが多い。次の図では，Tcd が入力されたあと，探索を開始する前に Scd(5) に Tcd の値を代入している。このようにすることで，「探索対象データが配列中に存在しない」ということはあり得なくなり，探索を適切に終了することができる。

Tcd 入力後，探索開始前

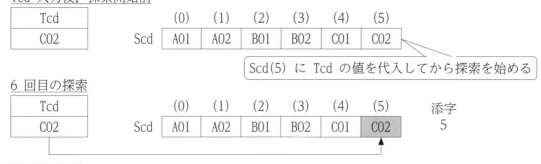

Tcd
C02

	(0)	(1)	(2)	(3)	(4)	(5)
Scd	A01	A02	B01	B02	C01	C02

Scd(5) に Tcd の値を代入してから探索を始める

6 回目の探索

Tcd
C02

	(0)	(1)	(2)	(3)	(4)	(5)
Scd	A01	A02	B01	B02	C01	C02

添字
5

練習問題　（解答➡P.7）

　次の流れ図①，流れ図②の(1)〜(4)を答えなさい。設定は p.56〜57 の練習問題と基本的に同様だが，図のように配列 Scd は Scd(5) まで存在するものとする。また，商品コードが見つからなかった場合は「見つかりませんでした」というメッセージを表示するようにすること。

　プログラムは省略する（提供データにはプログラムデータあり）。

	(0)	(1)	(2)	(3)	(4)	(5)
Scd	A01	A02	B01	B02	C01	

	(0)	(1)	(2)	(3)	(4)
Smei	あんパン	メロンパン	クリームパン	カレーパン	チーズパン

	(0)	(1)	(2)	(3)	(4)
Skin	130	120	110	150	140

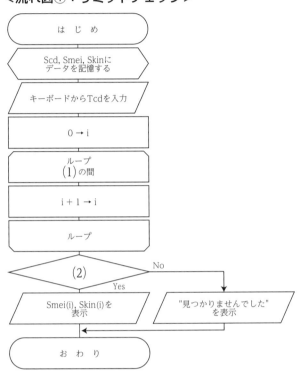

＜流れ図①：リミットチェック＞

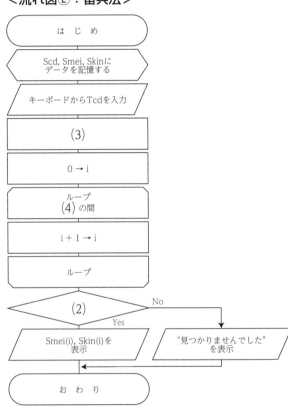

＜流れ図②：番兵法＞

＜ヒント＞

ヒント(1) リミットチェックの場合，通常の線形探索のループ継続条件に加え，データが見つからなかった場合にループを抜けるためにもうひとつ条件を設定しなければならない。

ヒント(2) リミットチェックにおいては，(1)のふたつの条件のうちどちらによってループを抜けたのかを確認する必要がある。番兵法においては，想定していた範囲内に探索対象があったからループを抜けたのか，番兵によってループを抜けたのかを確認する必要がある。

ヒント(3) 番兵法では，探索開始前に番兵を設置する。

ヒント(4) 番兵法では，番兵との一致によってループを抜ける。

＜解答欄＞

(1)		(2)		(3)		(4)	

解答群

ア．Tcd ≠ Scd(i)

イ．Tcd ≠ Scd(i) かつ i ≦ 4

ウ．Tcd ≠ Scd(i) かつ i ≧ 4

エ．Tcd ≠ Scd(i) または i ≦ 4

オ．Tcd ≠ Scd(i) または i ≧ 4

カ．i ≦ 4

キ．i ≧ 4

ク．Tcd → Scd(4)

ケ．Tcd → Scd(5)

アルゴリズム

線形探索の応用② 所属範囲の探索

アルゴリズムの説明

　　ここまでに学習した線形探索では，探索したいデータが配列の中のデータと一致するかどうかを調べていた。しかし，特定のデータと一致するかどうかを探索するのではなく，探索したいデータがどの範囲・区間に所属するのかを調べたい場合もある。このような処理も，ループ継続条件を工夫することにより，線形探索によって実現することができる。

　　例えば，次のような割引サービスを適用しているパン屋を考えてみる。なお，割引後の小数点以下は切り捨て，消費税は考えないものとする。

購入金額	3000 円以上	2000 円以上	1000 円以上	500 円以上	499 円以下
割引率	10 %	8 %	5 %	3 %	0 %

　　このパン屋においては，商品を 3000 円購入した場合は 10 %割引なので，「3000 × (1 − 0.1) = 2700」より，支払金額は 2700 円となる。一方，2999 円購入した場合は 8 %割引なので，「2999 × (1 − 0.08) = 2759.08」により，支払金額は 2759 円となる。

購入金額として「2999」を入力。何%の割引が適用されるのかを探索したい

	Kounyu
	2999

Kijun

	(0)	(1)	(2)	(3)	(4)
	3000	2000	1000	500	0

Waribiki

	(0)	(1)	(2)	(3)	(4)
	0.1	0.08	0.05	0.03	0

※　配列 Kijun に割引率の境界となる値を記憶し，配列 Waribiki にそれぞれの場合の割引率を記憶している。また，Kijun と Waribiki の添字は対応している。

1 回目の探索

	Kounyu
	2999

Kijun

	(0)	(1)	(2)	(3)	(4)
	3000	2000	1000	500	0

添字　0

→ 2999 の方が Kijun(0) より大きくないので添字＋1

Waribiki

	(0)	(1)	(2)	(3)	(4)
	0.1	0.08	0.05	0.03	0

2 回目の探索

	Kounyu
	2999

Kijun

	(0)	(1)	(2)	(3)	(4)
	3000	2000	1000	500	0

添字　1

→ 2999 の方が Kijun(1) より大きいので処理をやめる

Waribiki

	(0)	(1)	(2)	(3)	(4)
	0.1	0.08	0.05	0.03	0

※　添字 1 で処理を終了したので，Waribiki(1) の割引率が適用される。

練習問題 （解答➡P.8）

　　流れ図を読んで，流れ図の(1)～(2)に答えなさい。

＜流れ図の説明＞

処理内容

　　購入金額に応じて割引率と割引後の支払金額を表示する。割引率は上の例と同様とする。

実行結果

（購入金額を入力してください) 1650 検索
（割引率：) 5 （%）　　（支払金額：) 1567 （円）

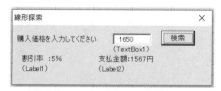

処理条件

1. 購入金額を入力し，「検索」をクリックすると，配列 Kijun を探索し，購入金額に対応する割引率と
   支払金額を表示する。

2. 配列 Kijun に割引基準（割引率の境界の値）が，配列 Waribiki に割引率が記憶されている。なお，
   Kijun と Waribiki の添字は対応している。

配列

	(0)	(1)	(2)	(3)	(4)
Kijun	3000	2000	1000	500	0

	(0)	(1)	(2)	(3)	(4)
Waribiki	0.1	0.08	0.05	0.03	0

<流れ図>

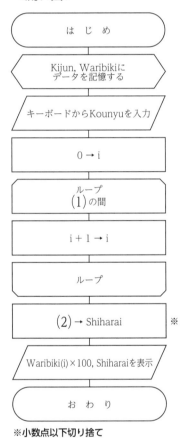

※小数点以下切り捨て

<プログラム>

```
'配列の宣言
Dim Kijun(4) As Long
Dim Waribiki(4) As Single

Private Sub UserForm_Initialize()
    '配列 Kijun に割引率の境界の値を記憶
    Kijun(0) = 3000: Kijun(1) = 2000: Kijun(2) = 1000:
    Kijun(3) = 500: Kijun(4) = 0
    '配列 Waribiki に割引率を記憶
    Waribiki(0) = 0.1: Waribiki(1) = 0.08: Waribiki(2) = 0.05:
    Waribiki(3) = 0.03: Waribiki(4) = 0
End Sub

Private Sub 検索ボタン_Click()
    '変数の宣言
    Dim Kounyu As Long
    Dim i As Long
    Dim Shiharai As Long
    'テキストボックスに入力された値を Kounyu に記憶
    Kounyu = Val(TextBox1.Text)
    '「現在の検索位置」に，配列の先頭の添字「0」を記憶
    i = 0
    '線形探索（所属範囲探索）
    Do While ▢
        i = i + 1
    Loop
    '割引適用
    Shiharai = Int ( ▢ ))
    '割引率と支払金額を表示
    Label1.Caption = "割引率  ：" & Waribiki(i) * 100 & "%"
    Label2.Caption = "支払金額：" & Shiharai & "円"
End Sub
```

<ヒント>

| ヒント(1) | 「3000」と「2999」のように，境界の値で正しく処理されるかを試行しよう。 |
| ヒント(2) | 添字の対応に注意して，割引金額を適用した支払金額を算出する。 |

<解答欄>

(1)		(2)	

── 解答群 ──

ア．Kijun(i) < Kounyu

イ．Kijun(i) > Kounyu

ウ．Kounyu × Waribiki(i)

エ．Kounyu × (1 － Waribiki(i))

多分岐

アルゴリズムの説明

多分岐とは，条件式による選択を複数用いて，変数の値などによって複数の処理に分岐する構造である。例えば，条件分岐を一度行い，その結果をさらに条件によって分岐させるような構造が多分岐にあたる。

次のような流れで，多分岐の処理を行う。

---
① 条件式に用いる変数にデータを記憶する。
② 条件式によって処理を分岐する。
③ 分岐した先で，別の条件によって処理を分岐する必要がある場合には，再び条件式を設定して分岐する。

練習問題 （解答➡P.8）

流れ図の説明を読んで，流れ図の(1)～(3)を答えなさい。

＜流れ図の説明＞

処理内容

パン屋の前月と今月の売上データを読み，商品別の売上数の比較表を表示する。

入力データ

商品名 (Smei)	前月 (Zen)	今月 (Kon)
×～×	×××	×××

実行結果

（売上比較表）				
（商品名）	（前月）	（今月）	（増加率(%)）	（備考）
あんぱん	120	150	25	◎
メロンパン	200	215	8	○
クリームパン	180	160	-11	
カレーパン	150	155	3	
チーズパン	170	190	12	◎

画面設計（参考）

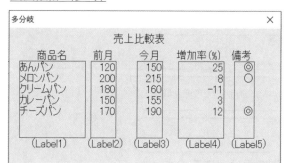

処理条件

1．入力データを読み，次の計算式で前月からの増加率(%)を計算する。

　　増加率（%）＝（今月 － 前月）× 100 ÷ 前月

2．増加率（%）が 10 以上の場合は◎を，5 以上 10 未満の場合は○を，5 未満の場合は空白を備考に記憶する。

3．入力データが終了したら，商品名から備考までを表示する。

＜流れ図＞

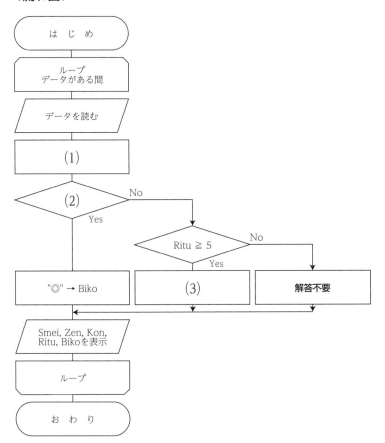

＜プログラム（参考）＞

```
Private Sub UserForm_initialize()
    '変数の宣言
    Dim Smei As String
    Dim Zen As Long
    Dim Kon As Long
    Dim Ritu As Long
    Dim Biko As String
    'ファイルを開く
    Open ThisWorkbook.Path & _
    "¥多分岐.csv" For Input As #1
    Do While Not EOF(1)
        'データを読む
        Input #1, Smei, Zen, Kon
        '増加率の計算
        ┌─────────────────────┐
        │                     │
        └─────────────────────┘
        '多分岐処理 備考を記憶する
        ┌───────────────┐
        │               │
        └───────────────┘
            Biko = "◎"
        ElseIf Ritu >= 5 Then
        ┌───────────┐
        │           │
        └───────────┘
        Else
        ┌───────────┐
        │           │
        └───────────┘
        End If
        'データの表示
        Label1.Caption = Label1.Caption _
        & Smei & Chr(13) & Chr(10)
        Label2.Caption = Label2.Caption _
        & Zen & Chr(13) & Chr(10)
        Label3.Caption = Label3.Caption _
        & Kon & Chr(13) & Chr(10)
        Label4.Caption = Label4.Caption _
        & Ritu & Chr(13) & Chr(10)
        Label5.Caption = Label5.Caption _
        & Biko & Chr(13) & Chr(10)
    Loop
    'ファイルを閉じる
    Close #1
End Sub
```

＜ヒント＞

ヒント(1)	前月に対する今月の増加率を計算する。
ヒント(2)	◎を表示する場合の条件式を設定する。
ヒント(3)	Ritu が 5 以上の場合の処理を設定する。

＜解答欄＞

(1)		(2)		(3)	

解答群

ア．Ritu < 10

イ．Ritu ≧10

ウ．(Kon − Zen) × 100 ÷ Zen → Ritu

エ．(Kon − Zen) × 100 ÷ Kon → Ritu

オ．"○" → Biko

カ．"　" → Biko

第1回 **模擬問題**　　　制限時間：50分　解答 ➡ P.9

【1】　次の説明文に最も適した答えを解答群から選び，記号で答えなさい。

1．ネットワークにおいて，データが連続的に変化する信号として伝送される回線。

2．磁気ディスク装置において，データを読み書きする部分を回転するディスクの所定の位置まで移動させる部品。

3．工業製品の標準化や規格化を行う，アメリカの非営利団体。

4．官公庁や企業・学校など特定の範囲内に限り，同一のソフトウェアを複数台のコンピュータで使用できるようにする一括購入の契約方法。

5．文化の発展に寄与することを目的として，小説，音楽，絵画，プログラムなどの著作者とそれに隣接する諸権利を保護することを定めた法律。

> **解答群**
> **ア．** 磁気ヘッド　　　　　**イ．** シェアウェア　　　　**ウ．** デジタル回線
> **エ．** IEEE　　　　　　　 **オ．** 個人情報保護法　　　**カ．** アクセスアーム
> **キ．** ANSI　　　　　　　 **ク．** アナログ回線　　　　**ケ．** 著作権法
> **コ．** サイトライセンス

【2】　次のA群の語句に最も関係の深い説明文をB群から選び，記号で答えなさい。

＜A群＞　1．リミットチェック　　　2．CSV　　　　　3．テザリング
　　　　　4．不正アクセス禁止法　　5．論理エラー

＜B群＞

ア． スペルミスやカンマの付け忘れなどで起こり，コンパイルが完了しないエラー。

イ． 利用権限のないコンピュータを正規の方法以外で操作することを禁止した法律。

ウ． 項目をカンマで区切って並べたファイル形式。表計算ソフトやデータベースソフトでデータを保存するときに利用されることが多い。

エ． 数値などが規定された上限や下限に収まっているかを調べるデータチェック。限界検査とも呼ばれる。

オ． スマートフォンやタブレットなどの，インターネット接続が可能な情報通信機器を通じて，パソコンなどのほかの情報通信機器をインターネットに接続すること。

カ． 通信ネットワークを介して動画や音声などを再生する際，ある程度データを受信した時点で再生を開始し，受信と再生を並行して行うこと。

キ． プログラムのアルゴリズムや処理内容に誤りがあり，自分が想定していた結果を出さないエラー。

ク． 透明度などの情報を持ち，フルカラーの画像を劣化させることなく圧縮できるファイル形式。Webページの画像によく用いられている。

ケ． 個人情報に関して本人の権利や利益を保護するために，個人情報を取り扱う事業者などに安全管理の措置を義務付けた法律。

コ． 入力値が順番通りに並んでいるかを確認するデータチェック。順序検査とも呼ばれる。

【3】 次の説明文に最も適した答えをア，イ，ウの中から選び，記号で答えなさい。なお，5については数値を答えなさい。

1．10進数の 15 と 2進数の 10101 との積を表す10進数。

    ア．195   **イ**．315   **ウ**．615

2．階層型ファイルシステムでファイルを管理する時，最上位に位置するディレクトリ。

    ア．ピアツーピア   **イ**．ルートディレクトリ   **ウ**．サブディレクトリ

3．コンピュータのキーボード操作を常時監視して，操作の履歴を記録する装置やソフトウェア。

    ア．キーロガー   **イ**．ガンブラー   **ウ**．セキュリティホール

4．アセンブリ言語で書かれたプログラムを翻訳するソフトウェア。

    ア．インタプリタ   **イ**．コンパイラ   **ウ**．アセンブラ

5．解像度1,000×800ピクセル，1ピクセルあたり24ビットの色情報を持つ画像300枚分の記憶容量は何MBか。ただし，$1MB = 10^6 B$とする。

【4】　プログラムにしたがって処理するとき，⑴〜⑸を答えなさい。なお，入力する a の値は正の整数とする。

⑴　a の値が 4 のとき，㋐で 2 回目に出力される c の値を答えなさい。

⑵　a の値が 4 のとき，㋑で出力される f の値を答えなさい。

⑶　a の値が 8 のとき，㋐の処理を何回実行するか答えなさい。

⑷　a の値が 8 のとき，㋑で出力される f の値を答えなさい。

⑸　プログラムの処理について説明した文のうち，正しいものはどれか**ア**，**イ**，**ウ**の中から選び，記号で答えなさい。

　　　ア．㋐で出力される c の値は，必ず偶数である。

　　　イ．㋑で出力される f の値は，㋐で出力された c のうち，奇数のものの和である。

　　　ウ．㋑で出力される f の値は，㋐で出力された c のうち，偶数のものの和である。

＜プログラム＞

```
Sub Program1()
    Dim a As Long
    Dim b As Long
    Dim c As Long
    Dim d As Long
    Dim e As Long
    Dim f As Long
    f = 0
    a = Val(InputBox(""))
    b = a + 1
    c = a + b
    Do While c < 100
        MsgBox(c)   ㋐
        d = Int(c / 2)
        e = c - d * 2
        If e = 1 Then
            f = f + c
        End If
        a = b
        b = c
        c = a + b
    Loop
    MsgBox(f)   ㋑
End Sub
```

【5】　流れ図の説明を読んで，流れ図の(1)～(5)にあてはまる答えを解答群から選び，記号で答えなさい。

＜流れ図の説明＞

処理内容

　ある鶏卵業者の 1 年間の出荷量と 1kg あたりの取引金額データを読み，売上高一覧をディスプレイに表示する。

入力データ

月日 (Tukihi)	出荷量(kg) (Syukka)	取引金額 (Kin)
××××	×××××××	×××

（第1図）

実行結果

（月）	（日）	（出荷量(kg))	（取引金額）	（売上高）
		（売上高一覧）		
1	1	104	663	68,952
1	2	150	648	97,200
〜	〜	〜	〜	〜
12	24	172	674	115,928
			（合計）	2,180,960
			（平均売上高）	90,873
			（最高売上高）	130,200

（第2図）

処理条件

1．第1図の月日は，次の例のように構成されている。

　　例　1203　→　12月 3 日

2．第1図の入力データを読み，売上高を次の計算式で求め，第2図のように表示する。

　　売上高　＝　出荷量（kg）　×　取引金額

3．入力データが終了したら，売上高の合計，平均，最高を第2図のように表示する。なお，売上高の最高は同じ売上高があった場合は，先に入力されたデータを優先する。

4．データにエラーはないものとする。

解答群

ア．Uri ＞ Max

イ．Kai を表示

ウ．0 → Uhei

エ．Max を表示

オ．Tukihi ÷ 100 → Tuki

カ．Guri ÷ Kai → Uhei

キ．Uri ≧ Max

ク．0 → Kai

ケ．Uri ÷ Kai → Uhei

コ．Tukihi ÷ 1000 → Tuki

＜流れ図＞

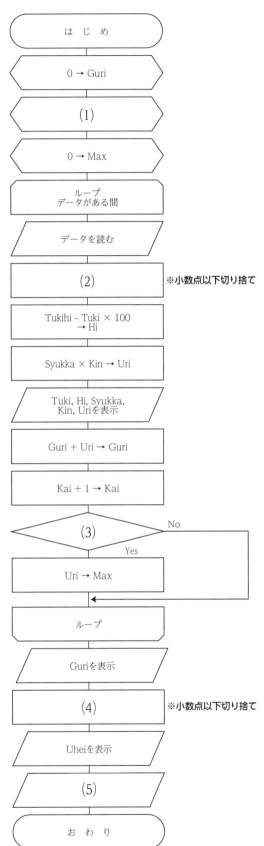

はじめ

0 → Guri

(1)

0 → Max

ループ　データがある間

データを読む

(2)　※小数点以下切り捨て

Tukihi - Tuki × 100 → Hi

Syukka × Kin → Uri

Tuki, Hi, Syukka, Kin, Uriを表示

Guri + Uri → Guri

Kai + 1 → Kai

(3)　No　Yes

Uri → Max

ループ

Guriを表示

(4)　※小数点以下切り捨て

Uheiを表示

(5)

おわり

【6】　流れ図の説明を読んで，流れ図の(1)～(5)にあてはまる答えを解答群から選び，記号で答えなさい。

<流れ図の説明>

処理内容

　あるファミリーレストランのアンケート回答データを読み，集計結果と分析結果をディスプレイに表示する。

入力データ

回答番号 (Kban)	利用人数 (Rnin)	店舗番号 (Tban)	評価点 (Hten)
××××	×	×	×

（第1図）

実行結果

（集計結果）				
	（本店）	（駅前店）	（公園店）	（大学店）
（良い）	352	166	82	256
（普通）	102	113	228	155
（悪い）	13	45	70	17
（分析結果）				
	（評価平均）	（満足度）	（1人客割合(%)）	
（本店）	2.73	◎	43	
（駅前店）	2.26	○	44	
（公園店）	2.03		41	
（大学店）	2.56	◎	64	

（第2図）

処理条件

1．第1図の店舗番号は 1（本店）～ 4（大学店），評価点は 1（悪い）～ 3（良い）である。

2．第1図の入力データを読み，次の処理を行う。

・　店舗ごとに配列 Syu に評価点別の件数を求める。なお，店舗番号が 1 の場合は Syu(1) ～ Syu(3) に，2 の場合は Syu(4) ～ Syu(6) に，3の場合は Syu(7) ～ Syu(9) に，4 の場合は Syu(10) ～ Syu(12) にそれぞれ求める。

配列

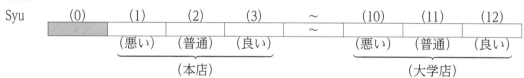

・　配列 Point に店舗ごとの評価点を集計する。なお，Point の添字は店舗番号と対応している。

配列

・　利用人数が 1 名の場合は，配列 NinI に店舗ごとに 1 人客件数を集計する。さらに，利用人数に関わらず配列 NinK に店舗ごとに利用件数を集計する。なお，NinI,NinK の添字は店舗番号と対応している。

配列

3．入力データが終了したら，次の処理を行う。

・　店舗ごとの集計結果を第2図のように，良い，普通，悪いの順に表示する。

・　店舗ごとに評価平均と 1 人客割合を次の計算式で求め，分析結果を第2図のように表示する。なお，満足度は，評価平均が 2.5 以上の場合は◎を，2.2 以上 2.5 未満の場合は○を表示する。

　評価平均　＝　評価点計　÷　利用件数

　1 人客割合（%）　＝　1 人客件数　×　100　÷　利用件数

4．データにエラーはないものとする。

```
―解答群―
ア．Point(Tban) + Hten → Point(Tban)
イ．i は 3 から 1 ずつ減らして i≧1 の間
ウ．NinI(j) ÷ NinK(j) → Hyohei
エ．Point(n) + Hten → Point(n)
オ．(Tban - 1) × 3 + Hten → n
カ．i は 1 から 1 ずつ増やして i≦3 の間
キ．Point(j) ÷ NinK(j) → Hyohei
ク．Hyohei(j),Man(j),Wari(j)を表示
ケ．(Tban + 1) × 3 + Hten → n
コ．Hyohei,Man,Wari を表示
```

<流れ図>

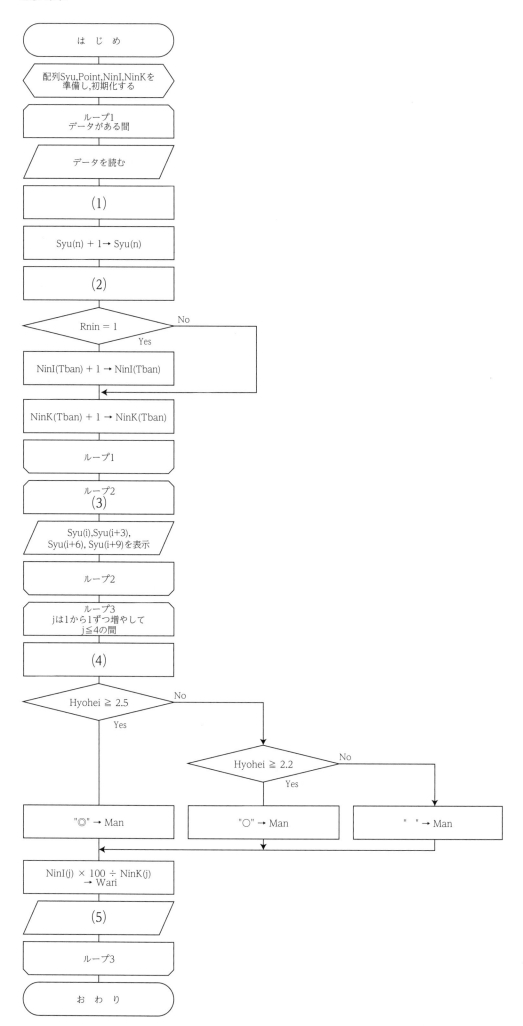

第1回

【7】 流れ図の説明を読んで，流れ図の⑴～⑸を答えなさい。

＜流れ図の説明＞

処理内容

　自動車メーカーの 4 か月分の販売データを読み，集計結果を表示する。

入力データ

販売データ

販売月 （Tuki） ××	車種コード （Sco） ××××	販売台数 （Uri） ××××××

（第1図）

実行結果

（全車種集計結果）			
（販売台数合計）	（目標台数合計）	（目標達成率 (%)）	（平均販売台数）
717,962	734,000	97	18,898

（ボディタイプ別集計一覧）（ボディタイプを入力）3

（車種名）	（販売台数）	（目標台数）	（目標達成率 (%)）
XR-5	10,348	11,000	94
インランダー	8,016	7,000	115
～	～	～	～
レガシス	7,712	8,000	96
ワイトレイル	8,986	8,000	112

（第2図）

処理条件

1．第1図の車種コードは，次の例のように構成されている。なお，ボディタイプは，1（小型車），2（中型車），3（SUV），4（スポーツカー）である。

　　例　1014　→　　　1　　　　　　　014
　　　　　　　　　　ボディタイプ　　タイプ別コード

2．配列 Scode に車種コードを，配列 Sname に車種名を，配列 Mdai に目標販売台数を記憶する。なお，Scode, Sname, Mdai の添字は対応しており，Mdai(0) には全車種の目標台数合計を記憶する。また，車種は 40 種類以内である。

配列

Scode	(0)	(1)	(2)	～	(39)	(40)
		4002	4001	～		

Sname	(0)	(1)	(2)	～	(39)	(40)
		GT-L	T-96	～		

Mdai	(0)	(1)	(2)	～	(39)	(40)
	734000	5000	6000	～		

（合計）

3．第1図の販売データを読み，次の処理を行う。

　・　車種コードをもとに配列 Scode を探索し，配列 Udai に販売台数を集計する。なお，Udai(0)には合計を求める。また，Udai の添字は Scode, Sname, Mdai の添字と対応している。

配列

Udai	(0)	(1)	(2)	～	(39)	(40)
				～		

（合計）

　・　データを読み終えた後，全車種の目標達成率を次の計算式で求め，全車種の販売台数合計，目標台数合計，目標達成率（%），平均販売台数を表示する。

　　　全車種の目標達成率（%）　＝　販売台数合計　×　100　÷　目標台数合計

4．ボディタイプをキーボードから入力すると，車種ごとの目標達成率を次の計算式で求め，車種ごとの販売台数，目標台数，目標達成率（%）を第2図のように表示する。

　　　車種ごとの目標達成率（%）　＝　車種ごとの販売台数　×　100　÷　車種ごとの目標台数

5．データにエラーはないものとする。

━ 解答群 ━

ア．1 から 1 ずつ	サ．2 から 1 ずつ
イ．Sname(k)	シ．Udai(0),Mdai(0),Mtatu,Hdai を表示
ウ．Udai(40) + Uri → Udai(40)	ス．i ≦ k
エ．k < i	セ．Kt
オ．Sco	ソ．Scode(0)
カ．Scode(k)	タ．Scode(j)
キ．Uri	チ．Udai(j),Mdai(j),Mtatu,Hdai を表示
ク．Udai(0) + Uri → Udai(0)	ツ．k ≦ i
ケ．Udai(k)	テ．Udai(i) + Uri → Udai(i)
コ．Ktype	ト．Mdai(k)

<流れ図>

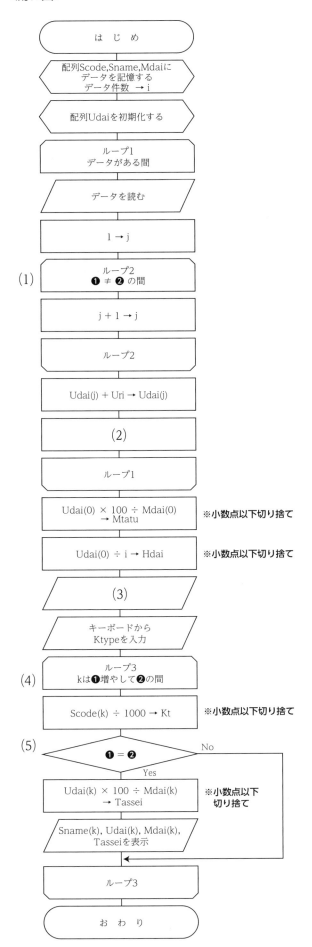

はじめ

配列Scode,Sname,Mdaiに
データを記憶する
データ件数　→ i

配列Udaiを初期化する

ループ1
データがある間

データを読む

1 → j

(1)　ループ2
❶ ≠ ❷ の間

j + 1 → j

ループ2

Udai(j) + Uri → Udai(j)

(2)

ループ1

Udai(0) × 100 ÷ Mdai(0)
→ Mtatu　　　※小数点以下切り捨て

Udai(0) ÷ i → Hdai　　　※小数点以下切り捨て

(3)

キーボードから
Ktypeを入力

(4)　ループ3
kは❶増やして❷の間

Scode(k) ÷ 1000 → Kt　　　※小数点以下切り捨て

(5)　❶ = ❷　　No
　　　Yes

Udai(k) × 100 ÷ Mdai(k)
→ Tassei　　　※小数点以下
切り捨て

Sname(k), Udai(k), Mdai(k),
Tasseiを表示

ループ3

おわり

第2回 **模擬問題**　　制限時間：50分　解答 ➡ P.12

【1】　次の説明文に最も適した答えを解答群から選び，記号で答えなさい。

1．ハードディスク装置において，データを読み書きするパーツを目的の位置へ移動させるための部品。

2．ネットワーク上でデータを送受信する際，0と1で表される信号を用いてやり取りする通信回線。

3．コンピュータで求めた合計値に誤りがないか確認するために，手計算などの別の方法で求めた合計値と照合する検査。

4．コンピュータウイルスに感染した端末のファイルを使用不可にした上で，元に戻すことを引き換えに身代金を要求する不正プログラム。

5．ファイル名の末尾に付けられるもので，ドット（.）の後に続く，ファイルの種類を識別する文字列。

```
─ 解答群 ─
ア．磁気ヘッド        イ．デジタル回線        ウ．ガンブラー
エ．ランサムウェア      オ．ニューメリックチェック   カ．トータルチェック
キ．ワイルドカード      ク．アナログ回線        ケ．拡張子
コ．アクセスアーム
```

【2】　次のA群の語句に最も関係の深い説明文をB群から選び，記号で答えなさい。

＜A群＞　1．フルコントロール　　2．ピアツーピア　　　3．解凍
　　　　　4．Unicode　　　　　5．翻訳（コンパイル）

＜B群＞
ア．作成したプログラムの処理手順や処理内容に誤りがないか，確認用のデータを用いてプログラムを実際に実行する作業。

イ．データの意味や内容を保ったまま，ファイルのデータサイズを小さく変換すること。

ウ．ファイルやディレクトリへの読み書きや削除などの，すべての操作が行えるアクセス権限。

エ．コンピュータ間で通信を行う際，サービスを提供するサーバと，サービスを受けるクライアントで構成されるネットワーク形態。

オ．プログラム言語で書かれたプログラムを，言語プロセッサを用いてコンピュータに指示できる形式に変換する作業。

カ．データの意味や内容を変えることなく記憶容量を小さくしたファイルを，元の状態に戻すこと。

キ．ファイルやディレクトリの内容を参照することはできるが，変更や削除ができないアクセス権限。

ク．世界中で使われている文字を表現するために，すべての文字が16ビットのコードで定められた国際標準文字コード。

ケ．文字コードの規格の一つで，1文字を7ビットコードと，誤り検査用の1ビットで構成したもの。

コ．コンピュータ間で通信を行う際，コンピュータ同士が対等な関係にあるネットワーク形態。

【3】　次の説明文に最も適した答えをア，イ，ウの中から選び，記号で答えなさい。

1．2進数の 11010 と2進数の 01011 との差を表す2進数。

　　　ア．10000　　　　　　　**イ**．01111　　　　　　　**ウ**．01100

2．コンピュータが直接理解できる機械語の命令に1対1で対応したプログラム言語。

　　　ア．C言語　　　　　　　**イ**．Java　　　　　　　　**ウ**．アセンブリ言語

3．磁気ディスク装置の記録面にある同心円状の記録領域。

　　　ア．トラック　　　　　　**イ**．シリンダ　　　　　　**ウ**．セクタ

4．ハードウェアの故障などでデータが失われる場合に備えて，別の記憶媒体にデータの複製を保存すること。

　　　ア．フルコントロール　　**イ**．バックアップ　　　　**ウ**．ファイアウォール

5．写真データなどをフルカラーで保存し，非可逆圧縮によって高い圧縮率を実現することができるファイル形式。

　　　ア．JPEG　　　　　　　　**イ**．MPEG　　　　　　　　**ウ**．PNG

【4】　プログラムにしたがって処理するとき，(1)〜(5)を答えなさい。なお，入力する h，s の値は 2 以上の正の整数とする。

(1)　h の値が 3，s の値が 4 のとき，㋐の処理を 2 回目に実行したあとの g の値を答えなさい。

(2)　h の値が 3，s の値が 4 のとき，㋑の処理を 5 回目に実行したあとの bw の値を答えなさい。

(3)　h の値が 6，s の値が 5 のとき，㋐の処理を何回実行するか答えなさい。

(4)　h の値が 6，s の値が 5 のとき，㋒で出力される g の値を答えなさい。

(5)　プログラムの処理について説明した文のうち，正しいものはどれか**ア，イ，ウ**の中から選び，記号で答えなさい。

　　　ア．b の値は，1 以外は必ず h の倍数である。

　　　イ．a の値は，1 以外は必ず s の倍数である。

　　　ウ．a の値は，1 以外は必ず h の倍数である。

＜プログラム＞

```
Sub Program1()
    Dim a As Long
    Dim b As Long
    Dim g As Long
    Dim h As Long
    Dim s As Long
    Dim aw As Long
    Dim bw As Long
    a = 1
    b = 1
    g = 0
    h = Val(InputBox(""))
    s = Val(InputBox(""))
    Do While a <= 100
        If a = b Then
            g = g + a     ㋐
        End If
        aw = a
        bw = b     ㋑
        If aw <= bw Then
            a = a * h
        End If
        If aw >= bw Then
            b = b + s
        End If
    Loop
    MsgBox(g)     ㋒
End Sub
```

【5】　流れ図の説明を読んで，流れ図の(1)〜(5)にあてはまる答えを解答群から選び，記号で答えなさい。

＜流れ図の説明＞

処理内容

　ある通信回線事業者の月間パケット利用データを読み，パケット利用状況一覧をディスプレイに表示する。

入力データ

会員ID (Kban)	前月繰越量 (Zdata)	利用プラン (Rpu)	消費量 (Sdata)
×××××	×××××	×	××××××

（第1図）

実行結果

（会員ID）	（前月繰越量）	パケット利用状況一覧） （基本通信量）	（単位:MB) （消費量）	（繰越量）
10001	5,700	20,000	18,600	7,100
10002	2,600	6,000	5,200	3,400
〜	〜	〜	〜	〜
10099	4,600	6,000	8,300	2,300
10100	1,000	20,000	18,700	2,300
			（最大繰越量）	19,600
			（全会員消費率(%))	59

（第2図）

処理条件

1．第1図の入力データを読み，繰越量を次の計算式で求め，第2図のように表示する。なお，基本通信量は，利用プランが 1 の場合は 6,000MB ，2 の場合は 20,000MB を表示する。

　　繰越量 ＝ 前月繰越量 ＋ 基本通信量 － 消費量

2．入力データが終了したら，最大繰越量と全会員消費率（%）を第2図のように表示する。なお，全会員消費率（%）は次の計算式で求める。

　　全会員消費率 (%) ＝ 消費量合計 × 100 ÷ 基本通信量合計

3．データにエラーはないものとする。

```
── 解答群 ──
ア．Kikei + Kihon → Kikei
イ．Rpu > 1
ウ．Sdata × 100 ÷ Kihon → Zritu
エ．Zdata + Kihon + Sdata → Kdata
オ．Zdata + Kihon - Sdata → Kdata
カ．Rpu = 1
キ．Kikei + Kdata → Kikei
ク．Kdata → Max
ケ．Skei × 100 ÷ Kikei → Zritu
コ．Max → Kdata
```

＜流れ図＞

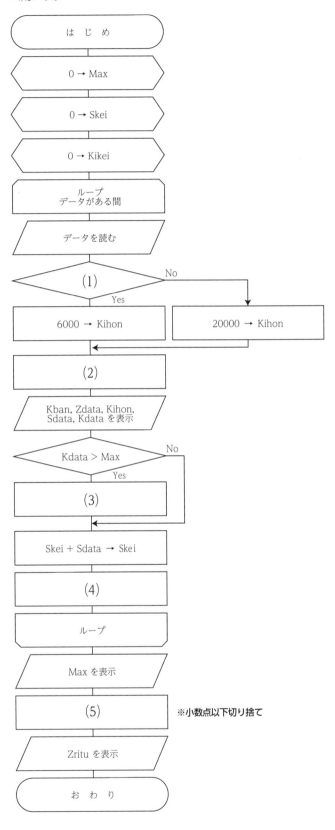

※小数点以下切り捨て

【6】　流れ図の説明を読んで，流れ図の(1)～(5)にあてはまる答えを解答群から選び，記号で答えなさい。

＜流れ図の説明＞

処理内容

　　商品の受注データを読み，商品別受注一覧表と顧客別受注一覧表をディスプレイに表示する。

入力データ

受注番号 (Jban)	顧客番号 (Kban)	数量 (Su)
×××××	××	××

（第1図）

実行結果

```
            （商品別受注一覧表）
（商品名）       （数量計）    （グラフ）
   商品A            61       ******
   商品B            37       ***
     ～              ～          ～
   商品S            27       **
   商品T            97       ********
（総計）          1,342
            （顧客別受注一覧表）
（顧客名）       （数量計）    （判定）
   ○○企画          21         ◎
   △△開発          40         ◎
     ～              ～          ～
   ××建築          35         ◎
   □□設計          10         ◎
```
（第2図）

処理条件

1．第1図の受注番号は，次の例のように構成されている。なお，商品コードは 1～20 の 20 種類である。

```
  例  10605  →    106        05
               連番     商品コード
```

2．第1図の顧客番号は 1～50 の 50 種類である。

3．配列 Smei に製品名を，配列 Kmei に顧客名を，配列 Hosi に ＊ を記憶する。なお，Smei の添字は商品コードと，Kmei の添字は顧客番号と対応している。

配列

Smei	(0)	(1)	(2)	～	(19)	(20)
		商品A	商品B	～	商品S	商品T

Kmei	(0)	(1)	(2)	～	(49)	(50)
		○○企画	△△開発	～	××建築	□□設計

Hosi	(0)	(1)	(2)	(3)	～	(8)	(9)	(10)
		＊	＊＊	＊＊＊	～	＊＊＊＊＊＊＊	＊＊＊＊＊＊＊＊	＊＊＊＊＊＊＊＊＊

4．第1図のデータを読み，次の処理を行う。

　・　配列 Ssu には商品別に，配列 Ksu には顧客別に数量を集計する。なお，Ssu の添字は商品コードと，Ksu の添字は顧客番号と対応している。また，Ssu(0) には総計を求める。

配列

Ssu	(0)	(1)	(2)	～	(19)	(20)
	（総計）			～		

Ksu	(0)	(1)	(2)	～	(49)	(50)
				～		

5．入力データが終了したら，次の処理を行う。

　・　商品名からグラフまでを第2図のように表示する。なお，グラフは配列 Hosi を利用し，商品別の数量計 10 個につき ＊ ひとつで表すこととする。ただし，商品別の数量計は 100 個以下である。

　・　総計を第2図のように表示する。

　・　受注数量（ 1 回あたり）を次の計算式で求める。

　　　受注数量（ 1 回あたり）　＝　総計　÷　全件数

　・　顧客名から判定までを第2図のように表示する。なお，顧客別の数量計が受注数量（ 1 回あたり）を超えた場合，判定に◎を表示する。

6．データにエラーはないものとする。

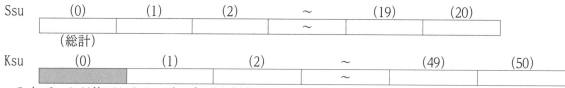

解答群

ア．Jban - Rban × 100 → Scode	カ．Ssu(0) ÷ Ken
イ．Ksu(Scode) + Su → Ksu(Scode)	キ．Smei(r), Ssu(r), Hosi(r) を表示
ウ．Smei(r), Ssu(r), Hosi(Soe) を表示	ク．Ksu(Kban) + Su → Ksu(Kban)
エ．" " → Hantei	ケ．"◎" → Hantei
オ．Jban + Rban × 100 → Scode	コ．Ssu(r) ÷ Ken

＜流れ図＞

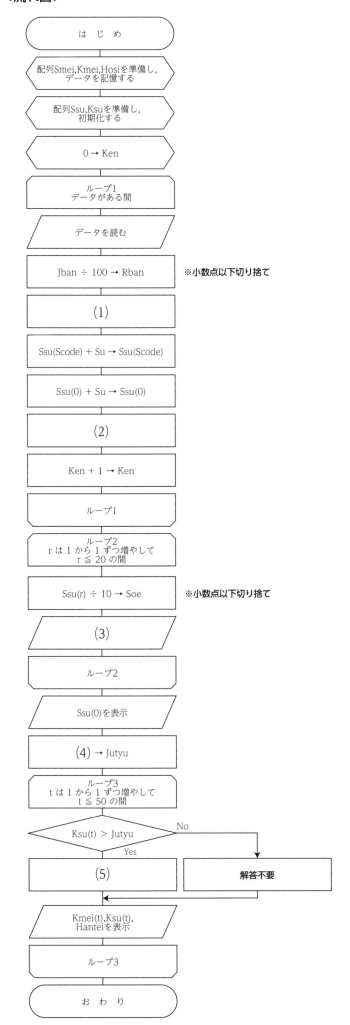

はじめ

配列Smei,Kmei,Hosiを準備し,
データを記憶する

配列Ssu,Ksuを準備し,
初期化する

0 → Ken

ループ1
データがある間

データを読む

Jban ÷ 100 → Rban　　※**小数点以下切り捨て**

(1)

Ssu(Scode) + Su → Ssu(Scode)

Ssu(0) + Su → Ssu(0)

(2)

Ken + 1 → Ken

ループ1

ループ2
r は 1 から 1 ずつ増やして
r ≦ 20 の間

Ssu(r) ÷ 10 → Soe　　※**小数点以下切り捨て**

(3)

ループ2

Ssu(0)を表示

(4) → Jutyu

ループ3
t は 1 から 1 ずつ増やして
t ≦ 50 の間

Ksu(t) > Jutyu ── No

Yes

(5)　　　解答不要

Kmei(t),Ksu(t),
Hanteiを表示

ループ3

おわり

第2回

【7】 流れ図の説明を読んで，流れ図の(1)～(5)を答えなさい。

＜流れ図の説明＞

処理内容
複合型インターネットカフェの会員データと当日利用データを読み，処理結果を表示する。

入力データ
会員データ

会員番号 (Kban)	会員名 (Kmei)	利用回数 (Rkai)
××××	××～××	××

（第1図）

当日利用データ

会員番号 (Kban)	利用エリア (Reri)	利用時間 (Rji)
××××	×	×××

（第2図）

実行結果

```
                    （エリア別利用状況）
          （利用人数）（利用時間計（分））（平均利用時間（分））
ネットブース        17      1,020           60.0
ゲームブース        13        900           69.2
カラオケブース      15        740           49.3
その他              8        460           57.5
合計               53      3,120

（エリア別利用者一覧）        （エリア番号を入力）    1
  （会員名）    （利用回数）      （備考）
 山本  洋子        2
 横山  雅子       30        特典メール送信
   ～             ～           ～
```

（第3図）

処理条件
1. 第1図の利用回数は，前日までのデータが記録されている。
2. エリア番号は 1 ～ 4 であり，第2図の利用エリアには当該会員番号の会員が利用したエリアのエリア番号が記憶されている。
3. エリア名は配列 Emei に記憶する。なお，Emei の添字はエリア番号と対応している。

配列

Emei	(0)	(1)	(2)	(3)	(4)
		ネットブース	ゲームブース	カラオケブース	その他

4. データの読み込みを始める前に，配列 Tri と変数 Ken に 0 をセットする。
5. 第1図の会員データを読み，配列 Kb に会員番号を，配列 Km に会員名を，配列 Rk に利用回数を記憶する。なお，会員データの件数は 200 件以内である。また，配列 Kb, Km, Rk, Tri は添字で対応している。

配列

Kb	(0)	(1)	(2)	～	(199)	(200)
		M001	F002	～		

Km	(0)	(1)	(2)	～	(199)	(200)
		高橋　誠	山本　洋子	～		

Rk	(0)	(1)	(2)	～	(199)	(200)
		12	1	～		

Tri	(0)	(1)	(2)	～	(199)	(200)
		0	0	～	0	0

6. 第2図の当日利用データを読み，次の処理を行う。
   - 会員番号をもとに配列 Kb を探索し，探索した添字をもとに配列 Rk に 1 を加算する。また，配列 Tri には当日利用した利用エリアの番号を記憶する。
   - 配列 Enin に利用人数を，配列 Eji に利用時間を集計する。なお，Enin と Eji の添字はエリア番号と対応している。また，Enin(0) と Eji(0) には合計を求める。

配列

Enin	(0)	(1)	(2)	(3)	(4)
	（合計）	（ネットブース）	（ゲームブース）	（カラオケブース）	（その他）

Eji	(0)	(1)	(2)	(3)	(4)
	（合計）	（ネットブース）	（ゲームブース）	（カラオケブース）	（その他）

   - データを読み終えた後，エリア別の平均利用時間を次の計算式で求め，エリア名・利用人数・利用時間計・平均利用時間を第3図のように表示する。また，利用人数の合計と利用時間計の合計を第3図のように表示する。

平均利用時間 ＝ 利用時間 ÷ 利用人数

7. エリア番号をキーボードから入力すると，エリア別の利用者の会員名と利用回数を表示する。また，備考欄には，利用回数 10 回ごとに「特典メール送信」と表示し，それ以外は何も表示しない。
8. データにエラーはないものとする。

解答群
ア．m は 1
イ．k
ウ．Reri
エ．m ≦ 4
オ．Eji(0) + Rji → Eji(0)
カ．Ken + 1 → Ken
キ．Tri(i) = Ban
ク．Ken + k → Ken
ケ．Eji(0) + Reri → Eji(0)
コ．m < 4
サ．Eji(k) + Rji → Eji(k)
シ．Tri(i) ≠ Ban
ス．i は 1
セ．Rk(i) = Ban
ソ．Tri(k)
タ．k + 1 → k
チ．Rji
ツ．i ≦ 4
テ．m は 0
ト．Tri(Reri)

<流れ図>

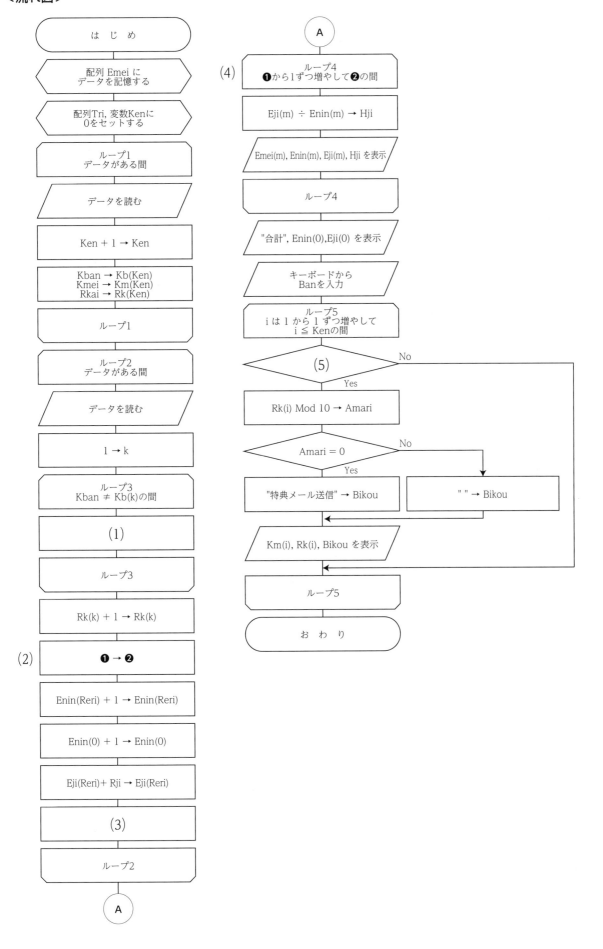

第2回

第3回 **模擬問題**   制限時間：50分　解答 ➡ P.16

【1】　次の説明文に最も適した答えを解答群から選び，記号で答えなさい。

1．プログラムの特定の部分でしか使用できない変数。

2．画像ファイルや音声ファイルなどの，文字データとして扱えないファイル。

3．無線LANの標準規格であるIEEE802.11に準拠して，相互接続性を認定したブランド名。

4．高音質でデータを圧縮できる音声ファイル形式。

5．外部からLANへの不正アクセスなど，通過させてはいけない通信を阻止するためのセキュリティ対策用システム。

```
─ 解答群 ─────────────────────────────
 ア．ローカル変数        イ．MIDI           ウ．Wi-Fi
 エ．セキュリティホール    オ．ファイアウォール   カ．グローバル変数
 キ．テキストファイル      ク．SSID           ケ．バイナリファイル
 コ．MP3
```

【2】　次のA群の語句に最も関係の深い説明文をB群から選び，記号で答えなさい。

＜A群＞　1．クライアントサーバシステム　　2．ピクセル　　3．ランニングコスト
　　　　　4．チェックディジットチェック　　5．無線LAN

＜B群＞

ア．ディスプレイ装置において表示されるデジタル画像の，色情報を持つ最小単位。

イ．順番通りにデータが並んでいるかどうかを確認するチェック。

ウ．コンピュータシステムを導入する際にかかる費用。

エ．データに計算式で求めた検査文字を付加しておき，データ入力の際に同じ計算を行って，正しい入力データかどうかを確認するチェック。

オ．サービスを受けるため処理を要求するクライアントと，サービスを提供するサーバに分離されたネットワーク形態。

カ．コンピュータ同士が互いに対等な関係で，互いに機能などを利用し合うネットワーク形態。

キ．プリンタなどで文字や画像を表現できる最小単位の点。

ク．コンピュータシステムの継続的運用にかかる費用。

ケ．電波などにより，ワイヤレスに接続することができるネットワーク。

コ．データ転送量の多い高速通信を可能にしたネットワーク。

【3】　次の説明文に最も適した答えをア，イ，ウの中から選び，記号で答えなさい。

1．10進数の 27 と2進数の 11100 との和を表す10進数。

　　　ア．55　　　　　　　　　**イ**．65　　　　　　　　　**ウ**．87

2．磁気ディスク装置において，アクセスアームを動かさずに読み書きできる記憶領域の集まり。

　　　ア．シリンダ　　　　　　**イ**．トラック　　　　　　**ウ**．セクタ

3．改ざんされたWebページを閲覧すると，不正なWebサイトへ誘導してウイルスに感染させる攻撃方法。

　　　ア．ランサムウェア　　　**イ**．ガンブラー　　　　　**ウ**．キーロガー

4．OSや機種に依存することなく実行できる，オブジェクト指向型のプログラム言語。

　　　ア．Java　　　　　　　　**イ**．C言語　　　　　　　　**ウ**．マクロ言語

5．解像度1,600×1,200ピクセル，1ピクセルあたりフルカラー（24ビットカラー）の色情報を持つ画像400枚分の記憶容量。ただし，1GB＝10^9Bとする。

　　　ア．約0.05GB　　　　　　**イ**．約2.3GB　　　　　　**ウ**．約18.4GB

第3回

【4】 プログラムにしたがって処理するとき, (1)～(5)を答えなさい。なお, 入力する n の値は 2 以上の整数とする。

(1) n の値が 2 のとき, ⑦の処理を 1 回目に実行した後の x の値を答えなさい。

(2) n の値が 2 のとき, ④で出力される an の値を答えなさい。

(3) n の値が 3 のとき, ⑦の処理を何回実行するか答えなさい。

(4) n の値が 3 のとき, ④で出力される an の値を答えなさい。

(5) プログラムの処理について説明した文のうち, 正しいものはどれか**ア, イ, ウ**の中から選び, 記号で答えなさい。

  ア. x の値は常に y の値より小さい。

  イ. x の値は, 必ず奇数である。

  ウ. x の値は, 必ず 3 の倍数である。

<プログラム>

```
Sub Program1()
    Dim n As Long
    Dim r As Long
    Dim s As Long
    Dim x As Long
    Dim y As Long
    Dim an As Long
    n = Val(InputBox(" "))
    r = n * 3
    s = n + 3
    x = r
    Do While r > s
        r = r - 1
        x = x * r      ⑦
    Loop
    y = n
    Do While n > 2
        n = n - 1
        y = y * n
    Loop
    an = Int(x / y)
    MsgBox(an)         ④
End Sub
```

【5】　流れ図の説明を読んで，流れ図の(1)～(5)にあてはまる答えを解答群から選び，記号で答えなさい。

<流れ図の説明>

処理内容

　コンビニエンスストアの店舗ごとの売上データを読み，売上高一覧表をディスプレイに表示する。

入力データ

店舗名 (Tname)	今月売上高 (Uri)	前月売上高 (Zen)
×～×	×××××××××	×××××××××

（第1図）

実行結果

（店舗別売上高一覧表）		（単位：円）	
（店舗名）	（今月売上高）	（対前月比率(%)）	（判定）
駅前店	7,856,300	104.6	○
大学前店	15,834,500	98.9	△
～	～	～	～
中央店	18,537,600	108.2	◎
駅西店	6,115,600	102.7	○
（合計）	107,251,200		
（対前月比率100%以上の件数）		6	
（対前月比率(%)の最大値）		108.2	

（第2図）

処理条件

1．第1図の入力データを読み，対前月比率（%）を次の式で求め，第2図のように表示する。なお，判定は対前月比率（%）が 105 以上の場合◎を，100 以上 105 未満の場合○を，100 未満の場合△を表示する。

　　対前月比率（%）= 今月売上高 × 100 ÷ 前月売上高

2．入力データが終了したら，今月売上高の合計，対前月比率 100 ％以上の件数，対前月比率（%）の最大値を第2図のように表示する。なお，対前月比率（%）は同じ比率があった場合，先に入力されたデータを優先する。

3．データにエラーはないものとする。

<流れ図>

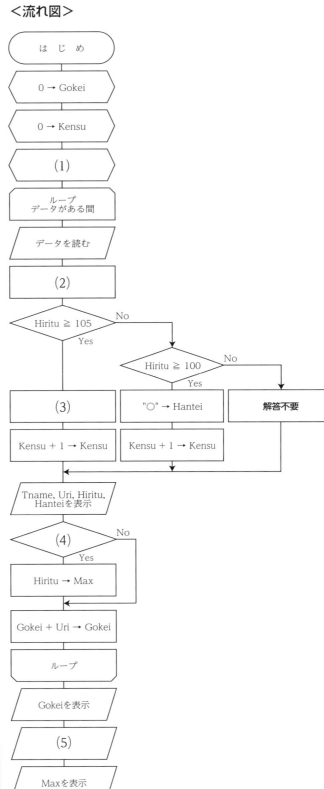

解答群

ア．999.9 → Max

イ．"◎" → Hantei

ウ．Hiritu を表示

エ．Zen × 100 ÷ Uri → Hiritu

オ．Hiritu > Max

カ．Uri × 100 ÷ Zen → Hiritu

キ．"△" → Hantei

ク．Kensu を表示

ケ．0 → Max

コ．Hiritu

【6】 流れ図の説明を読んで，流れ図の(1)～(5)にあてはまる答えを解答群から選び，記号で答えなさい。

<流れ図の説明>

処理内容

　ある本屋の一日分の売上データを読み，売上実績と時間帯別売上客数をディスプレイに表示する。

入力データ

伝票番号 (Dban)	性別コード (Scod)	売上点数 (Uten)	売上金額 (Ukin)
××××	×	××	×××××

（第1図）

実行結果

（売上実績）			
（伝票番号）	（性別）	（売上点数）	（売上金額）
09001	男性	2	3,530
09002	女性	3	1,960
〜	〜	〜	
19002	男性	2	430
19003	女性	1	1,050
	（男性平均売上金額）		1,310
	（女性平均売上金額）		1,352
（時間帯別売上客数）			
（時間帯）		（男性）	（女性）
10時台		3	2
11時台		2	3
〜		〜	〜
18時台		2	4
19時台		2	1

（第2図）

処理条件

1. 第1図の伝票番号は左から 2 桁が時間帯を表している。

　　例　伝票番号が 10001 は 10 時台を，15003 は 15 時台を示す。

2. 第1図の性別コードは，1（男性)，2（女性）である。

　・　性別が男性の場合は配列 Dnin に，女性の場合は配列 Jnin に，それぞれ時間帯ごとに人数を集計する。

　　配列

```
Dnin       (0)        (1)        (2)        ～        (10)
        ┌─────────┬─────────┬─────────┬─────────┬─────────┐
        │         │         │         │    ～    │         │
        └─────────┴─────────┴─────────┴─────────┴─────────┘
Jnin       (0)        (1)        (2)        ～        (10)
        ┌─────────┬─────────┬─────────┬─────────┬─────────┐
        │         │         │         │    ～    │         │
        └─────────┴─────────┴─────────┴─────────┴─────────┘
         （合計）   （10時台）  （11時台）           （19時台）
```

　・　伝票番号から売上金額までを第2図のように表示する。

3. 入力データが終了したら，次の処理を行う。

　・　男女別に平均売上金額を次の計算式で求め，第2図のように表示する。

　　男性平均売上金額 ＝ 男性売上金額合計 ÷ 男性人数合計

　　女性平均売上金額 ＝ 女性売上金額合計 ÷ 女性人数合計

　・　時間帯別売上客数を第2図のように表示する。

4. データにエラーはないものとする。

```
──── 解答群 ────
ア．JGokei ＋ Ukin → JGokei
イ．k は 1 から 1 ずつ増やして k ＜ 10 の間
ウ．UKin ÷ Dnin(0) → DHeikin
エ．k ＋ 9, "時台", Dnin(k), Jnin(k) を表示
オ．Dnin(Soe) ＋ 1 → Dnin(Soe)
カ．k, "時台", Dnin(k), Jnin(k) を表示
キ．JGokei ＋ Uten → JGokei
ク．k は 1 から 1 ずつ増やして k ≦ 10 の間
ケ．Dnin(Scod) ＋ 1 → Dnin(Scod)
コ．DGokei ÷ Dnin(0) → DHeikin
```

<流れ図>

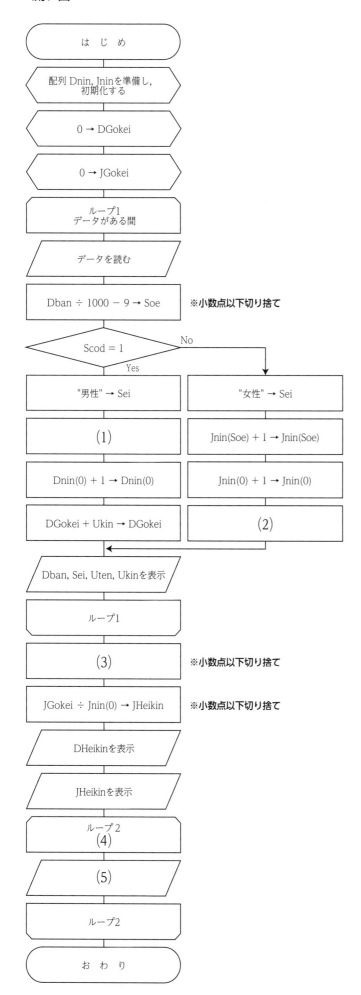

【7】　流れ図の説明を読んで，流れ図の(1)〜(5)を答えなさい。

＜流れ図の説明＞

処理内容

　宅配寿司店の商品データを読み，販売した商品の商品番号・数量・区分をキーボードから入力して，本日分の売上累計を表示する。

入力データ

商品データ

商品番号 (Sban)	商品名 (Smei)	単価 (Tanka)
××××	×〜×	××××

（第1図）

実行結果

（商品番号をキーボードから入力）	K012
（数量をキーボードから入力）	3
（区分をキーボードから入力）	T

（本日分の売上累計）

（商品名）	（特上数）	（並数）	（数量計）	（金額）
12貫セット	8	10	18	26,400
10貫セット	5	15	20	20,250
〜	〜	〜	〜	〜
手巻きセット	3	7	10	17,250
ちらし寿司	2	5	7	8,800
			（合計金額）	218,000

（最大金額の商品名と割合）	12貫セット	12.1%

（第2図）

処理条件

1．第1図の商品データを読み，配列 Sb に商品番号を，配列 Sm に商品名を，配列 Tk に単価を記憶する。なお，商品データの件数は 8 件である。また，各配列は添字で対応している。

配列

Sb	(0)	(1)	(2)	〜	(7)	(8)
		K012	K010	〜	T007	C005

Sm	(0)	(1)	(2)	〜	(7)	(8)
		12貫セット	10貫セット	〜	手巻きセット	ちらし寿司

Tk	(0)	(1)	(2)	〜	(7)	(8)
		1200	900	〜	1500	1100

2．第2図のようにキーボードから商品番号，数量，区分を入力すると，次の処理を行う。なお，区分はT（特上），N（並）である。

・　商品番号をもとに配列 Sb を探索し，特上の場合は配列 Tsu に，並の場合は配列 Nsu に数量を集計する。なお，Tsu と Nsu の添字は Sb の添字と対応している。また，Tsu(0) と Nsu(0) は合計用に利用する。

配列

Tsu	(0)	(1)	(2)	〜	(7)	(8)
				〜		
	（合計）					

Nsu	(0)	(1)	(2)	〜	(7)	(8)
				〜		
	（合計）					

・　数量計を次の計算式で求める。

　数量計 ＝ 特上数 ＋ 並数

・　数量計が 0 より大きい場合，金額を次の計算式で求め，商品名から金額までを第2図のように表示する。なお，配列 Tk に記憶されている単価は並の価額であり，特上は並の 1.5 倍の価額とする。

　金額 ＝ 特上数 × 単価 × 1.5 ＋ 並数 × 単価

・　合計金額を表示する。

・　最大金額の商品が全体に占める割合を次の計算式で求め，商品名とともに表示する。

　割合 ＝ 最大金額 × 100 ÷ 合計金額

3．データにエラーはないものとする。

― 解答群 ―

ア．k < 8		サ．Nsu(s) + Su → Nsu(s)	
イ．Ban		シ．Max	
ウ．Nsu(k)		ス．k ≦ 8	
エ．Suryo × 100 ÷ Gkei → Wari		セ．Sban	
オ．Nsu(Ban) + Su → Nsu(Ban)		ソ．8	
カ．Maxmei		タ．Sb(s)	
キ．Sm(s)		チ．Gkei	
ク．Suryo		ツ．0	
ケ．1		テ．Tsu(k)	
コ．Kin		ト．Max × 100 ÷ Gkei → Wari	

＜流れ図＞

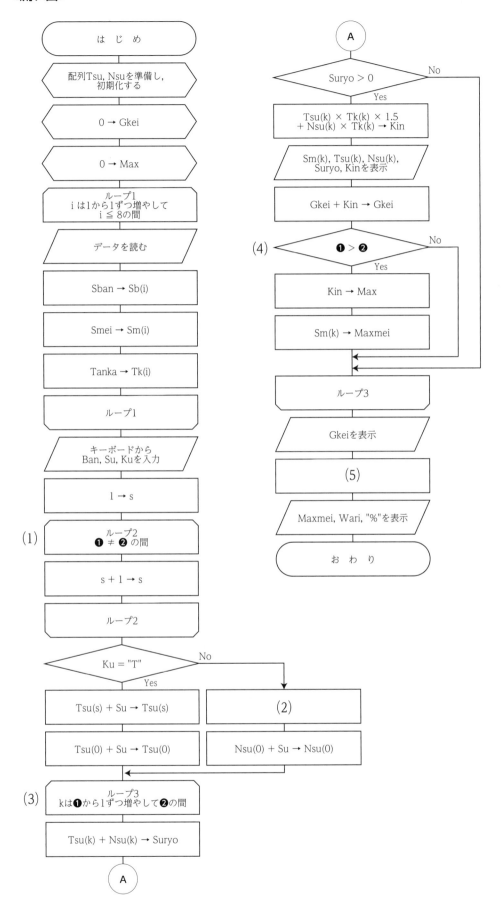

第4回 模擬問題

制限時間：50分　解答 ➡ P.20

【1】　次の説明文に最も適した答えを解答群から選び，記号で答えなさい。

1．特許庁が所管している，特許などの知的財産に関する権利。

2．無線LANにおいて，最大32文字まで設定できるアクセスポイントの識別子。

3．最上位ディレクトリの下位に作成されるディレクトリ。

4．日本産業規格で定めた文字コード。

5．複数のファイルを1つのファイルとしてまとめて圧縮することができるファイル圧縮形式。

―― 解答群 ――――――――――――――――――――――――――――――――――――

ア．Wi-Fi　　　　　　　**イ**．サブディレクトリ　　　　**ウ**．CSV

エ．著作権　　　　　　　**オ**．Unicode　　　　　　　　**カ**．JISコード

キ．産業財産権　　　　　**ク**．SSID　　　　　　　　　**ケ**．ZIP

コ．ルートディレクトリ

【2】　次のA群の語句に最も関係の深い説明文をB群から選び，記号で答えなさい。

＜A群＞　1．テザリング　　　　2．フリーウェア　　　　3．文法エラー
　　　　　4．RGB　　　　　　　5．イニシャルコスト

＜B群＞

ア．使用期間に関係なく，無償で利用できるソフトウェア。

イ．データを数値化した信号でやり取りする通信回線。

ウ．コンピュータシステムの運用や，保守・管理に必要な費用。

エ．スマートフォンなどのデータ通信を利用し，パソコンなどをインターネット接続すること。

オ．計算式や手続きの間違いにより，プログラムの作成意図とは異なる結果が出力されるエラー。

カ．ディスプレイ表示で，三色の光の組み合わせによって色を表現する方法。

キ．一定の期間の試用後，代金を支払うことで引き続き利用できるソフトウェア。

ク．新規にコンピュータシステムを導入する際に必要となる費用。

ケ．カラー印刷で，塗料の混合比率を変化させて色を表現する方法。

コ．記述したコードが，定められた文法で記述されていない場合に発生するエラー。

【3】　次の説明文に最も適した答えをア，イ，ウの中から選び，記号で答えなさい。なお，1については数値を答えなさい。

1．2進数の 11101011 と10進数の25との和を表す10進数。

2．手書きや印刷された文字を光学的に読み取って入力する装置。

　　　　ア．TCO　　　　　　　　　　　イ．OCR　　　　　　　　　ウ．OMR

3．データのなかに，数値以外のデータが含まれていないか調べる検査。

　　　　ア．ニューメリックチェック　　イ．トータルチェック　　　ウ．リミットチェック

4．内容を一定の規則にしたがって変換したデータを，元のデータに戻すこと。

　　　　ア．ピアツーピア　　　　　　　イ．暗号化　　　　　　　　ウ．復号

5．データの内容を保持しつつ，容量を小さく変換すること。

　　　　ア．圧縮　　　　　　　　　　　イ．解凍　　　　　　　　　ウ．翻訳

【4】　プログラムにしたがって処理するとき，⑴～⑸を答えなさい。なお，入力する a と b の値は正の整数とする。また，「Do ～ Loop While」は後判定ループを意味しており，「Loop While」の処理を行う際に条件を満たさなければループを抜けるものとする。

⑴　a の値が 5 で，b の値が 27 のとき，㋐の処理を 3 回目に実行したあとの n の値を答えなさい。

⑵　a の値が 5 で，b の値が 27 のとき，㋑で出力される g の値を答えなさい。

⑶　a の値が 12 で，b の値が 7 のとき，㋑で出力される g の値を答えなさい。

⑷　a の値が 12 で，b の値が 7 のとき，㋒で出力される k の値を答えなさい。

⑸　プログラムの処理について説明した文のうち，<u>正しくないもの</u>はどれか**ア**，**イ**，**ウ**の中から選び，記号で答えなさい。なお，x の値は整数とする。

　　ア．b の値が 2^x のとき，常に㋓を実行する。

　　イ．b の値が 3^x のとき，常に㋓を実行する。

　　ウ．b の値が 5^x のとき，常に㋓を実行する。

＜プログラム＞
```
Sub Program1()
    Dim Syo(100) As Long
    Dim a As Long
    Dim b As Long
    Dim g As String
    Dim i As Long
    Dim j As Long
    Dim k As Long
    Dim m As Long
    Dim n As Long
    a = Val(InputBox(""))
    b = Val(InputBox(""))
    m = Int(a / b)
    n = a - m * b
    j = n
    k = 0
    For i = 0 To 100 Step 1
        Syo(i) = 0
    Next i
    Do
        k = k + 1
        n = n * 10
        m = Int(n / b)
        Syo(k) = Syo(k) + m
        n = n - m * b        ㋐
        If n = 0 Then
            n = j            ㋓
        End If
    Loop While n <> j
    For i = 1 To k Step 1
        g = g & Syo(i)
    Next i
    MsgBox (g)        ㋑
    MsgBox (k)        ㋒
End Sub
```

【5】　流れ図の説明を読んで，流れ図の(1)～(5)にあてはまる答えを解答群から選び，記号で答えなさい。

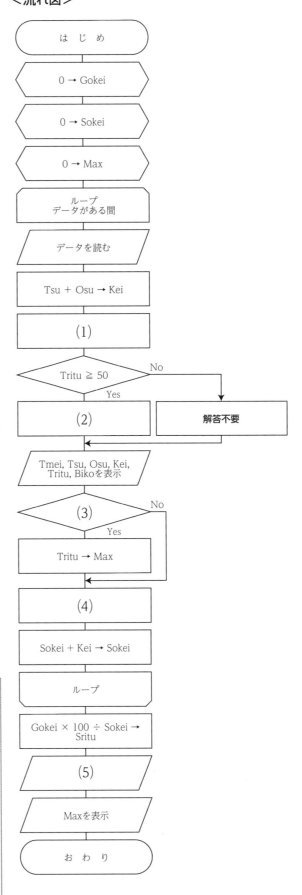

<流れ図の説明>

処理内容

　あるコンビニエンスストアの店舗データを読み，都道府県別店舗数一覧をディスプレイに表示する。

入力データ

都道府県 (Tmei)	当社コンビニ数 (Tsu)	他社コンビニ数 (Osu)
×～×	×～×	×～×

（第1図）

実行結果

（都道府県別店舗数一覧）					
（都道府県）	（当社数）	（他社数）	（計）	（当社比率(%)）	（備考）
北海道	1,004	1,999	3,003	33.4	
青森	97	513	610	15.9	
～	～	～	～	～	～
宮崎	212	207	419	50.6	＊
鹿児島	202	463	665	30.4	
沖縄	97	573	670	14.5	
（都道府県全体の当社比率(%)）				37.2	
（都道府県の最大当社比率(%)）				58.1	

（第2図）

処理条件

1．第1図の入力データを読み，計と当社比率（%）を次の計算式で求め，第2図のように表示する。なお，当社比率（%）が 50 以上の場合，備考に ＊ を表示する。

　計 ＝ 当社コンビニ数 ＋ 他社コンビニ数
　当社比率（%）＝ 当社コンビニ数 × 100 ÷ 計

2．入力データが終了したら，都道府県全体の当社比率（%）と都道府県の最大当社比率（%）を第2図のように表示する。

3．データにエラーはないものとする。

─ 解答群 ─
ア．Sritu を表示
イ．" " → Biko
ウ．Tsu × 100 ÷ Kei → Tritu
エ．Tritu > Max
オ．Gokei + Osu → Gokei
カ．"＊" → Biko
キ．Tritu を表示
ク．Tritu < Max
ケ．Gokei + Tsu → Gokei
コ．Kei × 100 ÷ Tsu → Tritu

【6】 流れ図の説明を読んで，流れ図の(1)～(5)にあてはまる答えを解答群から選び，記号で答えなさい。

<**流れ図の説明**>

処理内容

ある印刷会社のセール期間（用紙サイズ一律で均一のサービス価格とする）の，1日分の受注データを読み，受注一覧表と用紙サイズ別一覧をディスプレイに表示する。

入力データ

受注番号 (No) ×～×	用紙サイズ (Size) ××	部数 (Bsu) ×～×	区分 (Ku) ×

（第1図）

実行結果

```
                    （受注一覧表）
 (受注番号)   (用紙サイズ)    (部数)     (請求料金)
     1          A4          6,100       66,612
     ～          ～           ～           ～
    100         B3          2,300       26,220
                （用紙サイズ別一覧）
 (用紙サイズ)        (部数)       (請求料金)
    A5            58,800        584,402
    A4           201,700      2,098,338
    ～             ～            ～
    B3            20,200        221,688
```

（第2図）

処理条件

1. 第1図の部数は，印刷部数が記録されている。なお，100枚単位で受注している。

2. 配列 Kijun には基準となる枚数を，配列 Rkin には1枚あたりの印刷料金を，配列 Sz には用紙サイズを記憶する。なお，Kijun と Rkin の添字は対応しており，部数が 0～499 であれば1枚あたりの印刷料金が 13.8，部数が 500～999 であれば1枚あたりの印刷料金が 12.4……となる。

配列

Kijun

(0)	(1)	(2)	(3)	(4)	(5)
499	999	1499	1999	2499	9999
(0～499)	(500～999)	(1000～1499)	(1500～1999)	(2000～2499)	(2500～9999)

Rkin

(0)	(1)	(2)	(3)	(4)	(5)
13.8	12.4	11.2	10.2	9.5	9.1

Sz

(0)	(1)	(2)	(3)	(4)	(5)
A5	A4	A3	B5	B4	B3

3. 第1図の入力データを読み，次の処理を行う。

  ・ 部数をもとに配列 Kijun を探索し，1枚あたりの印刷料金を求め，請求料金を次の計算式で計算し，第2図のように受注番号から請求料金までを表示する。なお，区分は 1 ～ 2 が設定されており，1 は通常，2 はお急ぎである。

  （通常） 請求料金 ＝ 部数 × 1枚あたりの印刷料金

  （お急ぎ） 請求料金 ＝ 部数 × 1枚あたりの印刷料金 × 1.2

  ・ 用紙サイズをもとに配列 Sz を探索し，配列 Bkei，Rkei に用紙サイズごとの部数と請求料金を集計する。なお，配列 Sz，Bkei，Rkei の添字は対応している。

配列

Bkei

(0)	(1)	(2)	(3)	(4)	(5)

Rkei

(0)	(1)	(2)	(3)	(4)	(5)

4. 入力データが終了したら，第2図のように，受注一覧表と用紙サイズ別一覧を表示する。

5. データにエラーはないものとする。

--- 解答群 ---

ア．Bkei(m) + Bsu → Bkei(m)　　　　カ．Ku = 2

イ．Ku = 1　　　　　　　　　　　　　キ．Kijun(m) ≠ Bsu

ウ．Sz(n),Bkei(n),Rkei(n) を表示　　ク．Sz(n) ≠ Size

エ．Kijun(m) < Bsu　　　　　　　　　ケ．Sz(j),Bkei(j),Rkei(j) を表示

オ．Bkei(n) + Bsu → Bkei(n)　　　　コ．Sz(n) = Size

＜流れ図＞

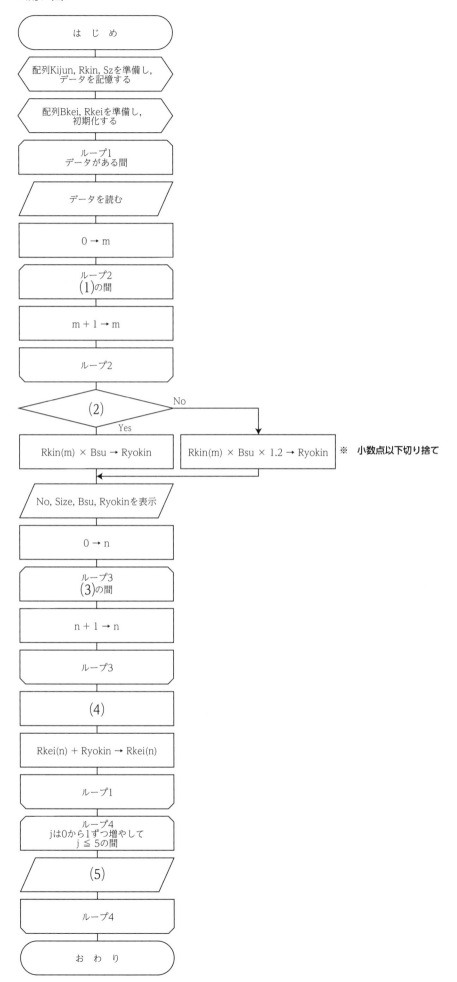

【7】 流れ図の説明を読んで，流れ図の(1)～(5)を答えなさい。

<流れ図の説明>

処理内容

　ある専門学校の高校生向けセミナーにおける申込みデータを読み，セミナー申込み一覧表と現在までのセミナー申込み状況を表示する。

入力データ

申込みデータ

コース番号 (Cban) ×××	学年 (Nen) ×	生徒氏名 (Smei) ×～×

（第1図）

実行結果

```
                    （セミナー申込み一覧表）
（コース名）      （受付番号）      （学年）      （生徒氏名）
公務員            10101            1            八木　清人
簿記              10301            1            氏家　帆乃香
  ～                ～              ～              ～
簿記              10352            1            澤田　友愛
医療福祉          20236            3            阪本　長蔵
   （コース番号を入力）      102
                    （セミナー申込み状況）
（コース名）      （人数）      （備考（クラス展開））
情報処理          27            定員超過　2クラス展開
```

（第2図）

処理条件

1. 配列 Course と Cmei に，コース番号，コース名を記憶する。また，配列 Course と Cmei は添字で対応している。なおセミナーは，8 コースである。

配列

Course	(0)	(1)	(2)	(3)	～	(7)	(8)
		101	102	103	～	301	302

Cmei	(0)	(1)	(2)	(3)	～	(7)	(8)
		公務員	情報処理	簿記	～	フィットネス	救命講習

2. 第1図の申込みデータを読み，次の処理を行う。

   ・　コース番号をもとに配列 Course を探索し，配列 Nin にコースごとのデータ件数を人数として集計する。なお，Nin の添字は Course，Cmei と対応している。

配列

Nin	(0)	(1)	(2)	(3)	～	(7)	(8)
					～		

   ・　受付番号は，次の計算式で求める。

   受付番号 ＝ コース番号 × 100 ＋ 人数

   ・　データを読み終えたあと，コース名から生徒氏名までを第2図のように表示する。

3. コース番号をキーボードから入力すると，セミナー申込み状況として，コース名から備考（クラス展開）を第2図のように表示する。備考（クラス展開）は，各コース 1 展開につき定員人数を 20 人以内としており，定員を超過した場合は「定員超過」とし，クラスを追加する。そうでなければ「定員以内」とする。

4. データにエラーはないものとする。

解答群

ア．"定員以内" → Biko	サ．Cban
イ．j	シ．Cban × 100 + Nin(k) → Uban
ウ．Course(j)	ス．Kura
エ．Kura + 1 → Kura	セ．Nin(k) + Kura ÷ 20 → Kura
オ．1	ソ．0
カ．"定員超過" → Biko	タ．Uban
キ．Nen	チ．k
ク．Cban × 100 + Nin(j) → Uban	ツ．8
ケ．Cmei(j)	テ．Kura + Nin(k) ÷ 20 → Kura
コ．Course(k)	ト．Kura + Nin(j) ÷ 20 → Kura

＜流れ図＞

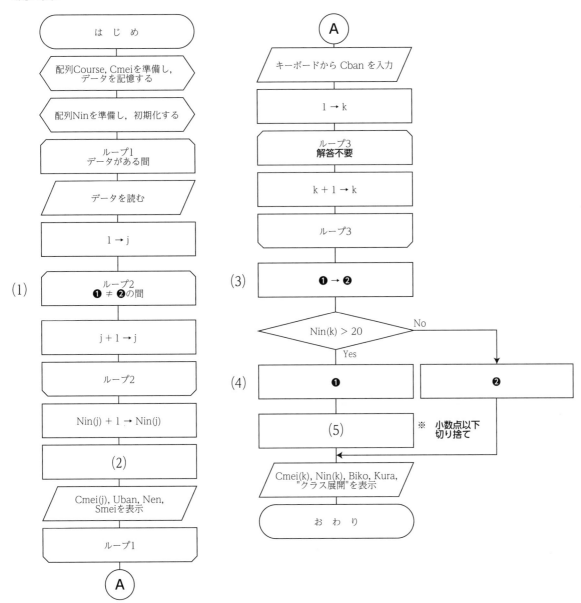

第5回 **模擬問題**　制限時間：50分　解答 ➡ P.24

【1】　次の説明文に最も適した答えを解答群から選び，記号で答えなさい。

1．米国に本部があり，電気・電子・通信分野における標準規格の策定を行う世界規模の学会。

2．入力データが，事前に定められた順序通りに並んでいるかを確認する検査。

3．動画および音声データを圧縮して記録する方式のひとつで，用途に応じた複数のファイル形式がある。

4．磁器ディスク装置において，ディスク上のデータを読み書きするための部品。

5．通信ケーブルを用いてデータの送受信を行うネットワーク。

```
┌─ 解答群 ──────────────────────────────────┐
│ ア．シーケンスチェック    イ．ニューメリックチェック    ウ．Wi-Fi         │
│ エ．有線LAN           オ．磁気ヘッド           カ．PNG          │
│ キ．MPEG             ク．IEEE              ケ．アクセスアーム   │
│ コ．ISO                                              │
└──────────────────────────────────────────┘
```

【2】　次のA群の語句に最も関係の深い説明文をB群から選び，記号で答えなさい。

＜A群＞　1．ワイルドカード　　　2．機械語　　　　　3．ストリーミング
　　　　　4．TCO　　　　　　　5．書き込み

＜B群＞
　ア．ファイルやディレクトリに設定するアクセス権のひとつで，データの追加や更新，読み取り，削除などすべての操作が許可された権限。

　イ．コンピュータのプロセッサが直接解釈して実行できる形式の言語。

　ウ．「＊」や「？」など，文字列を検索する際に，任意の文字を指定するために用いる特殊な記号。

　エ．機器の保守・管理や消耗品の調達など，コンピュータシステムの継続した運用に必要となる費用。

　オ．ネットワークを通じて，動画や音声などのデータをユーザのコンピュータが受信しながら同時に再生する技術。

　カ．ソフトウェアの設計ミスや不具合によって発生する，システムにおける安全機能上の欠陥。

　キ．ファイルやディレクトリに設定するアクセス権のひとつで，データの上書きが許可された権限。

　ク．通信回線やネットワークを通じて，サーバにあるデータをユーザ側のコンピュータが受信すること。

　ケ．コンピュータシステムの導入から運用，廃棄までに必要となるすべての費用。

　コ．アプリケーションソフトウェア上で行う操作や処理の手順を，自動化し実行するプログラム言語。

【3】　次の説明文に最も適した答えをア，イ，ウの中から選び，記号で答えなさい。

1．10進数の 26 と2進数の 1110 との差を表す2進数。

　　　　ア．1100　　　　　　　　　イ．1011　　　　　　　　　ウ．1111

2．パスワードと生体認証を組み合わせるなどのように，2種類以上の認証要素を組み合わせて行う認証。

　　　　ア．多要素認証　　　　　　イ．多段階認証　　　　　　ウ．ワンタイムパスワード

3．用紙の所定の位置にあるマークを光学的に読み取り，データとしてコンピュータに入力する装置。

　　　　ア．TCO　　　　　　　　　イ．OMR　　　　　　　　　ウ．OCR

4．プログラムが正しく動作するかを試すために，試験用データを用いて実行すること。

　　　　ア．コンパイル　　　　　　イ．テストラン　　　　　　ウ．デバッグ

5．日本の産業製品に関する標準規格や測定法などを定める日本の国家規格。

　　　　ア．IEEE　　　　　　　　　イ．ISO　　　　　　　　　ウ．JIS

第5回

【4】　プログラムにしたがって処理するとき，(1)〜(5)を答えなさい。なお，入力する n の値は 2 以上の整数，r の値は 1 以上の整数とする。

(1)　n の値が 10，r の値が 4 のとき，⑦の処理を 3 回目に実行したあとの a の値を答えなさい。

(2)　n の値が10，r の値が 4 のとき，⑨で出力される a の値を答えなさい。

(3)　n の値が 3，r の値が 5 のとき，④の処理を 2 回目に実行したあとの a の値を答えなさい。

(4)　n の値が 3，r の値が 5 のとき，⑨で出力される a の値を答えなさい。

(5)　プログラムの処理について説明した文のうち，正しいものはどれか**ア，イ，ウ**の中から選び，記号で答えなさい。

　　　ア．処理が終了したとき、r と j の値の和は必ず n の値と等しくなる。

　　　イ．処理が終了したとき、r と j の値の差は必ず n の値と等しくなる。

　　　ウ．処理が終了したとき、出力される a の 値は必ず j の倍数になる。

＜プログラム＞

```
Sub Program1()
        Dim a As Long
        Dim n As Long
        Dim r As Long
        Dim j As Long
        a = 1
        n = Val(InputBox(""))
        r = Val(InputBox(""))
        j = n + r - 1
        Do While j >= n
          a = a * j      ⑦
          j = j - 1
        Loop
        Do While r > 1
          a = Int(a / r)   ④
          r = r - 1
        Loop
        MsgBox (a)     ⑨
End Sub
```

【5】 流れ図の説明を読んで，流れ図の(1)～(5)にあてはまる答えを解答群から選び，記号で答えなさい。

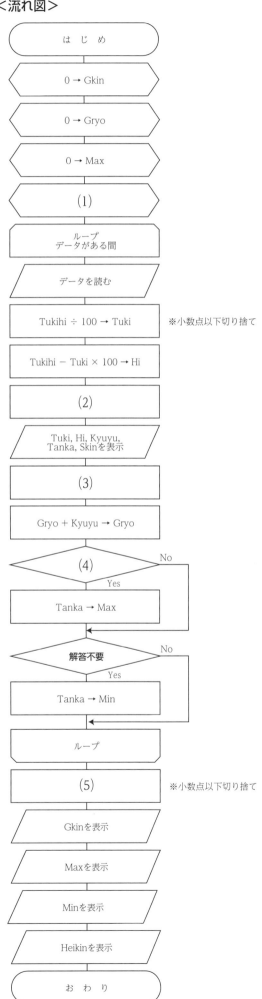

<流れ図の説明>

処理内容

　ある会社の 1 年分の給油データを読み，ガソリン代一覧をディスプレイに表示する。

入力データ

月日 (Tukihi)	給油量(L) (Kyuyu)	単価 (Tanka)
××××	××.××	×××

（第1図）

実行結果

		（ガソリン代一覧）		
（月）	（日）	（給油量(L)）	（単価）	（支払金額）
1	13	27.50	140	3,850
1	14	43.63	137	5,977
～	～	～	～	～
12	27	36.41	120	4,369
12	28	24.87	121	3,009
			（支払金額の合計）	25,724
			（単価の最高）	140
			（単価の最低）	120
			（単価の平均）	132

（第2図）

処理条件

1．第1図の月日は，次の例のように構成されている。

　　例　1003　→　10月3日

2．第1図の入力データを読み，支払金額を次の計算式で求め，第2図のように表示する。

　　支払金額 ＝ 給油量（L）× 単価

3．入力データが終了したら，支払金額の合計，単価の最高，単価の最低，単価の平均を第2図のように表示する。なお，単価の平均は次の計算式で求める。

　　単価の平均 ＝ 支払金額の合計 ÷ 給油量の合計

4．データにエラーはないものとする。

──解答群──

ア．0 → Min

イ．Tanka > Max

ウ．Gkin ÷ Gryo → Heikin

エ．9999 → Min

オ．Kyuyu × Tanka → Gkin

カ．Sokei + Seikyu → Sokei

キ．Skin ÷ Kyuyu → Heikin

ク．Gkin + Skin → Gkin

ケ．Kyuyu × Tanka → Skin

コ．Tanka

第5回

【6】 流れ図の説明を読んで，流れ図の(1)～(5)にあてはまる答えを解答群から選び，記号で答えなさい。
＜流れ図の説明＞
処理内容
　ある学校向けタブレット販売業者の販売データを読み，学校別売上明細と商品別売上一覧をディスプレイに表示する。

入力データ

学校名 (Gmei)	商品コード (Scode)	数量 (Su)	保証加入数 (Ho)
×～×	×××	×××	×××

（第1図）

実行結果

		(売上明細)		
(学校名)	(商品名)	(数量)	(保証加入数)	(金額)
○○高校	Dnote	131	74	6,265,000
～	～	～	～	～
■■実業	Cbook	164	148	7,300,000

		(商品別売上一覧)			
(商品名)	(数量計)	(割合)	(販売金額計)	(仕入金額計)	(利益)
Cbook	1,223	57.2	52,420,000	39,136,000	13,284,000
Apad	905	61.2	48,020,000	40,725,000	7,295,000
Dnote	1,854	55.5	88,575,000	70,452,000	18,123,000
Stab	918	49.7	57,360,000	46,818,000	10,542,000
Wpc	1,263	74.3	74,160,000	50,014,800	24,145,200
		(合計)	320,535,000	247,145,800	73,389,200

（第2図）

処理条件
1．配列 Scd に商品コード，配列 Smei に商品名，配列 Htan に販売単価，配列 Stan に仕入単価を記憶する。なお，商品は 5 種類であり，配列 Scd，Smei，Htan，Stan の添字は対応している。

配列

Scd	(0)	(1)	(2)	(3)	(4)	(5)
		C01	A01	D01	S01	D02

Smei	(0)	(1)	(2)	(3)	(4)	(5)
		Cbook	Apad	Dnote	Stab	Wpc

Htan	(0)	(1)	(2)	(3)	(4)	(5)
		40000	50000	45000	60000	55000

Stan	(0)	(1)	(2)	(3)	(4)	(5)
		32000	45000	38000	51000	44000

2．第1図の入力データを読み，次の処理を行う。保証（Ho）は 1 台あたり 5,000 円の保証の加入台数を表している。
　・ 商品コードをもとに配列 Scd を探索する。
　・ 金額を次の計算式で求め，学校名から金額までを第2図のように表示する。
　　　金額 ＝ 数量 × 単価 ＋ 保証加入数 × 5000
　・ 配列 Skei に数量計を，配列 Hkei に保証加入数計を集計する。なお，配列 Skei，Hkei の添字は Scd，Smei，Htan，Stan と対応している。

配列

Skei	(0)	(1)	(2)	(3)	(4)	(5)

Hkei	(0)	(1)	(2)	(3)	(4)	(5)

3．入力データが終了したら，次の処理を行う。
　・ 保証加入割合を次の計算式で求める。
　　　保証加入割合 ＝ 保証加入数計 ÷ 数量計 × 100
　・ 商品ごとの販売金額計と仕入金額計を次の計算式で求める。また，利益を次の計算式で求め，商品名から利益までを第2図のように表示する。ただし，数量計が 1000 を超え，保証加入割合が 60 以上の場合は，仕入金額計に 0.9 をかけたうえで利益を求める。
　　　販売金額計 ＝ 販売単価 × 数量計
　　　仕入金額計 ＝ 仕入単価 × 数量計
　　　利益 ＝ 販売金額計 － 仕入金額計
　・ 商品ごとの販売金額計と仕入金額計を集計し，販売金額計と仕入金額計の合計を求める。
　・ 利益総計を次の計算式で求め，販売金額総計から利益総計を第2図のように表示する。
　　　利益総計 ＝ 販売金額総計 － 仕入金額総計
4．データにエラーはないものとする。

解答群
　ア．Skei(i) ＞ 1000 かつ Wari ≧ 60
　イ．Hkei(s) ＋ Ho → Hkei(s)
　ウ．Skei(s) ＜ 1000 かつ Wari ≦ 60
　エ．SSokei － HSokei
　オ．Scd(s) → Scode
　カ．Su × Htan(s) ＋ Ho × 5000 → Kin
　キ．Hkei(Scode) ＋ Ho → Hkei(Scode)
　ク．HSokei － SSokei
　ケ．Su × Stan(s) ＋ Su × 5000 → Kin
　コ．Scode ≠ Scd(s)

<流れ図>

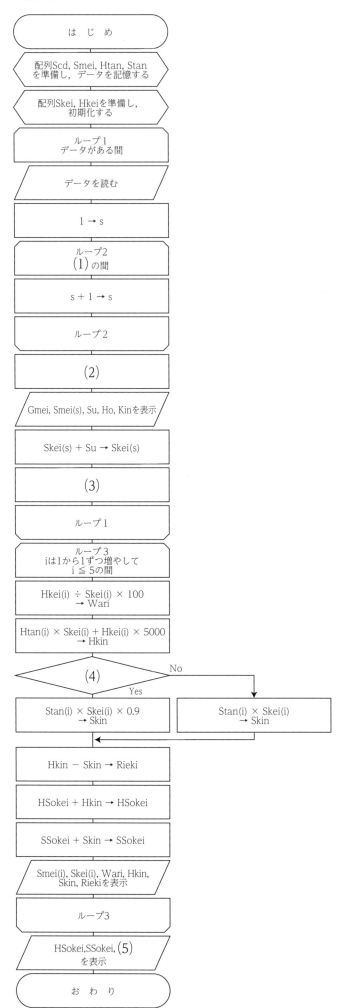

【7】 流れ図の説明を読んで，流れ図の(1)～(5)を答えなさい。

＜流れ図の説明＞

処理内容

　ある家具販売店の商品データと売上データを読み，分析結果を表示する。

入力データ　　　　　　　　　　　　　　　　　実行結果

商品データ

商品コード (Smcode)	商品名 (Smei)	単価 (Stanka)	目標金額 (Mkin)
××××	×～×	×××××	×××××××××

（第1図）

（全商品）			
（売上金額合計）	（目標金額合計）	（目標達成率(%)）	（平均売上金額）
17,791,990	18,658,650	95	456,204
（分類番号をキーボードから入力）	1		

	（分類別一覧）			
（商品名）	（売上数量計）	（売上金額計）	（目標金額）	（目標達成率(%)）
L字型デスク	29	304,500	357,000	85
学習机	30	534,000	801,000	66
～	～	～	～	～
折りたたみテーブル	15	270,000	720,000	37
多目的テーブル	43	1,204,000	1,064,000	113
（目標達成率(%)が100以上の商品数）	8			

（第3図）

売上データ

日付 (Hiduke)	商品コード (Scode)	売上数量 (Suryo)
××××	××××	×××

（第2図）

処理条件

1. 第1図の商品コードは，次の例のように構成されている。なお，分類は，1（机類），2（椅子類），3（収納類），4（小物類）である。また，商品データの件数は40件以内である。

　　例　1120　→　<u>1</u>　　　<u>120</u>
　　　　　　　　　　分類　　個別コード

2. 第1図の商品データを読み，配列 Sc に商品コードを，配列 Sm に商品名を，配列 St に単価を，配列 Mk に目標金額を記憶する。なお，Sc，Sm，St，Mk の添字は対応している。

配列

Sc	(0)	(1)	(2)	～	(38)	(39)	(40)
		1122	1120	～	4138	4109	

Sm	(0)	(1)	(2)	～	(38)	(39)	(40)
		L字型デスク	学習机	～	コピー用紙	OAタップ	

St	(0)	(1)	(2)	～	(38)	(39)	(40)
		13800	17800	～	3400	1980	

Mk	(0)	(1)	(2)	～	(38)	(39)	(40)
		357000	801000	～	108800	61380	

・　第2図の売上データを読み，商品コードをもとに配列 Sc を探索し，配列 Kin に売上金額を，配列 Su に売上数を集計する。なお，Kin(0) と Su(0)は合計用に利用する。また，Kin と Su の添字は Sc の添字と対応している。売上金額は，配列 St の単価と，売上データの売上数量から計算する。

配列

kin	(0)	(1)	(2)	～	(38)	(39)	(40)
				～			

Su	(0)	(1)	(2)	～	(38)	(39)	(40)
				～			

（合計）

・　データを読み終えたあと，全商品の目標達成率（％）と全商品の平均売上金額を次の計算式で求め，売上金額合計から平均売上金額までを第3図のように表示する。

　　全商品の目標達成率（％）＝ 売上金額合計 × 100 ÷ 目標金額合計（小数点以下切り捨て）
　　全商品の平均売上金額 ＝ 売上金額合計 ÷ 商品数（小数点以下切り捨て）

3. 一覧表示する分類番号を入力すると，次の処理を行う。

・　指定した分類について，商品ごとの目標達成率（％）を次の計算式で求め，商品名から目標達成率（％）までを第3回のように表示する。また，目標達成率（％）が 100 以上の商品数を表示する。

　　目標達成率（％）＝ 売上金額計 × 100 ÷ 目標金額（小数点以下切り捨て）

解答群

ア．St(j)	サ．Bunrui
イ．Mgokei + St(Ken) → Mgokei	シ．Sc(j)
ウ．Scode	ス．Kin(j) + St(j) × Suryo → Kin(0)
エ．0	セ．Bun
オ．Kin(j) + Mk(j) × Suryo → Kin(j)	ソ．Sm(j)
カ．j	タ．1
キ．Kin(k) × 100 ÷ Mk(k) → Ritu	チ．Mgokei + 1 → Mgokei
ク．Suryo	ツ．Ken
ケ．Kin(j) + St(j) × Suryo → Kin(j)	テ．Kin(k) × 100 ÷ Su(k) → Ritu
コ．Mk(k) × 100 ÷ Kin(k) → Ritu	ト．Mgokei + Mkin → Mgokei

＜流れ図＞

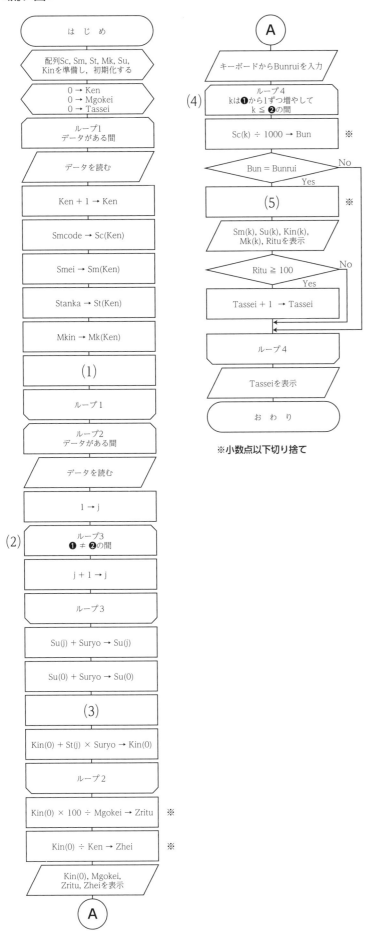

はじめ

配列Sc, Sm, St, Mk, Su,
Kinを準備し，初期化する

0 → Ken
0 → Mgokei
0 → Tassei

ループ1
データがある間

データを読む

Ken + 1 → Ken

Smcode → Sc(Ken)

Smei → Sm(Ken)

Stanka → St(Ken)

Mkin → Mk(Ken)

(1)

ループ1

ループ2
データがある間

データを読む

1 → j

(2) ループ3
❶ ≠ ❷の間

j + 1 → j

ループ3

Su(j) + Suryo → Su(j)

Su(0) + Suryo → Su(0)

(3)

Kin(0) + St(j) × Suryo → Kin(0)

ループ2

Kin(0) × 100 ÷ Mgokei → Zritu　※

Kin(0) ÷ Ken → Zhei　※

Kin(0), Mgokei,
Zritu, Zheiを表示

A

A

キーボードからBunruiを入力

(4) ループ4
kは❶から1ずつ増やして
k ≦ ❷の間

Sc(k) ÷ 1000 → Bun　※

Bun = Bunrui　──No─→

│Yes

(5)　※

Sm(k), Su(k), Kin(k),
Mk(k), Rituを表示

Ritu ≧ 100　──No─→

│Yes

Tassei + 1 → Tassei

ループ4

Tasseiを表示

おわり

※**小数点以下切り捨て**

第6回 **模擬問題**　　制限時間：50分　解答 ➡ P.28

【1】　次の説明文に最も適した答えを解答群から選び，記号で答えなさい。

1．各国の標準化団体で構成されている，さまざまな分野における国際規格の策定を行う団体。

2．プリンタで画像や文字を表現する際の，物理的な最小単位の点。

3．データを一定のサイズに分割して宛先情報などを付加した，ネットワーク通信を行う際の伝送単位。

4．個人情報を扱う事業者に対して，個人情報の有効活用や適正利用，事業者が遵守すべき義務などを定めた法律。

5．プログラム言語で書かれたソースコードを1命令ずつ解釈して実行する言語プロセッサ。

```
──── 解答群 ────
ア．パケット          イ．JIS          ウ．セクタ
エ．ISO             オ．コンパイラ      カ．ドット
キ．個人情報保護法      ク．ピクセル       ケ．インタプリタ
コ．不正アクセス禁止法
```

【2】　次のＡ群の語句に最も関係の深い説明文をＢ群から選び，記号で答えなさい。

＜Ａ群＞　1．CMYK　　　2．グローバル変数　　　3．グループウェア
　　　　　4．PDF　　　　5．シングルサインオン

＜Ｂ群＞

ア．プログラム内の特定の範囲内で宣言された変数で，その範囲内のみアクセスが可能な局所変数。

イ．一度のユーザ認証によって，複数の異なるシステムを利用できる認証の仕組み。

ウ．ディスプレイ装置などに使用されている，光の三原色によってさまざまな色を表現する方式。

エ．組織内の情報共有やスケジュール管理など，業務の効率化を図るためのソフトウェア。

オ．プログラムのどこからでもアクセスが可能な変数で，大域変数とも呼ばれる。

カ．プリンタなどに使用されている，色の三原色と黒の4色による色の表現方式。

キ．一定時間ごとや，ログインの試行ごとに発行される，一度しか使えない使い捨てのパスワード。

ク．ファイルの容量を圧縮したり，複数のファイルやディレクトリをまとめたりできるファイル形式。

ケ．一時的な試用は無料であるが，継続して使用したり，機能制限を解除したりするには代金の支払いが必要なソフトウェア。

コ．専用のソフトウェアを利用することで，機種や環境に依存することなく，元の文書と同様の状態で表示や印刷などができる電子文書のファイル形式。

【3】　次の説明文に最も適した答えをア，イ，ウの中から選び，記号で答えなさい。

1．2進数の 1100 と2進数の 0111 との和を表す2進数。

　　　ア．11011　　　　　　　　**イ**．11111　　　　　　　　**ウ**．10011

2．OSやアプリケーション開発などに利用される，汎用性に優れたプログラム言語。

　　　ア．C言語　　　　　　　　**イ**．Java　　　　　　　　**ウ**．アセンブリ言語

3．コンピュータシステムの不具合や設計上のミスによって発生したセキュリティ上の欠陥。

　　　ア．ファイアウォール　　**イ**．ガンブラー　　　　　**ウ**．セキュリティホール

4．電気・電子・通信技術などの標準規格の策定を行う，米国に本部を置く電気・電子技術に関する世界規模の学会。

　　　ア．ANSI　　　　　　　　**イ**．IEEE　　　　　　　　**ウ**．JIS

5．コンピュータに周辺機器を接続した際，OSが自動的にデバイスドライバのインストールや必要な設定を行い，周辺機器を使用可能にする機能。

　　　ア．ストリーミング　　　**イ**．アーカイバ　　　　　**ウ**．プラグアンドプレイ

【4】 プログラムにしたがって処理するとき，(1)〜(5)を答えなさい。なお，入力する m の値は正の整数とする。

(1) m の値が 16740 のとき，㋐で 3 回目に出力される s の値を答えなさい。

(2) m の値が 16740 のとき，㋑の処理を何回実行するか答えなさい。

(3) m の値が 18067 のとき，㋒で 4 回目に出力される k の値を答えなさい。

(4) m の値が 18067 のとき，㋓で出力される c の値を答えなさい。

(5) プログラムの処理について説明した文のうち，正しいものはどれかア，イ，ウの中から選び，記号で答えなさい。

　　ア．x の値は必ず偶数である。

　　イ．x の値は必ず奇数である。

　　ウ．x の値は必ず 4 か 5 である。

＜プログラム＞

```
Sub Program1()
    Dim m As Long
    Dim k As Long
    Dim x As Long
    Dim s As Long
    Dim c As Long
    m = Val(InputBox(""))
    k = 8000
    x = 4
    c = 0
    Do While m > 0
        s = Int(m / k)
        If s > 0 Then
            MsgBox (s)        ㋐
            m = m - s * k     ㋑
            MsgBox (k)        ㋒
            c = c + s
        End If
        k = Int(k / x)
        x = 9 - x
    Loop
    MsgBox (c)                ㋓
End Sub
```

【5】　流れ図の説明を読んで，流れ図の(1)～(5)にあてはまる答えを解答群から選び，記号で答えなさい。

<流れ図の説明>

処理内容

　旅行代金の見積データを読み，旅行代金一覧表をディスプレイに表示する。

入力データ

番号 (Num)	交通費 (Koutuhi)	宿泊費 (Syukuhi)	飲食費 (Syokuhi)
××	×××××	×××××	×××××

（第1図）

実行結果

（旅行代金一覧表）

(番号)	(交通費)	(宿泊費)	(飲食費)	(合計金額)	(請求金額)
1	7,000	6,400	8,400	21,800	18,800
2	12,000	5,500	9,000	26,500	18,500
3	7,300	6,800	7,500	21,600	18,600
〜	〜	〜	〜	〜	〜
14	11,000	7,000	9,300	27,300	19,300
15	6,200	7,000	5,100	18,300	15,300
16	9,300	5,800	6,500	21,600	18,600
				(平均)	19,762
				(最小)	15,300

（第2図）

処理条件

1．第1図の入力データを読み，合計金額を次の計算式で求め，第2図のように表示する。なお，合計金額が 25,000 以上の場合は合計金額から 8,000 引き，そうでない場合は合計金額から 3,000 引くことで請求金額を求める。また，交通費，宿泊費，飲食費は円単位で記録されている。

　　合計金額 ＝ 交通費 ＋ 宿泊費 ＋ 飲食費

2．入力データが終了したら，第2図のように平均と最小を表示する。なお，最小は同じ請求金額があった場合，先に入力されたデータを優先する。

3．データにエラーはないものとする。

<流れ図>

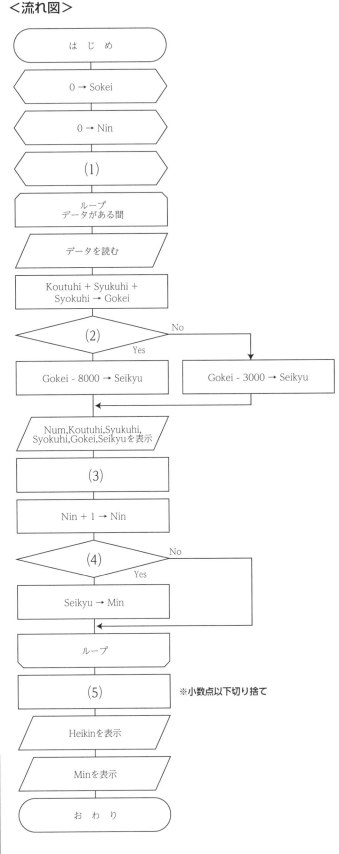

解答群

ア．0 → Min

イ．Seikyu < Min

ウ．Gokei ÷ Nin → Heikin

エ．999999 → Min

オ．Gokei ≦ 25000

カ．Sokei + Seikyu → Sokei

キ．Sokei ÷ Nin → Heikin

ク．Gokei ≧ 25000

ケ．Sokei + Gokei → Sokei

コ．Seikyu ≦ Min

【6】　流れ図の説明を読んで，流れ図の⑴〜⑸にあてはまる答えを解答群から選び，記号で答えなさい。

＜流れ図の説明＞

処理内容

　飲食店グループの 1 か月間の来客データを読み，店舗別来客数一覧と業態別来客数集計表をディスプレイに表示する。

入力データ

日 (Hi)	店舗コード (Tcod)	店内飲食客数 (Nsu)	持ち帰り客数 (Msu)
××	×××	×××	×××

（第1図）

実行結果

（店舗別来客数一覧）

（店舗名）	（店内飲食）	（持ち帰り）	（合計）	（備考）
レストランA店	3,951	1,277	5,228	◎
レストランB店	2,418	942	3,360	△
〜	〜	〜	〜	〜
カフェE店	4,121	1,369	5,940	◎
カフェF店	2,918	1,089	4,007	○
（総計）	66,370	21,760		

（業態別来客数集計表）

（業態名）	（店内飲食）	（持ち帰り）	（持ち帰り割合(%)）
レストラン	13,966	4,640	24
ファストフード	23,406	7,308	23
定食	9,180	3,136	25
カフェ	19,818	6,676	25

（第2図）

処理条件

1. 配列 Cod に店舗コードを，配列 Mei に店舗名を記憶する。なお，各配列は添字で対応している。また，配列 Gmei に業態名を記憶する。配列 Gmei の添字は，業態コードに対応している。

　　店舗コードは次の例のように構成されている。

　　例　101 　→　　 1　　　 01
　　　　　　　　業態コード　　店舗番号

配列

Cod	(0)	(1)	(2)	〜	(19)	(20)
		101	102	〜	405	406

Mei	(0)	(1)	(2)	〜	(19)	(20)
		レストランA店	レストランB店	〜	カフェE店	カフェF店

Gmei	(0)	(1)	(2)	(3)	(4)
		レストラン	ファストフード	定食	カフェ

2. 第1図のデータを読み，次の処理を行う。
　・　店舗コードをもとに配列 Cod を探索し，配列 Nkei に店舗ごとの店内飲食客数を，配列 Mkei に店舗ごとの持ち帰り客数を集計する。なお，Nkei(0)，Mkei(0)は店内飲食客数と持ち帰り客数の総計用に利用する。また，Nkei，Mkei は Cod と添字で対応している。

Nkei	(0)	(1)	(2)	〜	(19)	(20)
	（店内飲食客数総計）			〜		

Mkei	(0)	(1)	(2)	〜	(19)	(20)
	（持ち帰り客数総計）			〜		

3. 入力データが終了したら，次の処理を行う。
　・　各店舗の来客数合計を次の計算式で求める。

　　来客数合計　＝　店内飲食客数総計　＋　持ち帰り客数総計

　・　店舗名から備考までを第2図のように表示する。なお，備考は，来客数合計が 5,000 以上の場合「◎」を，4,000 以上 5,000 未満の場合「○」を，4,000 未満の場合「△」を表示する。
　・　配列 Cod の店舗コードから業態コードを求める。
　・　業態別に，配列 Ukei に店内飲食客数計を，配列 Tkei に持ち帰り客数計を求める。なお，Ukei，Tkei の添字は業態コードと対応している。

Ukei	(0)	(1)	(2)	(3)	(4)

Tkei	(0)	(1)	(2)	(3)	(4)

　・　店内飲食客数総計と持ち帰り客数総計を，第 2 図のように表示する。
4. 店舗ごとの集計が終了したら，次の処理を行う。
　・　業態ごとの持ち帰り割合を次の計算式で求める。

　　業態別来客数合計　＝　業態別店内飲食客数計　＋　業態別持ち帰り客数計
　　割合　＝　業態別持ち帰り客数計　×　100　÷　業態別来客数合計

　・　業態名から持ち帰り割合（%）までを第2図のように表示する。
5. データにエラーはないものとする。

解答群

ア．Nkei(n) + Nsu → Nkei(n)　　　　　カ．Cod(n) = Tcod
イ．"○" → Biko　　　　　　　　　　　キ．Tkei(p) + Mkei(p) → Tkei(soe)
ウ．"△" → Biko　　　　　　　　　　　ク．Cod(n) ≠ Tcod
エ．Tkei(soe) + Mkei(p) → Tkei(soe)　ケ．k は 1 から 1 ずつ増やして k ≦ 4
オ．k は 0 から 1 ずつ増やして k ≦ 4　コ．Nkei(n) + Msu → Nkei(n)

＜流れ図＞

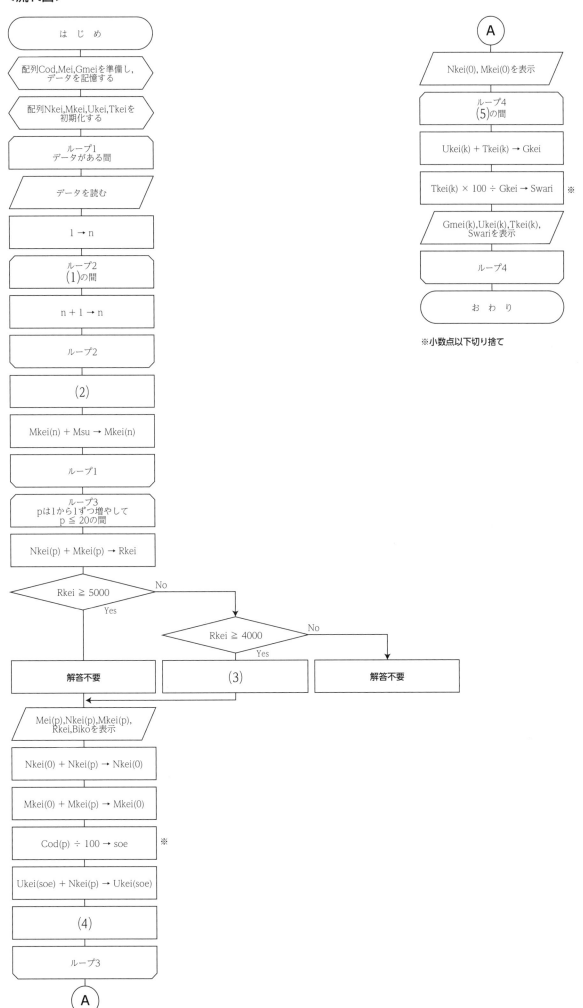

はじめ

配列Cod,Mei,Gmeiを準備し,
データを記憶する

配列Nkei,Mkei,Ukei,Tkeiを
初期化する

ループ1
データがある間

データを読む

1 → n

ループ2
(1)の間

n + 1 → n

ループ2

(2)

Mkei(n) + Msu → Mkei(n)

ループ1

ループ3
pは1から1ずつ増やして
p ≦ 20の間

Nkei(p) + Mkei(p) → Rkei

Rkei ≧ 5000

No / Yes

Rkei ≧ 4000

No / Yes

解答不要

(3)

解答不要

Mei(p),Nkei(p),Mkei(p),
Rkei,Bikoを表示

Nkei(0) + Nkei(p) → Nkei(0)

Mkei(0) + Mkei(p) → Mkei(0)

Cod(p) ÷ 100 → soe　※

Ukei(soe) + Nkei(p) → Ukei(soe)

(4)

ループ3

A

A

Nkei(0), Mkei(0)を表示

ループ4
(5)の間

Ukei(k) + Tkei(k) → Gkei

Tkei(k) × 100 ÷ Gkei → Swari　※

Gmei(k),Ukei(k),Tkei(k),
Swariを表示

ループ4

おわり

※小数点以下切り捨て

【7】 流れ図の説明を読んで，流れ図の(1)～(5)を答えなさい。

＜流れ図の説明＞

処理内容

カフェチェーン店の売上データを読み，分析結果を表示する。

入力データ
売上データ

伝票番号 (Dban)	店舗コード (Tcode)	商品コード (Scode)	数量 (Suryo)
××××	×	××	××

(第1図)

実行結果

```
(分析対象店舗の店舗コードをキーボードから入力)      1
(分析対象店舗名)   駅前店

            (分析対象店舗と全店舗の売上数量比較)
(分類名)     (分析対象店舗の売上数量)    (全店舗の売上数量)
コーヒー            40                 160
お茶               57                 167
デザート            36                 150
軽食               30                 110

(分類コードをキーボードから入力)      1
(分類名)   コーヒー

            (分析対象店舗の商品別売上数量)
(商品名)              (売上数量)
エスプレッソ              5
カフェオレ               6
カプチーノ               8
カフェモカ              10
◎マキアート             11
(合計)               40
```

(第2図)

処理条件

1. 第1図の店舗コードは 1～3，商品コードは 1～20 である。

2. 配列 Tmei に店舗名を記憶する。なお，Tmei の添字は店舗コードと対応している。また，配列 Bmei に分類名，配列 Smei に商品名を記憶する。なお，Smei の添字は商品コードと対応している。

配列

Tmei	(0)	(1)	(2)	(3)	
		駅前店	郊外店	中央店	

Bmei	(0)	(1)	(2)	(3)	(4)
		コーヒー	お茶	デザート	軽食

Smei	(0)	(1)	(2)	～	(19)	(20)
		エスプレッソ	カフェオレ	～	カツサンド	キッシュ

・ 次の表のとおり，分類名と分類コード，商品コードが対応している。なお，配列 Bmei の添字は分類コードと対応している。

分類名	分類コード	商品コード
コーヒー	1	1～ 5
お茶	2	6～10
デザート	3	11～15
軽食	4	16～20

3. 店舗コードをキーボードから入力すると，第2図のように分析対象店舗名を表示する。

4. 第1図の売上データを読み，次の処理を行う。

・ 分析対象店舗の商品ごとの売上数量を配列 Bunten に，全店舗の売上数量を配列 Zenten に集計する。なお，Bunten，Zenten の添字は商品コードと対応している。

配列

Bunten	(0)	(1)	(2)	～	(19)	(20)
				～		

Zenten	(0)	(1)	(2)	～	(19)	(20)
				～		

・ データを読み終えたあと，分類ごとに分析対象店舗の売上数量の計を求め，分類名から全店舗の売上数量までを第2図のように表示する。

5. 分類コードをキーボードから入力すると，次の処理を行う。

・ 分類名を第2図のように表示する。

・ 分類コードに対応する商品の売上数量の最大を求める。

・ 商品名と売上数量を第2図のように表示する。なお，売上数量が最大の商品名の前に「◎」をあわせて表示する。

・ 分類コードに対応する商品の売上数量の合計を求め，第2図のように表示する。

6. データにエラーはないものとする。

――― 解答群 ―――

ア．	Tcode	サ．	Suryo
イ．	NTcode	シ．	0 → Soe
ウ．	Scode	ス．	0 → Zkei
エ．	Max	セ．	0 → Skei
オ．	Zkei	ソ．	Skei + Bunten(soe) → Skei
カ．	Bkei	タ．	Skei + Bunten(Haj) → Skei
キ．	Skei	チ．	Skei + Bunten(Max) → Skei
ク．	Bunten(soe)	ツ．	Bkei + Bunten(soe) → Bkei
ケ．	Bunten(i)	テ．	Bkei + Bunten(j) → Bkei
コ．	Bunten(j)	ト．	Bkei + Bunten(i) → Bkei

第6回

<流れ図>

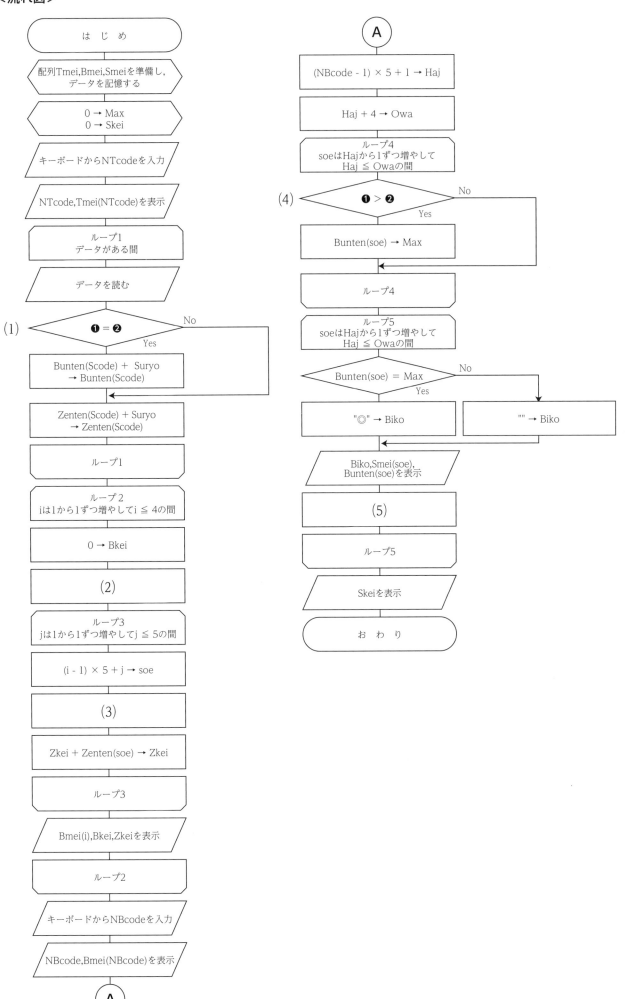

はじめ

配列Tmei,Bmei,Smeiを準備し,
データを記憶する

$0 \rightarrow$ Max
$0 \rightarrow$ Skei

キーボードからNTcodeを入力

NTcode,Tmei(NTcode)を表示

ループ1
データがある間

データを読む

(1) ❶ = ❷ ── No
Yes

Bunten(Scode) + Suryo
$\rightarrow$ Bunten(Scode)

Zenten(Scode) + Suryo
$\rightarrow$ Zenten(Scode)

ループ1

ループ2
iは1から1ずつ増やしてi ≦ 4の間

$0 \rightarrow$ Bkei

(2)

ループ3
jは1から1ずつ増やしてj ≦ 5の間

$(i - 1) \times 5 + j \rightarrow$ soe

(3)

Zkei + Zenten(soe) $\rightarrow$ Zkei

ループ3

Bmei(i),Bkei,Zkeiを表示

ループ2

キーボードからNBcodeを入力

NBcode,Bmei(NBcode)を表示

A

A

$(NBcode - 1) \times 5 + 1 \rightarrow$ Haj

Haj + 4 $\rightarrow$ Owa

ループ4
soeはHajから1ずつ増やして
Haj ≦ Owaの間

(4) ❶ > ❷ ── No
Yes

Bunten(soe) $\rightarrow$ Max

ループ4

ループ5
soeはHajから1ずつ増やして
Haj ≦ Owaの間

Bunten(soe) = Max ── No
Yes

"◎" $\rightarrow$ Biko

"" $\rightarrow$ Biko

Biko,Smei(soe),
Bunten(soe)を表示

(5)

ループ5

Skeiを表示

おわり

第6回

【1】　次の説明文に最も適した答えを解答群から選び，記号で答えなさい。

1．ソフトウェアのソースコードが公開されており，再配布が可能なソフトウェア。

2．プログラム内のバグを修正し，仕様通りの動作にするための作業。

3．ANSIによって制定された，7桁の2進数によって表される文字コード。

4．サービスを受けるため処理を要求するコンピュータと，サービスを提供するコンピュータに分離されたコンピュータネットワークシステム。

5．複数のファイルを1つのファイルにまとめるためのソフトウェア。

```
─ 解答群 ─────────────────────────────────
 ア．ファームウェア      イ．デバッグ           ウ．JISコード
 エ．コンパイラ          オ．アーカイバ         カ．ピアツーピア
 キ．ASCIIコード         ク．クライアントサーバシステム  ケ．テストラン
 コ．OSS
```

【2】　次のA群の語句に最も関係の深い説明文をB群から選び，記号で答えなさい。

＜A群＞　1．UPS　　　　　2．簡易言語　　　　3．トータルチェック
　　　　　4．Wi-Fi　　　　5．テキストファイル

＜B群＞

ア．対象データの値が規定された範囲内であるかどうかを確認するための検査。

イ．テキスト形式のデータを保存したファイル形式。

ウ．コンピュータで処理した合計値と，あらかじめ手計算で求めた合計値とを比較する検査。

エ．無線LANのアクセスポイントを識別するための識別名。

オ．一般的なユーザが特定の機能を比較的容易に実現できる，簡易的なプログラム言語。

カ．所定の位置に鉛筆などで記述されたマークを読み取るための機械。

キ．表計算ソフトなどで繰り返し行う作業をあらかじめ記述するための言語。

ク．停電によって電力が絶たれたときに，電力を供給し続ける電源装置。

ケ．異なる機器同士が無線LANで相互に接続できることを保証するブランド名。

コ．画像ファイルや音声ファイル，圧縮されたファイルなどを収めたファイル。

【3】　次の説明文に最も適した答えをア，イ，ウの中から選び，記号で答えなさい。

1．10進数の15と2進数の　1010　との和を表す2進数。

　　　　ア．10111　　　　　　　　イ．11001　　　　　　　　ウ．11011

2．無料で使用することができるが，著作権は放棄されていないソフトウェア。

　　　　ア．フリーウェア　　　　　イ．シェアウェア　　　　　ウ．サイトライセンス

3．電子楽器とパソコンを接続して，演奏データをやり取りするためのファイル形式。

　　　　ア．MPEG　　　　　　　　イ．MIDI　　　　　　　　ウ．MP3

4．ハードディスクなどの磁気ディスク装置において，データの読み書きを行うときの最小の記録単
　　位。

　　　　ア．セクタ　　　　　　　　イ．トラック　　　　　　　ウ．シリンダ

5．データを読み取ることはできるが，変更を行えないアクセス権。

　　　　ア．フルコントロール　　　イ．書き込み　　　　　　　ウ．読み取り

【4】 プログラムにしたがって処理するとき，(1)～(5)を答えなさい。なお，入力する a の値は 1000 以上 5000 以下の正の整数とする。

(1) a の値が 1851 のとき，㋐の処理を2回目に実行したあとの a の値を答えなさい。

(2) a の値が 1851 のとき，㋑の処理を4回目に実行したあとの c の値を答えなさい。

(3) a の値が 4020 のとき，㋐の処理を何回実行するか答えなさい。

(4) a の値が 4020 のとき，㋒で出力される m の値を答えなさい。

(5) プログラムの処理について説明した文のうち，正しいものはどれか**ア，イ，ウ**の中から選び，記号で答えなさい。

ア．出力される m の値は，必ず10以下である。

イ．出力される m の値は，必ず奇数である。

ウ．出力される m の値は，必ず偶数である。

<プログラム>
```
Sub Program1()
    Dim a As Long
    Dim b As Long
    Dim c As Long
    Dim d As Long
    Dim e As Long
    Dim m As Long
    Dim q As Long
    a = Val(InputBox("  "))
    b = 1000
    c = 0
    d = 4
    Do While a > 0
        e = Int(a / b)
        If e <> 0 then
            a = a - e * b      ㋐
            c = c + e * d      ㋑
        End If
        d = d - 1
        b = Int(b / 10)
    Loop
    q = Int(c * 10 / 11)
    m = c * 10 - q * 11
    MsgBox(m)      ㋒
End Sub
```

【5】　流れ図の説明を読んで，流れ図の⑴〜⑸にあてはまる答えを解答群から選び，記号で答えなさい。

＜流れ図の説明＞

処理内容

　あるＰＯＰ広告コンテストの評価データを読み，ＰＯ
Ｐ広告コンテスト評価一覧をディスプレイに表示する。

入力データ

応募者名 (Oname)	イラスト (Illust)	ワード (Word)	インパクト (Impact)
×〜×	×××	×××	×××

（第1図）

実行結果

（ＰＯＰ広告コンテスト評価一覧）					
(応募者名)	(イラスト)	(ワード)	(インパクト)	(評価点)	(備考)
木野村　健	93	69	60	282	
矢藤　彩未	92	93	96	377	○
川村　和也	84	75	81	321	○
〜	〜	〜	〜	〜	〜
三品　美紀	81	87	69	306	
佐藤　玲奈	79	80	82	323	○
辻　真央	57	63	66	252	
			（応募数）	23	
		（評価点が320以上の件数）	8		
			（評価点の最大）	377	
		（評価点が最大の応募者名）	矢藤　彩未		

（第2図）

処理条件

1．第1図の入力データを読み，評価点を次の計算式で
　求め，第2図のように表示する。なお，備考には評価
　点が320以上の場合に○を表示する。

　　評価点 ＝ インパクト × 2 ＋ イラスト ＋ ワード

2．入力データが終了したら，応募数，評価点が320以
　上の件数，評価点の最大および評価点が最大の応募者
　名を第2図のように表示する。なお，評価点の最大は
　同じ評価点があった場合，先に入力されたデータを優
　先する。

3．データにエラーはないものとする。

解答群
- ア．0 → Osu
- イ．" " → Biko
- ウ．Oname → Maxname
- エ．Impact × 2 ＋ Illust ＋ Word → Ten
- オ．Maxname → Oname
- カ．Ten を表示
- キ．Ten ＞ Maxten
- ク．Impact × 2 ＋ Illust ＋ Word → Ksu
- ケ．"○" → Biko
- コ．Ten ≧ Maxten

＜流れ図＞

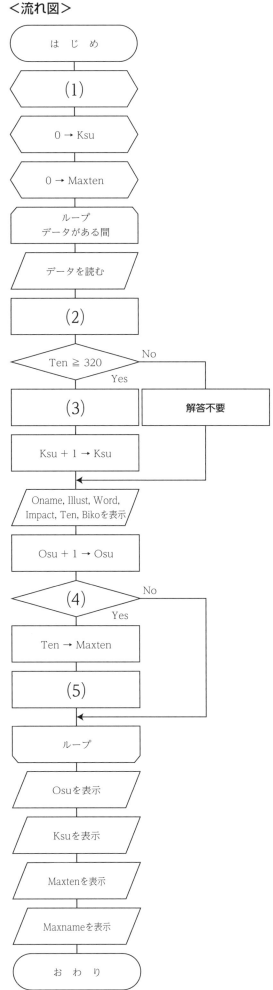

【6】　流れ図の説明を読んで，流れ図の⑴〜⑸にあてはまる答えを解答群から選び，記号で答えなさい。

＜流れ図の説明＞

処理内容

　あるプログラミング教室の1か月分の受講データを読み，コース別集計表と曜日別分析表を表示する。

入力データ

会員コード (Kcode)	受講コード (Jcode)	区分 (Kubun)
××××	××	×

（第1図）

実行結果

（コース別集計表）

	（一般人数）	（学生人数）	（受講人数計）	（受講料計）
（入門）	33	46	79	488,600
（初級）	54	49	103	792,200
（中級）	47	31	78	646,200
（上級）	40	28	68	624,000
（合計）		328		2,551,000

（曜日別分析表）

	（一般人数）	（学生人数）	（割合(%)）
（月）	14	11	7.6
（火）	16	14	9.1
〜	〜	〜	〜
（土）	36	34	21.3
（日）	37	26	19.2

（第2図）

処理条件

1．第1図の受講コードは，次の例のように構成されている。なお，コースは1（入門）〜4（上級），曜日は0（月）〜6（日）である。

例　32　→　<u>3</u>　<u>2</u>
　　　　　　コース　曜日

2．第1図の区分は，1（一般）と2（学生）である。

3．配列 Ryo に区分が1の場合の1か月分の受講料を記憶する。なお，区分が2の場合の受講料は，配列 Ryo に記憶されている値の2割引きとする。また，Ryo の添字はコースと対応している。

配列

Ryo	(0)	(1)	(2)	(3)	(4)
		7000	8500	9000	10000
		（入門）	（初級）	（中級）	（上級）

4．第1図の入力データを読み，次の処理を行う。

・　区分が1の場合はコースごとの受講人数を配列 KInin に，曜日ごとの受講人数を配列 YInin に集計し，区分が2の場合はコースごとの受講人数を配列 KGnin に，曜日ごとの受講人数を配列 YGnin に集計する。なお，KInin, KGnin の添字はコースと対応し，YInin, YGnin の添字は曜日と対応している。

配列

KInin	(0)	(1)	(2)	(3)	(4)

KGnin	(0)	(1)	(2)	(3)	(4)
		（入門）	（初級）	（中級）	（上級）

YInin	(0)	(1)	(2)	(3)	(4)	(5)	(6)

YGnin	(0)	(1)	(2)	(3)	(4)	(5)	(6)
	（月）	（火）	（水）	（木）	（金）	（土）	（日）

5．入力データが終了したら，次の処理を行う。

・　コースごとの受講人数計と受講料計を次の計算式で求め，コース別集計表を第2図のように表示する。

　　受講人数計 ＝ 一般人数 ＋ 学生人数
　　受講料計 ＝ 一般人数 × 受講料 ＋ 学生人数 ×（受講料 × 0.8）

・　受講人数計と受講料計の合計を，第2図のように表示する。

・　曜日ごとの割合（%）を次の計算式で求め，曜日別分析表を第2図のように表示する。

　　割合（%）＝（一般人数 ＋ 学生人数）× 100 ÷ 受講人数計の合計

6．データにエラーはないものとする。

```
─ 解答群 ─
ア．Jcode ÷ 10 → Kosu
イ．KInin(i) + KGnin(i) → Nkei
ウ．0 → NGokei
エ．KGnin(Yobi) + 1 → KGnin(Yobi)
オ．K は 0 から 1 ずつ増やして K < 6 の間
カ．KInin(Kosu) + KGnin(Kosu) → Nkei
キ．0 → Nkei
ク．KGnin(Kosu) + 1 → KGnin(Kosu)
ケ．Kcode ÷ 1000 → Kosu
コ．K は 0 から 1 ずつ増やして K ≦ 6 の間
```

＜流れ図＞

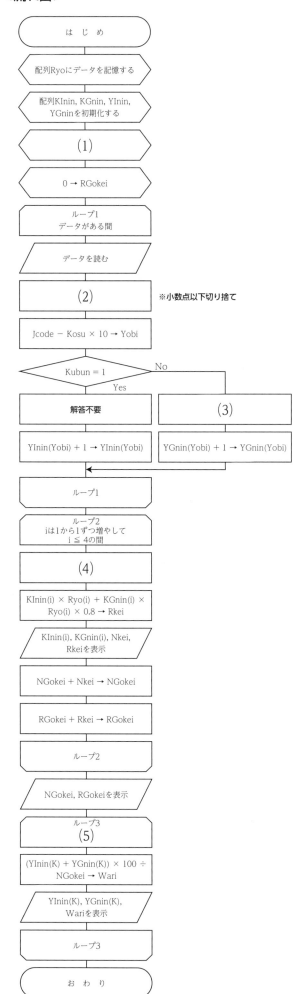

※小数点以下切り捨て

【7】　流れ図の説明を読んで，流れ図の(1)～(5)を答えなさい。

＜流れ図の説明＞

処理内容

あるキャンプ用品販売店の商品データと１か月分の販売データを読み，集計結果を表示する。また，表示したい分類コードを入力すると，分類別商品別集計を行う。

入力データ

商品データ

商品コード (SSco)	分類コード (SBco)	単価 (Tan)
××××××	×	×～×

（第1図）

販売データ

日付 (Hi)	商品コード (HSco)	数量 (Suryo)
××××	××××××	××

（第2図）

実行結果

```
            (分類別集計表)
  (分類名)           (販売金額計)
テント               2,695,400
寝袋                   307,800
  ～
ランタン               215,800
        (合計)       4,738,800

(分類コードをキーボードから入力)    1
(分類名)      テント

                    (分類別商品別集計)
(商品コード)  (数量)      (販売金額)      (比率)   (判定)
  ～            ～
TTB107        6           180,000         6.7
GTB115        9           459,000        17.0       ◎
HIN133        7           216,000         8.0
           (平均)         134,770
```

（第3図）

処理条件

1. 第1図の分類コードは，１（テント）～８（ランタン）であり，商品データの件数は150件である。
2. 第1図の商品データを読み，次の処理を行う。
   - 配列 Bmei に分類名を記憶する。なお，Bmei の添字は分類コードと対応している。

   配列
Bmei	(0)	(1)	(2)	～	(7)	(8)
		テント	寝袋	～	食器	ランタン

   - 配列 Sco に商品コードを，配列 Bco に分類コードを，配列 Tanka に単価を記憶する。なお，Sco，Bco，Tanka の添字は対応している。

   配列
Sco	(0)	(1)	(2)	～	(149)	(150)
		TAK801	BAC205	～	RG0321	KHT560
Bco	(0)	(1)	(2)	～	(149)	(150)
		1	4	～	8	5
Tanka	(0)	(1)	(2)	～	(149)	(150)
		37500	7800	～	6900	12300

3. 第2図の販売データを読み，次の処理を行う。
   - 商品コードをもとに配列 Sco を探索し，配列 Su に数量を集計する。なお，Su の添字は Sco の添字と対応している。

   配列
Su	(0)	(1)	(2)	～	(149)	(150)
				～		

   - 分類ごとの販売金額を次の計算式で求め，配列 Bkin に集計する。なお，Bkin(0) には合計を求める。また，Bkin の添字は分類コードと対応している。

   販売金額 ＝ 数量 × 単価

   配列
Bkin	(0)	(1)	(2)	～	(7)	(8)
	(合計)			～		

   - データを読み終えたあと，第3図のように，分類ごとに分類名と販売金額計を表示する。
   - 第3図のように，販売金額計の合計を表示する。
4. 分類コードをキーボードから入力すると，次の処理を行う。
   - 第3図のように，分類名を表示する。
   - 分類に該当する商品について，商品コードごとに販売金額を次の計算式で求める。
     販売金額 ＝ 数量 × 単価
   - 比率を次の計算式で求める。また，判定は比率が10以上の場合は ◎ を，１以下の場合は △ を表示する。
     比率 ＝ 販売金額 × 100 ÷ 販売金額計
   - 第3図のように，商品コードから判定までを表示する。
   - 販売金額の平均を次の計算式で求め，第3図のように表示する。
     平均 ＝ 販売金額計 ÷ 商品件数

解答群

- ア．Su(k) × Tan
- イ．Suryo × Tan
- ウ．Bkin(Bcode)
- エ．"△" → Han
- オ．Soe + 1 → Soe
- カ．SHkin
- キ．Su(Soe) × Tanka(Soe) → BHkin
- ク．Bkin(0) + BHkin
- ケ．Su(0)
- コ．"" → Han
- サ．Suryo + 1 → Suryo
- シ．Su(k) × Tanka(k)
- ス．Su(0) + Suryo
- セ．Suryo × Tanka(Soe)
- ソ．Hiritu
- タ．Bkin(0) + Suryo
- チ．BHkin
- ツ．Su(k) × Bco(k)
- テ．Bkin(0)
- ト．Heikin

<流れ図>

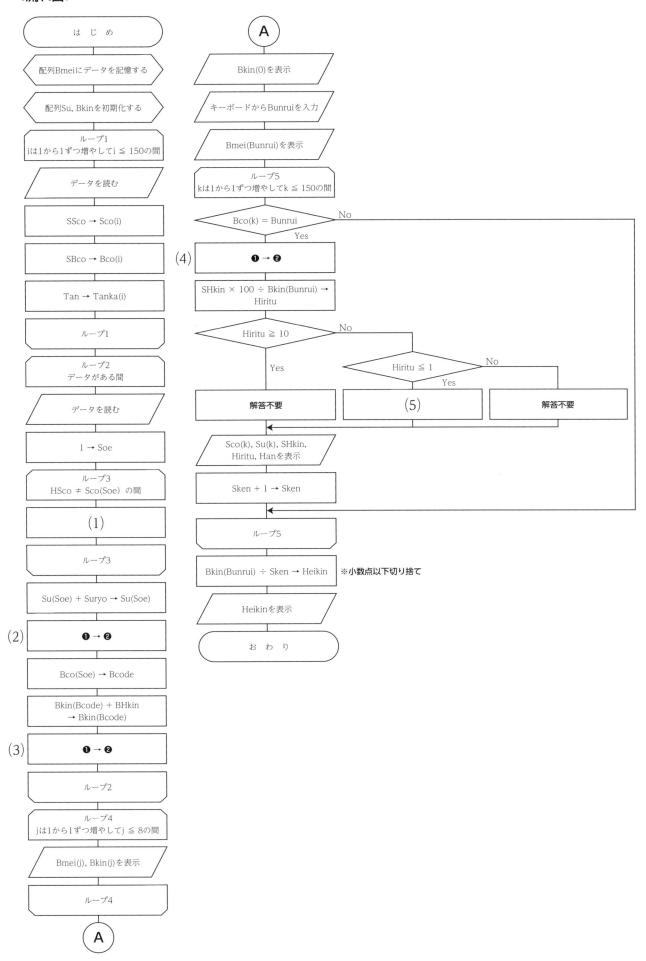

第8回 **模擬問題**

制限時間：50分　解答 ➡ P.36

【1】　次の説明文に最も適した答えを解答群から選び，記号で答えなさい。

1．フルカラーの静止画像を劣化することなく圧縮でき，透明度の情報も保持するファイル形式。

2．本人確認のため2種類以上の要素をユーザに要求する認証方式。

3．接続された各コンピュータが互いに対等な関係であり，専用のサーバを置かないネットワーク形態。

4．文字データのみで構成されたファイル。

5．データのなかに，アルファベットや記号などのデータが含まれていないかどうかを検査するチェック。

解答群
ア．多要素認証	**イ**．ピアツーピア	**ウ**．多段階認証
エ．クライアントサーバシステム	**オ**．ニューメリックチェック	**カ**．PNG
キ．テキストファイル	**ク**．シーケンスチェック	**ケ**．GIF
コ．バイナリファイル		

【2】　次のA群の語句に最も関係の深い説明文をB群から選び，記号で答えなさい。

＜A群＞　1．ローカル変数　　2．シェアウェア　　3．磁気ヘッド
　　　　　4．解像度　　　　5．C言語

＜B群＞

ア．デジタル画像を構成する，色情報を持つ最小単位の点。

イ．無償の試用期間があり，継続利用する場合は，代金を支払うことで利用できるソフトウェア。

ウ．データを読み書きする装置をディスク上の所定の位置に移動させるための部品。

エ．ディスプレイの表示のきめ細かさや，画像の画質の滑らかさを表す尺度。

オ．プログラムの外部で宣言され，どこからでも参照もしくは更新することができる変数。

カ．簡単なコマンドだけで特定の機能を作業できるようにしたプログラム言語。

キ．ディスク表面の磁気記憶層にデータを読み書きする部分。

ク．汎用性が高くシステム開発のコード記述に適したプログラム言語。

ケ．無償で入手および利用できるソフトウェア。

コ．プログラムの内部で宣言され，宣言された内部での範囲でしか使用できない変数。

【3】　次の説明文に最も適した答えをア，イ，ウの中から選び，記号で答えなさい。なお，1については数値を答えなさい。

1．10進数 710 と8ビットの2進数 01101001 との差を表す10進数。

2．プログラムを一括して機械語に翻訳するソフトウェア。

ア．アセンブラ　　　　　　**イ**．インタプリタ　　　　　**ウ**．コンパイラ

3．一定時間ごとに新しいパスワードに変更され，一度しか使うことができないパスワード。

ア．フルコントロール　　　**イ**．ワンタイムパスワード　　**ウ**．シングルサインオン

4．情報処理システムや工業製品などの標準化を進めている国際機関。

ア．ISO　　　　　　　　　**イ**．ANSI　　　　　　　　　**ウ**．IEEE

5．コンピュータシステムを運用し続けるために掛かる諸費用。

ア．イニシャルコスト　　　**イ**．ランニングコスト　　　　**ウ**．TCO

【4】　プログラムにしたがって処理するとき，⑴～⑸を答えなさい。なお，入力する m の値は 7 以上 30 以下の正の整数とする。また，n の値は 3 以上 9 以下の奇数とする。

⑴　m の値が 10 であり，n の値が 5 のとき，㋐の処理を 3 回目に実行したあとの a の値を答えなさい。

⑵　m の値が 10 であり，n の値が 5 のとき，㋒で出力される kei の値を答えなさい。

⑶　m の値が 15 であり，n の値が 7 のとき，㋑の処理がすべて終了したあとの h の値を答えなさい。

⑷　m の値が 15 であり，n の値が 7 のとき，㋒で出力される kei の値を答えなさい。

⑸　プログラムの処理について説明した文のうち，正しいものはどれか**ア，イ，ウ**の中から選び，記号で答えなさい。

　　　ア．n の値が大きいほど，kei の桁数は大きくなる。

　　　イ．n の値が小さいほど，kei の桁数は大きくなる。

　　　ウ．n の値が同じであれば，m の値が変わっても，kei の値は変わらない。

＜プログラム＞

```
Sub Program1()
    Dim tmp(30) As Long
    Dim a As Long
    Dim g As Long
    Dim h As Long
    Dim hoz As Long
    Dim kei As String
    Dim m As Long
    Dim n As Long
    Dim p As Long
    Dim s As Long
    m = Val(InputBox(""))
    n = Val(InputBox(""))
    For g = 1 To m Step 1
        s = 2^g
        a = s Mod n        ㋐
        tmp(g) = tmp(g) + a
    Next g
    hoz = tmp(1)
    h = 2
    Do While tmp(h) <> hoz
        h = h + 1            ㋑
    Loop
    For p = 1 To h - 1 Step 1
        kei = kei & tmp(p)
    Next p
    MsgBox (kei)             ㋒
End Sub
```

【5】 流れ図の説明を読んで，流れ図の(1)～(5)にあてはまる答えを解答群から選び，記号で答えなさい。

<流れ図の説明>

処理内容

ある県の検定申し込みデータを読み，受験者数変動一覧をディスプレイに表示する。

入力データ

検定名 (Kmei) ×～×	前年度 (Zen) ×～×	今年度 (Kon) ×～×

（第1図）

実行結果

```
          （受験者数変動一覧）
（検定名）   （前年度）（今年度）（増減率（％））
簿記検定       3,524    3,416    -3.1
情報処理検定   2,781    2,983     7.3
電卓検定       1,823    1,760    -3.5
ワープロ検定   1,805    1,890     4.7
英語検定       1,714    1,993    16.3
      （増減率（％）が最大の検定名）  英語検定
                （増減率（％）の最大）  16.3
              （増加傾向にある検定数）     3
              （減少傾向にある検定数）     2
```

（第2図）

処理条件

1．第1図の入力データを読み，増減率（％）を次の計算式で求め，第2図のように表示する。

　増減率（％）＝（今年度－前年度）× 100 ÷ 前年度

2．入力データが終了したら，増減率（％）が最大の検定名，増減率（％）の最大，増加傾向にある検定数，減少傾向にある検定数を第2図のように表示する。

3．データにエラーはないものとする。

―解答群―

ア．Zsu + 1 → Zsu

イ．Kmei → Maxmei

ウ．Maxmei → Kmei

エ．-99.9 → Max

オ．(Zen － Kon) × 100 ÷ Kon → Ritu

カ．Gsu を表示

キ．Gsu + 1 → Gsu

ク．99.9 → Max

ケ．(Kon － Zen) × 100 ÷ Zen → Ritu

コ．Zsu を表示

<流れ図>

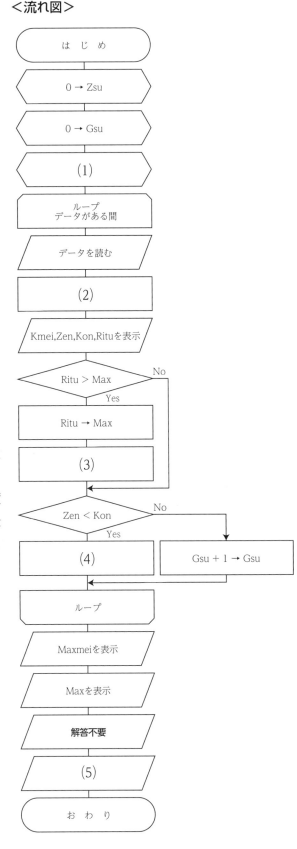

【6】 流れ図の説明を読んで，流れ図の(1)〜(5)にあてはまる答えを解答群から選び，記号で答えなさい。

<流れ図の説明>

処理内容

　ある商店の売上データを読み，売上一覧表を表示する。

入力データ

売上番号 (Uban) ×〜×	商品コード (Scode) ×××	数量 (Su) ×〜×	分類番号 (Bun) ×

（第1図）

実行結果

```
              （売上一覧表）
（商品コード）（販売数）（単価）（売上金額）
      101      112    2,500    280,000
      102      197    3,500    689,500
       〜       〜      〜        〜
      107      145    6,000    870,000
      108       33    8,000    264,000
              （総売上金額）       4,304,000
              （エラー数）                 3
              （分類別割合一覧）
      分類1     47.9%
      分類2     35.7%
      分類3     16.4%
```

（第2図）

処理条件

1．第1図の商品コードは 8 種類であり，分類番号は 1 〜 3 である。

2．配列 Scod に商品コードを，配列 Tan に単価を記憶する。なお，Scod と Tan の添字は対応している。

配列

Scod	(0)	(1)	(2)	〜	(8)
		101	102	〜	108

Tan	(0)	(1)	(2)	〜	(8)
		2500	3500	〜	8000

3．第1図の入力データを読み，次の処理を行う。

・　商品コードをもとに配列 Scod を探索し，配列 Ssu に数量を集計する。なお，Ssu と Scod，Tan の添字は対応している。また，該当する商品コードが見つからなかった場合は，商品コードエラーとしてエラー件数を集計する。

配列

Ssu	(0)	(1)	(2)	〜	(8)
				〜	

・　分類番号をもとに配列 Bsu に分類ごとの数量を集計する。なお，Bsu の添字は分類番号と対応している。また，Bsu(0) には合計を求める。

配列

Bsu	(0)	(1)	(2)	(3)
	（合計）			

4．入力データが終了したら，次の処理を行う。

・　売上金額を次の計算式で求め，第2図のように商品コードから売上金額までを表示する。

　　売上金額 ＝ 数量計 × 単価

・　総売上金額と，エラー数を第2図のように表示する。

・　分類ごとに分類番号と分類別の割合を次の計算式で求め，第2図のように表示する。

　　割合 ＝ 分類数量 × 100 ÷ 分類数量合計

解答群

ア．Bsu(n) × 100 ÷ Bsu(0) → Wari

イ．Bsu(j) + Su → Bsu(j)

ウ．j < 9 かつ Scod(j) ≠ Scode

エ．Gokei + Kin → Gokei

オ．Bsu(n) + Su → Bsu(n)

カ．j < 8 かつ Scod(j) ≠ Scode

キ．Bsu(Bun) + Su → Bsu(Bun)

ク．Bsu(n) × 100 ÷ Gokei → Wari

ケ．Gokei + Su → Gokei

コ．Esu + 1 → Esu

<流れ図>

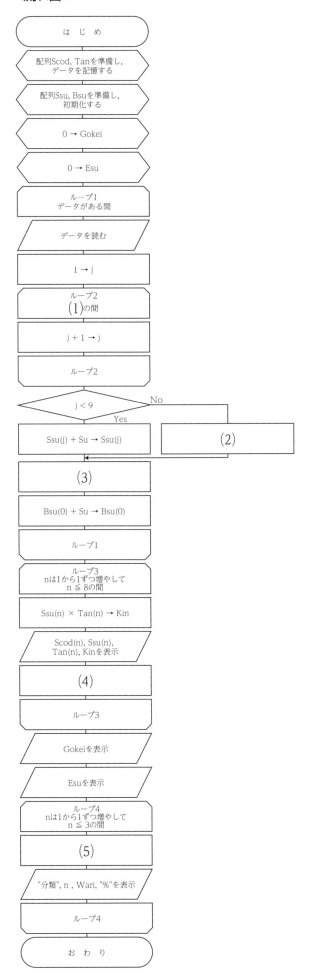

【7】　流れ図の説明を読んで，流れ図の⑴～⑸を答えなさい。

＜流れ図の説明＞

処理内容

　　ある自動販売機の売上データを読み，商品別売上一覧表と企業別売上数集計表（H/C）をディスプレイに表示する。

入力データ

売上データ

登録番号 （Tban）	企業コード （Kcode）	商品コード （Hcode）	数量 （Su）	H/C （HC）
××	×	×～×	×～×	×

（第1図）

実行結果

```
　　　　（商品別売上一覧表）
（商品コード）　　　　（売上金額）
　　S01　　　　　　　　4,600
　　　～　　　　　　　　　～
　　A04　　　　　　　　2,700
　　（売上金額計）　　 43,030

　　　　（商品コード）（売上金額）
（売上1位）　　S01　　　4,600

（0(HOT)か1(COLD)を入力）　1
（企業別売上数集計表（H/C））
（企業名）（売上数量）（H/C）
　　S社　　　 119　　　COLD
　　　～　　　　～　　　　～
　　A社　　　　12　　　COLD
```

（第2図）

処理条件

1. 第1図の企業コードは 1（S社）～ 4（A社）であり，商品コードは 17 種類である。なお，H/C の種類は 0（HOT）～ 1（COLD）の 2 種類である。

2. 配列 Kmei に企業名を，配列 Hcd に商品コードを，配列 Stan に単価を記憶する。なお，Kmei の添字は企業コードと対応しており，Hcd と Stan の添字は対応している。

配列

Kmei	(0)	(1)	(2)	(3)	(4)
		S社	I社	K社	A社

Hcd	(0)	(1)	(2)	～	(16)	(17)
		S01	S02	～	A03	A04

Stan	(0)	(1)	(2)	～	(16)	(17)
		100	120	～	120	150

3. 第1図の入力データを読み，次の処理を行う。
   - 商品コードをもとに配列 Hcd を探索し，売上金額を次の計算式で求め，配列 Hkei に売上金額を集計する。なお，Hkei（0）には総合計を求める。

　　売上金額 ＝ 数量 × 単価

配列

Hkei	(0)	(1)	(2)	～	(16)	(17)
	(総合計)			～		

   - 売上金額が最大値となる商品コードと売上金額を求め，第2図のように商品別売上一覧表をディスプレイに表示する。
   - H/C をもとに配列 Ksu に，企業ごとに数量を集計する。

配列

Ksu	(0)	(1)	(2)	(3)	(4)	(5)	(6)	(7)	(8)
		S社～		（HOT）	～A社	S社～		（COLD）	～A社

4. 0（HOT）か 1（COLD）をキーボードから入力すると，企業別売上数集計表（H/C）を第2図のように表示する。

5. データにエラーはないものとする。

解答群

ア. Su × Stan → Hkei(g)
イ. m → n
ウ. Hoz
エ. Su × Stan(g) → Hkei(g)
オ. 0 から 1 ずつ
カ. 1 から 1 ずつ
キ. m ≦ 17
ク. Ksu(Tban) + Su → Ksu(Tban)
ケ. Max
コ. m ≦ 8

サ. Su × Stan(g) → Hkei(0)
シ. m ≦ 4
ス. Hkei(g)
セ. 5 から 1 ずつ
ソ. Hkei(0)
タ. n → m
チ. Ksu(Kcode) + Su → Ksu(Kcode)
ツ. Ksu(Kcode) × Stan(Kcode) → Ksu(Kcode)
テ. m + 4 → m
ト. m + 4 → n

<流れ図>

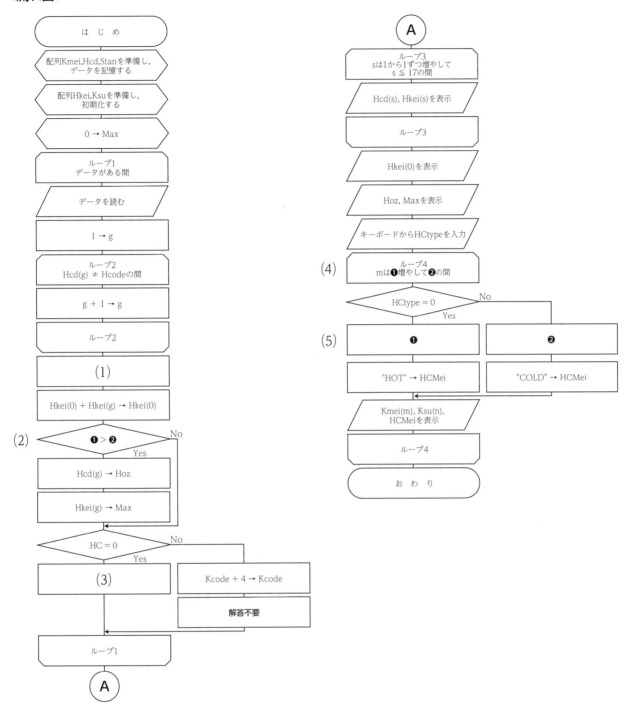

はじめ

配列Kmei,Hcd,Stanを準備し, データを記憶する

配列Hkei,Ksuを準備し, 初期化する

0 → Max

ループ1
データがある間

データを読む

1 → g

ループ2
Hcd(g) ≠ Hcodeの間

g + 1 → g

ループ2

(1)

Hkei(0) + Hkei(g) → Hkei(0)

(2) ❶ > ❷

Yes／No

Hcd(g) → Hoz

Hkei(g) → Max

HC = 0

Yes／No

(3)

Kcode + 4 → Kcode

解答不要

ループ1

A

A

ループ3
sは1から1ずつ増やして
s ≦ 17の間

Hcd(s), Hkei(s)を表示

ループ3

Hkei(0)を表示

Hoz, Maxを表示

キーボードからHCtypeを入力

(4) ループ4
mは❶増やして❷の間

HCtype = 0

No／Yes

(5) ❶

❷

"HOT" → HCMei

"COLD" → HCMei

Kmei(m), Ksu(n), HCMeiを表示

ループ4

おわり

第9回 **模擬問題**

制限時間：50分　解答 ➡ P.40

【1】　次の説明文に最も適した答えを解答群から選び，記号で答えなさい。

1．コンピュータシステムの不具合や設計上のミスによって発生したセキュリティ上の欠陥。

2．専用のソフトウェアによってまとめられた複数のファイルや，内容を保ったままデータサイズが小さくなったファイルをもとの状態に戻すこと。

3．専用の用紙に記入されたマークを光学的に読み取り，データとしてコンピュータに入力する装置や機能。

4．データの送受信に電波などのワイヤレスな手段を用いて構築されたネットワークの形態。

5．コンピュータが直接実行できる機械語とソースコードが対応しているプログラム言語。

```
┌─ 解答群 ─────────────────────────────────┐
│ ア．OCR          イ．ガンブラー        ウ．圧縮          │
│ エ．有線LAN       オ．セキュリティホール   カ．OMR          │
│ キ．アセンブリ言語   ク．簡易言語         ケ．解凍          │
│ コ．無線LAN                                          │
└─────────────────────────────────────────┘
```

【2】　次のA群の語句に最も関係の深い説明文をB群から選び，記号で答えなさい。

＜A群＞　1．GIF　　　　　　2．暗号化　　　　　3．SSID
　　　　　4．ファイアウォール　5．機械語

＜B群＞

ア．コンピュータのプロセッサが直接理解して実行できる二進数形式のプログラム言語。

イ．ネットワークの境界に設置される，外部からの不正なアクセスを防ぐためのハードウェアやソフトウェア。

ウ．アイコンやイラストなどで多く用いられる，256色まで表現することができる画像形式。

エ．無線LANにおいて，アクセスポイントを識別するためにつけられた文字列。

オ．ソースコードが公開されており，改変や再配布が自由に認められたソフトウェア。

カ．第三者が容易に判読できないように変換されたデータを，元のデータに戻すこと。

キ．圧縮による画質の劣化がなく，フルカラーを扱うことができる画像形式。

ク．OSやハードウェアの制御システムの開発などに利用される，汎用プログラム言語。

ケ．一定のルールに従って，第三者に内容を読み取られないようにデータを変換すること。

コ．不正利用などを防止するために，複数の要素を組み合わせて認証を行うこと。

【3】　次の説明文に最も適した答えをア，イ，ウの中から選び，記号で答えなさい。

1．10進数の 13 と2進数の 101 との積を表す2進数。

　　　ア．1000101　　　　　　　**イ**．1000001　　　　　　　**ウ**．1000011

2．名前や住所などの個人が特定できる情報を取り扱う事業者に対して，それらが不正に利用されないよう管理を義務づけた法律。

　　　ア．不正アクセス禁止法　　**イ**．著作権法　　　　　　　**ウ**．個人情報保護法

3．検査の対象となるデータが，あらかじめ定められた順序に並んでいるかを確認すること。

　　　ア．シーケンスチェック　　**イ**．チェックディジットチェック　**ウ**．ニューメリックチェック

4．米国における工業製品などの規格化や標準化を行っている非営利団体。

　　　ア．ANSI　　　　　　　　　**イ**．IEEE　　　　　　　　　**ウ**．JIS

5．横6,000ピクセル，縦4,500ピクセルの画像をフルカラーで圧縮せずに保存する場合，画像1枚の記憶容量はいくつか。ただし，フルカラーは24ビットカラーとし，1MB=10^6Bとする。

　　　ア．27MB　　　　　　　　**イ**．81MB　　　　　　　　**ウ**．648MB

【4】　プログラムにしたがって処理するとき，(1)～(5)を答えなさい。なお，入力する n の値は 2 以上の整数とする。

(1)　n の値が 7 のとき，㋐で 3 回目に出力される b の値を答えなさい。

(2)　n の値が 7 のとき，㋒で出力される c の値を答えなさい。

(3)　n の値が 4 のとき，㋑の処理を何回実行するか答えなさい。

(4)　n の値が 4 のとき，㋒で出力される c の値を答えなさい。

(5)　プログラムの処理について説明した文のうち，正しいものはどれか**ア，イ，ウ**の中から選び，記号で答えなさい。

　　　　ア．㋒で出力される c の値は，㋐で出力された b のうち，偶数のものの和である。

　　　　イ．㋒で出力される c の値は，㋐で出力された b のうち，奇数のものの和である。

　　　　ウ．㋐で出力される b の値は必ず奇数である。

＜プログラム＞

```
Sub Program1()
    Dim n As Long
    Dim a As Long
    Dim b As Long
    Dim c As Long
    Dim e As Long
    Dim f As Long
    n = InputBox("")
    a = 0
    b = 1
    c = 0
    a = n - b
    Do While c < 100
        a = a + n
        b = b + a
        MsgBox (b)   ㋐
        e = Int(b / 2)
        f = b - e * 2
        If f = 1 Then
            c = c + b   ㋑
        End If
    Loop
    MsgBox (c)   ㋒
End Sub
```

【5】　流れ図の説明を読んで，流れ図の(1)～(5)にあてはまる答えを解答群から選び，記号で答えなさい。

<流れ図の説明>

処理内容

　ある宿泊業者が運営する施設別利用データを読み，客室稼働状況一覧をディスプレイに表示する。

入力データ

施設名 (Smei) ×～×	客室数 (Ksu) ××	空室数 (Asu) ××

（第1図）

実行結果

（客室稼働状況一覧）				
（施設名）	（客室数）	（空室数）	（客室稼働率(%)）	（備考）
ホテルA	170	83	51	
ホテルB	75	60	20	＊
～	～	～	～	～
旅館F	50	20	60	
旅館G	35	10	71	
（合計）	525	303	42	
（最低客室稼働率（%）の施設名）	ホテルB			
（最低客室稼働率(%)）	20			
（客室稼働率(%)が50以下の件数）	4			

（第2図）

処理条件

1．第1図の入力データを読み，客室稼働率(%)を次の計算式で求め，第2図のように表示する。なお，備考は客室稼働率(%)が 50 以下の場合は ＊ を表示する。

　　客室稼働率(%)＝（客室数 － 空室数）× 100 ÷ 客室数

2．入力データが終了したら，全体の客室稼働率を次の計算式で求め，客室数の合計，空室数の合計，全体の客室稼働率(%)を，第2図のように表示する。

　　全体の客室稼働率(%) ＝（客室数の合計 － 空室数の合計）× 100 ÷ 客室数の合計

3．最低客室稼働率(%)の施設名，最低客室稼働率(%)，客室稼働率(%)が 50 以下の件数を第2図のように表示する。なお，最低は同じ客室稼働率(%)があった場合，後に入力されたデータを優先する。

4．データにエラーはないものとする。

　　解答群

　ア．Ritu > 50

　イ．Kensu + 1 → Kensu

　ウ．Biko → Minsmei

　エ．Kensu + Ksu → Kensu

　オ．Ritu ≦ 50

　カ．(Kgokei － Agokei) × 100 ÷ Kgokei → Zritu

　キ．(Agokei － Kgokei) × 100 ÷ Agokei → Zritu

　ク．999 → Minritu

　ケ．Smei → Minsmei

　コ．0 → Minritu

<流れ図>

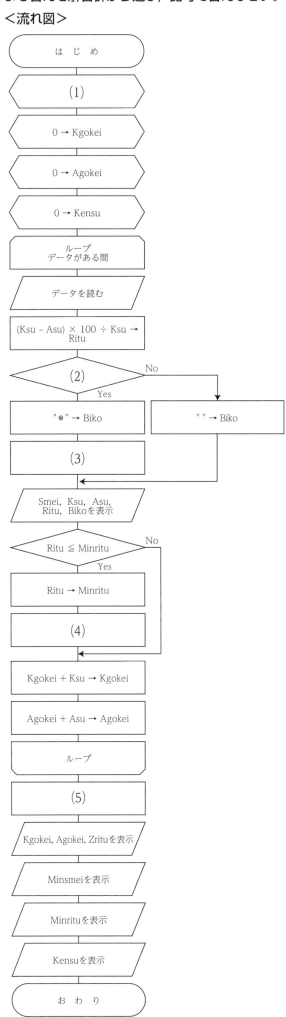

【6】 流れ図の説明を読んで，流れ図の(1)～(5)にあてはまる答えを解答群から選び，記号で答えなさい。
<流れ図の説明>
処理内容
　あるレンタルオフィスの利用データを読み，ルーム別利用料金表とルーム別利用集計表をディスプレイに表示する。

入力データ

日 (Hi)	ルーム区分 (Rku)	入室時刻 (Njikoku)	退室時刻 (Tjikoku)
××	×	××××	××××

（第1図）

実行結果

（ルーム別利用料金表）

(日)	(ルーム名)	(入室時刻)	(利用時間（分))	(料金)	(備考)
1	会議室	10時20分	151	26,400	○
1	会議室	13時14分	96	17,600	
～	～	～	～	～	～
30	パソコン室	18時9分	96	22,400	
30	パーティルーム	11時22分	93	48,000	

（ルーム別利用集計表）

(ルーム名)	(利用件数)	(利用時間計)	(平均利用時間)
会議室	55	179時間18分	3時間16分
パソコン室	46	171時間11分	3時間43分
パーティルーム	19	75時間24分	3時間58分
セミナールーム	29	110時間33分	3時間49分

（第2図）

処理条件
1. 第1図のルーム区分は 1（会議室），2（パソコン室），3（パーティルーム），4（セミナールーム）の 4 種類である。また，入室時刻および退室時刻は，次の例のように構成されている。なお，営業時間は 10 時 00 分から 21 時 59 分である。

　　例　1034　→　10 時 34 分

2. 配列 Room にルーム名を，配列 Kryo に 30 分ごとの基本料金を記憶する。なお，Room と Kryo の添字はルーム区分と対応している。

配列

Room	(0)	(1)	(2)	(3)	(4)
		会議室	パソコン室	パーティルーム	セミナールーム

Kryo	(0)	(1)	(2)	(3)	(4)
		4400	5600	12000	17000

3. 第1図のデータを読み，次の処理を行う。
　・　入室時刻および退室時刻を分に換算し，利用時間を求める。
　・　料金は，利用時間が 480 分までは 30 分ごとに基本料金を追加する。例えば，会議室を 1 分以上 30 分以下使用した場合は 4400 円，31 分以上 60 分以下使用した場合は 8800 円が料金となる。なお，利用時間が 480 分を超過した場合は，480 分利用した場合の料金とする。
　・　備考は，利用時間が 240 分以上の場合は ◎ を，120 分以上 240 分未満の場合は ○ を表示する。
　・　日から備考までを第2図のように表示する。
　・　配列 Rken にルーム区分ごとの利用件数を集計する。
　・　配列 Jkei にルーム区分ごとの利用時間を集計する。

配列

Rken	(0)	(1)	(2)	(3)	(4)

Jkei	(0)	(1)	(2)	(3)	(4)

4. 入力データが終了したら，次の処理を行う。
　・　平均利用時間を次の計算式で求め，ルーム名から平均利用時間までを第2図のように表示する。なお，利用時間計と平均利用時間は時間単位に換算して表示する。

　　平均利用時間 ＝ ルーム区分ごとの利用時間合計 ÷ ルーム区分ごとの件数

5. データにエラーはないものとする。

―――解答群―――

ア. Jkei(Rku) + Rjikan → Jkei(Rku)

イ. Jkei(i) － Rji × 60 → Rfun

ウ. (Rjikan + 29) ÷ 30 → Jkugiri

エ. Jkei(Rku) + 1 → Jkei(Rku)

オ. Njifun

カ. Rjikan

キ. Rjikan ＜ 240

ク. (Rjikan － 29) ÷ 30 → Jkugiri

ケ. Heikin － Rji × 60 → Rfun

コ. Rjikan ≧ 120

＜流れ図＞

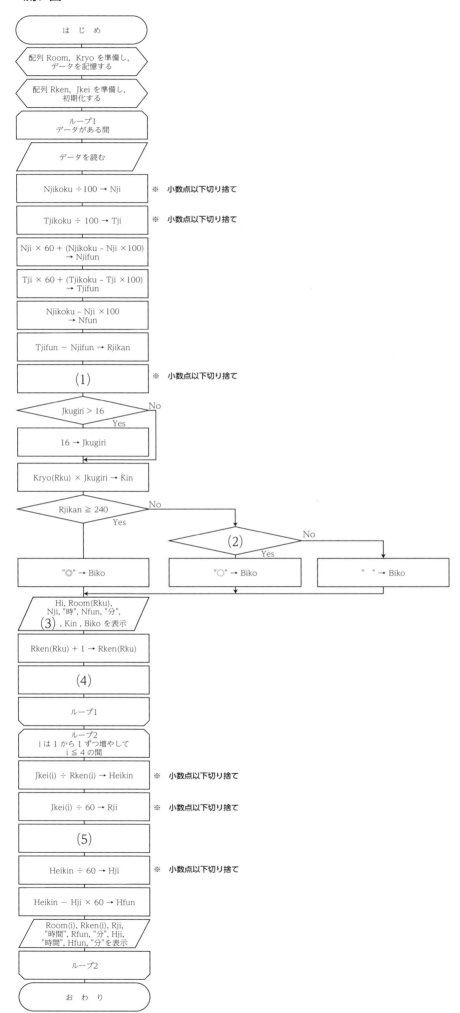

はじめ

配列 Room，Kryo を準備し，
データを記憶する

配列 Rken，Jkei を準備し，
初期化する

ループ1
データがある間

データを読む

Njikoku ÷100 → Nji　　※　小数点以下切り捨て

Tjikoku ÷ 100 → Tji　　※　小数点以下切り捨て

Nji × 60 + (Njikoku − Nji ×100)
→ Njifun

Tji × 60 + (Tjikoku − Tji ×100)
→ Tjifun

Njikoku − Nji ×100
→ Nfun

Tjifun − Njifun → Rjikan

(1)　　※　小数点以下切り捨て

Jkugiri > 16 ── No
│Yes

16 → Jkugiri

Kryo(Rku) × Jkugiri → Kin

Rjikan ≧ 240 ── No
│Yes

(2) ── No
│Yes

"◎" → Biko　　　"○" → Biko　　　" " → Biko

Hi, Room(Rku),
Nji, "時", Nfun, "分",
(3), Kin , Biko を表示

Rken(Rku) + 1 → Rken(Rku)

(4)

ループ1

ループ2
i は 1 から 1 ずつ増やして
i ≦ 4 の間

Jkei(i) ÷ Rken(i) → Heikin　　※　小数点以下切り捨て

Jkei(i) ÷ 60 → Rji　　※　小数点以下切り捨て

(5)

Heikin ÷ 60 → Hji　　※　小数点以下切り捨て

Heikin − Hji × 60 → Hfun

Room(i), Rken(i), Rji,
"時間", Rfun, "分", Hji,
"時間", Hfun, "分"を表示

ループ2

おわり

【7】 流れ図の説明を読んで，流れ図の(1)～(5)を答えなさい。

＜流れ図の説明＞

処理内容

あるフードデリバリー会社の社員データと 1 か月間の売上データを読み，集計結果を表示する。

入力データ

社員データ

社員コード	社員名
××××	×～×

（第1図）

売上データ

日付 (Hiduke)	社員コード (Sc)	売上金額 (Uri)	勤務時間 (Jikan)
××××	××××	×××××	××

（第2図）

実行結果

```
（全営業所）
（売上金額合計）              30,011,460
（勤務時間合計）                   5,458
（1 時間あたりの売上金額）          5,499

（営業所番号をキーボードから入力）      1
（営業所名）                   諏訪営業所

（営業所別一覧表）
（社員名）        （売上金額計）（勤務時間計）（1 時間あたりの売上金額）
早川○○          744,210      124          6,002
井上○○          758,050      134          5,657
～               ～           ～            ～
小橋○○          729,120      132          5,524
黒田○○          779,970      132          5,909

（全営業所の 1 時間あたりの売上金額以上の社員数）   7
```

（第3図）

処理条件

1. 第1図の社員コードは，次の例のように構成されている。なお，営業所番号は 1（諏訪営業所），2（茅野営業所），3（岡谷営業所）であり，社員データの件数は 40 件である。

例 1005 → 1 005
　　　　　営業所番号　個別番号

2. 第1図の社員データを読み，配列 Scode に社員コードを，配列 Smei に社員名を記憶する。なお，Scode，Smei の添字は対応している。

配列

Scode	(0)	(1)	(2)	～	(39)	(40)
		1005	1008	～	3037	3019

Smei	(0)	(1)	(2)	～	(39)	(40)
		早川○○	井上○○	～	川村○○	亀井○○

3. 第2図の売上データを読み，次の処理を行う。

・ 社員コードをもとに配列 Scode を探索し，配列 Ukei に売上金額を，配列 Jkei に勤務時間を集計する。なお，Ukei(0) と Jkei(0) には合計を求める。また，Ukei，Jkei の添字は Scode の添字と対応している。

配列

Ukei	(0)	(1)	(2)	～	(39)	(40)
				～		

Jkei	(0)	(1)	(2)	～	(39)	(40)
				～		

（合計）

・ データを読み終えたあと，全営業所の 1 時間あたりの売上金額を次の計算式で求め，売上金額合計から 1 時間あたりの売上金額までを第3図のように表示する。

全営業所の 1 時間あたりの売上金額 ＝ 売上金額合計 ÷ 勤務時間合計

4. 営業所番号をキーボードから入力すると，次の処理を行う。

・ 営業所名を第3図のように表示する。なお，配列 Emei の添字は営業所番号と対応している。

配列

Emei	(0)	(1)	(2)	(3)
		諏訪営業所	茅野営業所	岡谷営業所

・ 入力した営業所に所属する社員ごとの 1 時間あたりの売上金額を次の計算式で求め，社員名から 1 時間あたりの売上金額までを第3図のように表示する。

1 時間あたりの売上金額 ＝ 売上金額計 ÷ 勤務時間計

・ 社員ごとの 1 時間あたりの売上金額が，全営業所の 1 時間あたりの売上金額以上の社員数を求め，第3図のように表示する。

解答群

ア．j は 1 から 1 ずつ増やして j ≦ 40 の間
イ．j は 0 から 1 ずつ増やして j ≦ 40 の間
ウ．Iuri
エ．Ukei(j)
オ．0 → Ssu
カ．Smei(j)
キ．Jkei(j) + Uri → Jkei(j)
ク．Scode(j)
ケ．1 → Ssu
コ．Jkei(0) + Uri → Jkei(0)
サ．Jkei(j) + Jikan → Jkei(j)
シ．Emei(j)
ス．Sc
セ．Eban
ソ．Eigyo
タ．Jkei(j) + Jikan → Ukei(j)
チ．n は 0 から 1 ずつ増やして n ≦ 40
ツ．n は 1 から 1 ずつ増やして n ≦ 40
テ．Smei(n)
ト．Zuri

<流れ図>

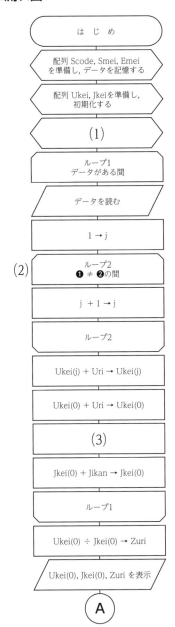

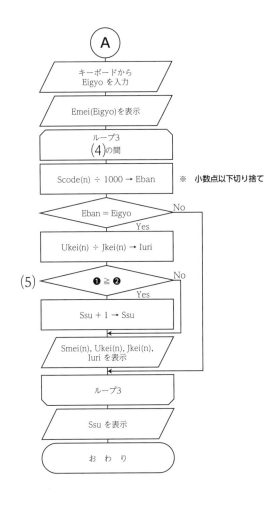

※　**小数点以下切り捨て**

第10回 模擬問題

【1】　次の説明文に最も適した答えを解答群から選び，記号で答えなさい。

1．本来のコードの末尾などに一定の規則にしたがって計算された検査用数字を付与し，入力されたコードに誤りが無いかを確認する方法。

2．他人のユーザIDやパスワードを本人の許可なく使用し，コンピュータシステムを利用することを禁止した法律。

3．コンピュータシステムなどの設備を導入する際にかかる初期費用。

4．特定のOSや環境に依存しないプログラム言語で，クラスの概念が用いられている。業務システムやWebサービスの開発などで幅広く利用されている。

5．データの意味や内容を保ったまま，一定の手順にしたがいファイルサイズを小さくすること。

```
─── 解答群 ───
ア．解凍　　　　　　　　　イ．不正アクセス禁止法　　ウ．圧縮
エ．個人情報保護法　　　　オ．C言語　　　　　　　　カ．チェックディジットチェック
キ．ニューメリックチェック　ク．ランニングコスト　　ケ．Java
コ．イニシャルコスト
```

【2】　次のA群の語句に最も関係の深い説明文をB群から選び，記号で答えなさい。

＜A群＞　1．ピアツーピア　　　2．著作権　　　　　3．BMP
　　　　　4．文法エラー　　　　5．Unicode

＜B群＞

ア．コンピュータ間で通信を行う際，資源を集中管理するサーバと，利用者の端末であるクライアントで構成されるネットワーク形態。

イ．知的財産権のうち，新しい技術やデザインなどを登録することで一定期間，独占的に使用できる権利。

ウ．プログラムをコンパイルする時に，誤った構文やスペルミスなどによって起きるエラー。

エ．文字コードの国際的な規格のひとつで，2バイト文字を使用することで世界中のさまざまな文字を表示できる。

オ．サーバ専用機を置かず，接続された各コンピュータが互いに対等なネットワーク形態。

カ．フルカラーの静止画像を劣化することなく圧縮できるファイル形式。透明度の情報を持つことができる。

キ．知的財産権のうち，作品を創作した者が有する権利。作品がどう使われるかを決めることができる。

ク．プログラムのコンパイルは正常に完了するが，処理手順などの誤りにより意図した結果を得ることができないエラー。

ケ．日本語を扱う文字コードの規格のひとつで，1バイト文字で，アルファベットやカタカナなどの半角文字を表示できる。

コ．フルカラーの静止画像を点の情報として扱い，無圧縮で保存するファイル形式。

【3】　次の説明文に最も適した答えをア，イ，ウの中から選び，記号で答えなさい。

1．10進数の 49 と2進数の 10101 との和を表す10進数。

　　　　ア．77　　　　　　　　　　イ．56　　　　　　　　　　ウ．70

2．プログラム言語で記述したソースコードを，コンピュータが解釈・実行できる形式に変換しながら同時に実行していくソフトウェア。

　　　　ア．アセンブラ　　　　　　イ．インタプリタ　　　　　ウ．コンパイラ

3．ソフトウェア開発者などが記述したソースコードがインターネットなどを通じて簡単に入手できるように公開され，誰でも自由に使用，複製，改変などが行えるソフトウェア。

　　　　ア．フリーウェア　　　　　イ．シェアウェア　　　　　ウ．OSS

4．コンピュータシステムなどの導入から使用終了，廃棄にいたるまでにかかる費用の総額。

　　　　ア．TCO　　　　　　　　　イ．イニシャルコスト　　　ウ．ランニングコスト

5．磁気ディスク装置など円盤状の記憶媒体を用いる記憶装置で，記録位置の管理のために盤面を等間隔の同心円で分割した円環状の領域。

　　　　ア．セクタ　　　　　　　　イ．トラック　　　　　　　ウ．シリンダ

【4】 プログラムにしたがって処理するとき，(1)～(5)を答えなさい。なお，入力する n の値は 2 以上の整数とする。

(1) n の値が 7 のとき，㋐の処理を 2 回目に実行したあとの n の値を答えなさい。

(2) n の値が 7 のとき，㋑で出力される c の値を答えなさい。

(3) n の値が 11 のとき，㋐の処理を何回実行するか答えなさい。

(4) n の値が 11 のとき，㋑で出力される c の値を答えなさい。

(5) プログラムの処理について説明した文のうち，正しいものはどれか**ア，イ，ウ**の中から選び，記号で答えなさい。

   ア．処理を終了したとき，k の値は，必ず 1 である。

   イ．処理を終了したとき，n の値は，必ず 1 である。

   ウ．処理を終了したとき，n の値は，必ず c 以上である。

＜プログラム＞

```
Sub Program1()
  Dim n As Long
  Dim c As Long
  Dim j As Long
  Dim k As Long
  n = Val(InputBox(""))
  c = 0
  Do While n > 1
    j = Int(n / 2)
    k = j * 2
    If n <> k Then
      n = n * 2 + 2
    Else
      n = j     ㋐
    End If
    c = c + 1
  Loop
  MsgBox (c)   ㋑
End Sub
```

【5】　流れ図の説明を読んで，流れ図の(1)～(5)にあてはまる答えを解答群から選び，記号で答えなさい。

<＜流れ図の説明＞

処理内容

　ある水族館の 1 か月分の来客者数デー
タを読み，来客者数一覧をディスプレイに
表示する。

入力データ

日付 (Hiduke) ××	大人 (Otona) ×××	子供 (Kodomo) ×××	シニア (Sinia) ×××

（第1図）

実行結果

		（来客者数一覧）			
(日付)	(大人)	(子供)	(シニア)	(人数)	(売上金額)	(評価)
1	529	329	283	1,141	835,000	○
2	600	434	499	1,533	1,066,500	◎
〜	〜	〜	〜	〜	〜	〜
29	304	351	275	930	617,000	
30	538	335	332	1,205	871,500	○
31	689	531	324	1,544	1,116,500	◎
			（人数の合計）	34,842	
			（人数が最大の日付）	31日	
			（人数の最大）	1,544	

（第2図）

処理条件

1．第1図の入力データを読み，人数と売
上金額を次の計算式で求め，第2図のよ
うに表示する。なお，評価は人数が
1500 以上の場合は◎を，1000 以上
1500 未満の場合は○を表示する。

　人　数 = 大人 + 子供 + シニア

　売上金額 = 大人 × 1200 + (子供 + シニア) × 700

2．入力データが終了したら，人数の合計，
人数が最大の日付，人数の最大を第2図
のように表示する。なお，最大は同じ人
数があった場合，後に入力されたデータ
を優先する。

3．データにエラーはないものとする。

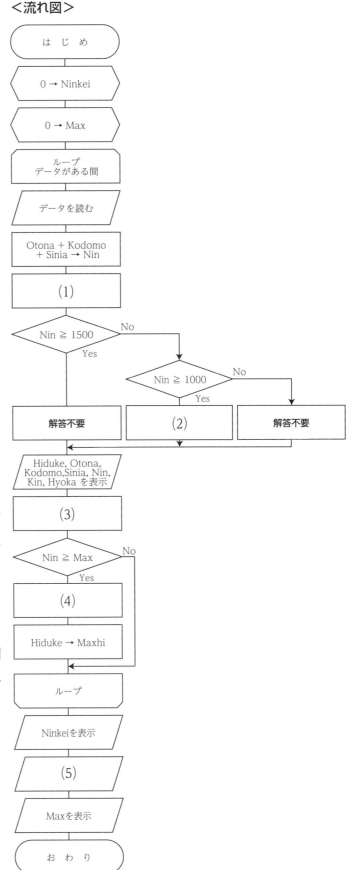

＜流れ図＞

解答群

　ア．Otona × 1200 + (Kodomo + Sinia) × 700 → Kin　　カ．Otona × 700 + (Kodomo + Sinia) × 1200 → Kin

　イ．Ninkei + Nin → Ninkei　　キ．Sinia → Max

　ウ．Nin,"日"を表示　　ク．"○" → Hyoka

　エ．"◎" → Hyoka　　ケ．Nin → Max

　オ．Maxhi,"日"を表示　　コ．Ninkei + 1 → Ninkei

【6】 流れ図の説明を読んで，流れ図の(1)～(5)にあてはまる答えを解答群から選び，記号で答えなさい。

<流れ図の説明>

処理内容

　ある高校の 1 年間の課外ボランティア活動データを読み，学科別集計一覧と内容別活動一覧をディスプレイに表示する。

入力データ

月 (Tuki)	日 (Niti)	学科コード (Gcode)	番号 (Ban)	活動コード (Vcode)
××	××	×	××	×××

（第1図）

実行結果

```
                    （学科別集計一覧）
（学科名）   （生徒数）   （活動回数）   （学科平均）   （備考）
 商業科        164         409           2
  ～           ～           ～
 国際科         84         378           4         ＊
（生徒一人の年間平均ボランティア回数）  3
                    （内容別活動一覧）
  （活動内容）           （活動回数）
地域清掃                  144
空缶リサイクル            122
  ～                       ～
その他の活動              114
```

（第2図）

処理条件

1. 第1図の学科コードは 1（商業科）～ 5（国際科）の 5 種類である。なお，ボランティアの活動内容は 16 種類である。

2. 配列 Gakka に学科名を，配列 Gnin に学科別の生徒数を，配列 Vco に活動コードを，配列 Vmei に活動内容を記憶する。なお，Gnin(0) には，全校の生徒数を記憶する。また Gakka の添字と Gnin の添字は学科コードと対応しており，Vco の添字と Vmei の添字は対応している。

配列

Gakka	(0)	(1)	(2)	(3)	(4)	(5)
		商業科	情報科	会計科	観光科	国際科

Gnin	(0)	(1)	(2)	(3)	(4)	(5)
	569	164	120	123	78	84

Vco	(0)	(1)	(2)	～	(15)	(16)
		A01	A02	～	F02	G01

Vmei	(0)	(1)	(2)	～	(15)	(16)
		地域清掃	古紙回収	～	伝統文化継承	その他の活動

3. 第1図のデータを読み，次の処理を行う。

　・ 学科ごとに配列 Gkei にボランティア回数を集計する。なお，Gkei(0) には合計を求める。また，Gkei の添字は学科コードと対応している。

配列

Gkei	(0)	(1)	(2)	(3)	(4)	(5)
	(合計)					

　・ 活動コードをもとに配列 Vco を探索し，配列 Vkei に活動内容別の回数を集計する。なお，Vkei の添字は Vco の添字と対応している。

配列

Vkei	(0)	(1)	(2)	～	(15)	(16)
				～		

4. 入力データが終了したら，次の処理を行う。

　・ 生徒一人の年間平均ボランティア回数を次の計算式で求める。

　　　生徒一人の年間平均ボランティア回数 ＝ 活動回数の合計 ÷ 全校生徒数

　・ 学科ごとに学科平均を次の計算式で求め，学科名から備考までを第2図のように表示する。なお，備考は学科平均が全校あたりの年間平均ボランティア回数以上の場合は ＊ を表示する。

　　　学科平均 ＝ 学科ごとの活動回数 ÷ 学科の生徒数

　・ 生徒一人の年間平均ボランティア回数を第2図のように表示する。

　・ 活動内容ごとに活動名と活動回数を第2図のように表示する。

5. データにエラーはないものとする。

解答群

ア. Gakka(i), Gnin(i), Gkei(i), Ghei, Biko を表示
イ. h + 1 → h
ウ. j は 1 から 1 ずつ増やして j ≦ 16 の間
エ. Gkei(0) ÷ Gnin(0) → Zhei
オ. j は 1 から 1 ずつ増やして j < 16 の間

カ. Gkei(0) ÷ Gnin(h) → Zhei
キ. h - 1 → h
ク. Gkei(Gcode) + 1 → Gkei(Gcode)
ケ. Gakka(i), Gnin(i), Gkei(i), Ghei(i), Biko を表示
コ. Gkei(Ban) + 1 → Gkei(Ban)

<流れ図>

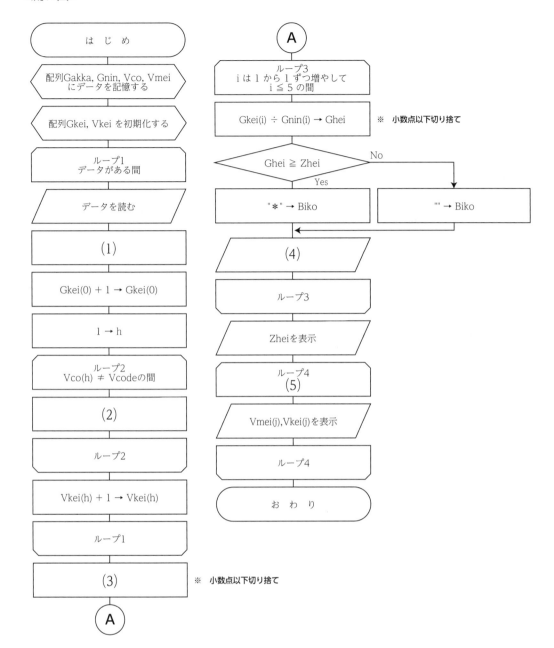

【7】 流れ図の説明を読んで，流れ図の⑴〜⑸を答えなさい。

＜流れ図の説明＞

処理内容

　ある通信教育講座の講座データと上半期の申込データを読み，処理結果を表示する。

入力データ

講座データ

講座コード (Kco)	講座名 (Km)	価格 (Kaka)
××××	×〜×	××

（第1図）

申込データ

日付 (Hi)	講座コード (Kco)	申込区分 (Ku)
××××	××××	×

（第2図）

実行結果

```
（講座分類別集計）
　（分類名）　　　　　　　　（売上金額計）
簿記講座　　　　　　　　　　4,866,000
情報処理講座　　　　　　　　9,763,000
　　　　〜　　　　　　　　　　　〜
　　（申込者数）　888（人）　（うち通学生）　327（人）

（分類別講座一覧）　　　　　（分類番号を入力）　1
　（講座名）　　　　　（売上金額計）　　（売上比率）
最短合格簿記3級　　　　　726,000　　　　14.9％
簿記3級合格トレーニング　645,000　　　　13.3％
　　　〜　　　　　　　　　　〜　　　　　　　〜
```

（第3図）

処理条件

1. 第1図の講座データは，講座コードの昇順に記録されている。また，第1図と第2図の講座コードは，次の例のように構成されている。なお，分類番号は 1（簿記講座）〜 5（不動産等講座）の 5 種類であり，講座番号は分類ごとに 1 からの連番である。

　　　例　205　→　2　　05
　　　　　　　　分類番号　講座番号

2. 第2図の申込区分は，0（通学生），1（WEB講座），2（テキストのみ）の 3 種類である。

3. 配列 Bmei に分類名を記憶する。なお，Bmei の添字は分類番号と対応している。また，Bmei(0) は「すべて」を記憶する。

配列

Bmei	(0)	(1)	〜	(4)	(5)
	すべて	簿記講座	〜	公務員講座	不動産等講座

4. 第1図の講座データを読み，配列 Kcode に講座コード，配列 Kmei に講座名，配列 Kakaku に価格を記憶する。なお，Kcode ，Kmei ，Kakaku の添字は対応している。また，講座データの件数は 40 件以内である。

配列

Kcode	(0)	(1)	(2)	〜	(39)	(40)
		101	102	〜		

Kmei	(0)	(1)	(2)	〜	(39)	(40)
		最短合格…	簿記3級…	〜		

Kakaku	(0)	(1)	(2)	〜	(39)	(40)
		30000	25000	〜		

5. 第2図の申込データを読み，売上金額を次の計算式で求めたのち，売上金額を分類ごとに配列 Buri に，講座ごとに配列 Kuri に集計する。なお，申込区分が 0 の場合は割引なし，1 の場合は 20 ％引き，2 の場合は 40 ％引きとし，Buri(0) には合計を求める。また，Buri の添字は分類番号と，Kuri の添字は配列 Kcode の添字と対応している。

　　売上金額　＝　価格　×　（1　−　申込区分　×　0.2）

配列

Buri	(0)	(1)	〜	(4)	(5)
	（合計）		〜		

Kuri	(0)	(1)	(2)	〜	(39)	(40)
				〜		

・ 申込者および通学生の件数をそれぞれ求める。
・ データを読み終えたあと，第3図のように，分類ごとに分類名と売上金額計を表示する。
・ 第3図のように，申込者数および通学生数を表示する。

6. 分類番号をキーボードから入力すると，講座名ごとに売上比率を次の計算式で求め，講座名から売上比率までを表示する。なお，0 を入力した場合は，すべての講座を表示する。

　　売上比率　＝　講座ごとの売上金額　×　100　÷　表示する分類の売上金額合計

解答群

ア. Bun	サ. Buri(j) + Kin → Buri(j)
イ. Ksu = 0	シ. 0 → Hajime
ウ. Buri(Bun) + Kin → Buri(Bun)	ス. 0
エ. m ≦ 5	セ. m は 1
オ. Buri(Ksu) + Kin → Buri(Ksu)	ソ. m は Hajime
カ. m ≦ Ksu	タ. Ku
キ. 1	チ. m ≦ Owari
ク. m は Ban	ツ. Ksu + 1 → Ksu
ケ. 2	テ. Ban × 100 → Hajime
コ. Ban + 100 → Hajime	ト. Kakaku(j) + Kin → Kakaku(j)

<流れ図>

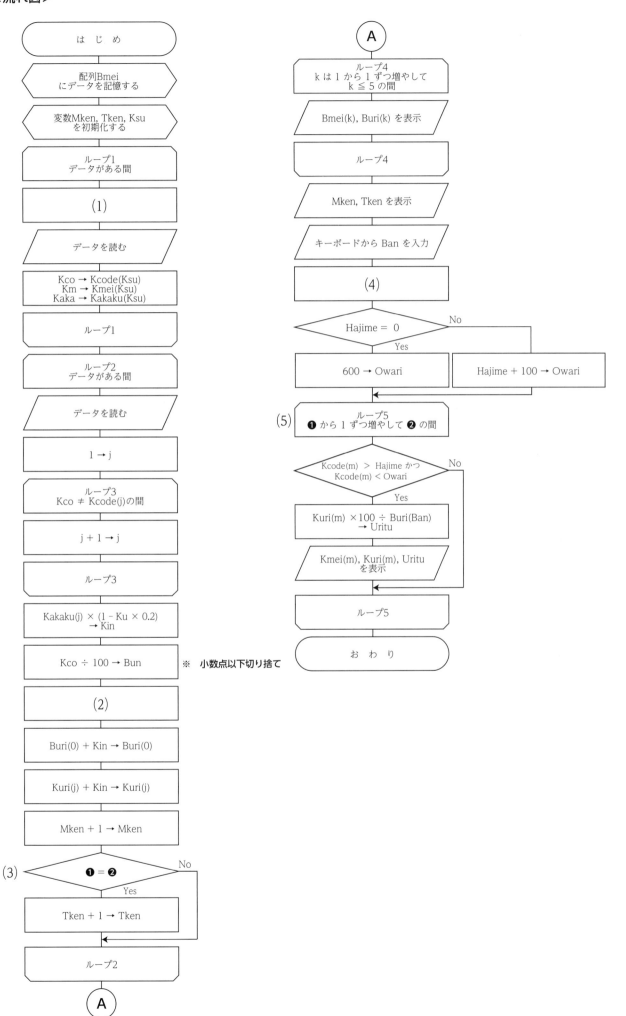

第11回 **模擬問題**　　　制限時間：50分　解答 ➡ P.48

【1】　次の説明文に最も適した答えを解答群から選び，記号で答えなさい。

1．一度のユーザー認証処理によって，複数のシステムが利用可能となる認証方法。

2．磁気ディスク装置において，複数のディスクの同じトラックをまとめた領域。

3．データの各項目をコンマで区切ったファイル形式。

4．データの読み取り・書き込み・更新・削除のすべてが行えるアクセス権。

5．データを通信する際に，ひとつのデータを一定の容量ごとに区切った小さなまとまり。

```
─ 解答群 ─────────────────────────────────
ア．PDF              イ．シリンダ          ウ．ワンタイムパスワード
エ．フルコントロール  オ．トラック          カ．CSV
キ．パケット          ク．シングルサインオン  ケ．アクセス許可
コ．ブロードバンド
```

【2】　次のA群の語句に最も関係の深い説明文をB群から選び，記号で答えなさい。

＜A群＞　　1．簡易言語　　　　　2．Wi-Fi　　　　　3．復号
　　　　　　4．サイトライセンス　5．バイナリファイル

＜B群＞
　　ア．企業や学校などで同一のソフトウェアを使用する場合に，ひとつの契約で複数台分の使用許諾を認める契約。
　　イ．文字コードで表現できるデータだけで構成されたファイル。
　　ウ．モバイルデータ通信ができる端末を利用してインターネットに接続すること。
　　エ．一般の利用者が自らの目的で特定の処理を行うための簡易的なプログラム言語。
　　オ．表計算ソフトなどで繰り返し行う作業をあらかじめ記述するための言語。
　　カ．画像ファイルや音声ファイル，圧縮されたファイルなどを収めたファイル。
　　キ．データ通信の際に暗号化されたデータを元のデータに変換すること。
　　ク．データ通信の際に平文を第三者にとって理解できないデータに変換すること。
　　ケ．インターネットなどから取得し，一定期間内であれば無料で利用できるソフトウェア。
　　コ．無線LANの標準規格であるIEEE802.11に準拠して，相互接続性を認定したブランド名。

【3】　次の説明文に最も適した答えをア，イ，ウの中から選び，記号で答えなさい。

1．10進数の 27 と2進数の 11001 との差を表す2進数。

　　　ア．00011　　　　　　　　　　**イ**．00110　　　　　　　　　**ウ**．00010

2．ANSIによって制定された，7桁の2進数によって表された文字コード。

　　　ア．ASCIIコード　　　　　　　**イ**．JISコード　　　　　　　**ウ**．Unicode

3．対象データの値が規定された範囲内であるかどうかのチェック。

　　　ア．チェックディジットチェック　**イ**．リミットチェック　　　**ウ**．トータルチェック

4．自分の顔写真や姿態をみだりに他人に使用されたり，利用されたりしないことを保障する権利。

　　　ア．肖像権　　　　　　　　　　**イ**．著作権　　　　　　　　　**ウ**．知的財産権

5．たとえばパスワードによる認証と虹彩認証を行うというように，異なる原理を用いた2つ以上の
　　方法によって行われる認証。

　　　ア．多段階認証　　　　　　　　**イ**．多要素認証　　　　　　　**ウ**．バックアップ

【4】　プログラムにしたがって処理するとき，(1)〜(5)を答えなさい。なお，入力する n の値は正の整数とする。

(1)　n の値が 2312 のとき，㋐の処理を 3 回目に実行した後の c の値を答えなさい。

(2)　n の値が 2312 のとき，㋑の処理を何回実行するか答えなさい。

(3)　n の値が 3615 のとき，㋑の処理を 2 回目に実行したあとの a の値を答えなさい。

(4)　n の値が 3615 のとき，㋒で出力される c の値を答えなさい。

(5)　プログラムの処理について説明した文のうち，正しいものはどれか**ア，イ，ウ**の中から選び，記号で答えなさい。

　　　ア．出力される c の値は必ず 10 未満である。

　　　イ．出力される c の値は必ず 10 より大きくなる。

　　　ウ．出力される c の値は必ず 9 である。

＜プログラム＞

```
Sub Program1()
    Dim n As Long
    Dim Sw As Long
    Dim a As Long
    Dim b As Long
    Dim c As Long
    n = Val(InputBox(" "))
    Sw = 0
    a = 0
    Do While n > 0
        b = Int(n / 10)
        c = n - b * 10      ㋐
        If Sw = 0 then
            a = a + c * 2
            Sw = 1
        Else
            a = a + c * 4   ㋑
            Sw = 0
        End If
        n = b
    Loop
    b = Int(a / 10)
    c = a - b * 10
    MsgBox(c)               ㋒
End Sub
```

【5】　流れ図の説明を読んで，流れ図の⑴〜⑸にあてはまる答えを解答群から選び，記号で答えなさい。

<流れ図の説明>

処理内容

　アイスクリーム屋の店舗別年間販売数データを読み，販売数一覧表をディスプレイに表示する。

入力データ

販売店名 (Hname)	バニラ (Bsu)	チョコ (Csu)	ミント (Msu)
××××	××××	××××	××××

（第1図）

実行結果

(アイスクリームの年間販売数一覧表)					
(販売店名)	(バニラ)	(チョコ)	(ミント)	(計)	(判定)
山上店	1,753	1,109	832	3,694	＊
麓前店	2,355	1,751	1,322	5,428	
〜	〜	〜	〜	〜	〜
駅前店	1,233	982	531	2,746	＊
道の駅店	3,155	2,433	1,755	7,343	
			(計の合計)	29,696	
			(判定に＊が付く店舗数)	3	
			(計の最大)	7,343	
			(計が最大の販売店名)	道の駅店	

（第2図）

処理条件

1．第1図の入力データを読み，計を次の計算式で求め，第2図のように表示する。なお，判定はバニラがチョコより多く，かつミントの 2 倍以上であった場合は＊を表示する。

　　計 ＝ バニラ ＋ チョコ ＋ ミント

2．入力データが終了したら，計の合計，判定に＊が付く店舗数，計の最大，計が最大の販売店名を第2図のように表示する。なお，最大が同じ計があった場合，先に入力されたデータを優先する。

3．データにエラーはないものとする。

解答群

　ア．Tsu ＋ 1 → Tsu

　イ．Bsu ＞ Csu かつ Bsu ≧ Msu ＊ 2

　ウ．Kei ＞ Maxkei

　エ．Hantei → Maxname

　オ．Tsu を表示

　カ．Kei を表示

　キ．Hname → Maxname

　ク．Tsu ＋ Kei → Tsu

　ケ．Kei ≧ Maxkei

　コ．Bsu ＞ Csu かつ Bsu ＞ Msu ＊ 2

<流れ図>

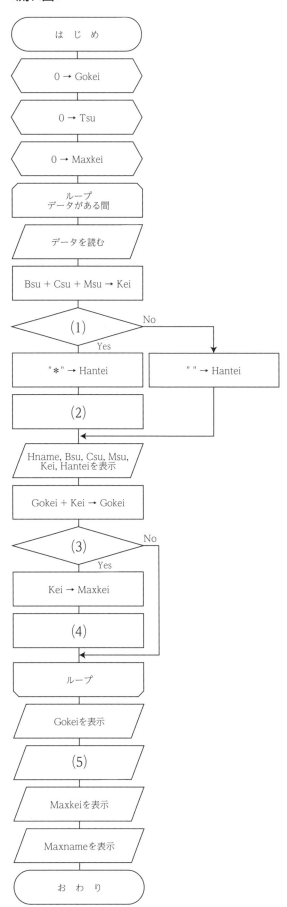

【6】　流れ図の説明を読んで，流れ図の⑴～⑸にあてはまる答えを解答群から選び，記号で答えなさい。

＜流れ図の説明＞

処理内容

　ある焼き肉チェーン店の昨年 4 月から今年 3 月までの 1 年間の売上データを読み，月別分析表と四半期別分析表をディスプレイに表示する。

入力データ

店コード(Mise) ××	年(Nen) ××××	月(Tuki) ××	売上高(万円)(Uri) ××××

（第1図）

実行結果

(月)	(売上高計(万円))	(目標売上高(万円))	(目標達成率(%))	(判定)
4月	7,850	7,000	112.1	◎
5月	7,670	7,200	106.5	○
～	～	～	～	～
2月	6,850	7,000	97.9	△
3月	7,110	8,500	83.6	▲
(年間)	101,850	91,800	110.9	

（月別分析表）

	(売上高計(万円))	(割合(%))
(第1四半期)	22,320	21.9
(第2四半期)	24,400	24.0
(第3四半期)	30,180	29.6
(第4四半期)	24,950	24.5

（四半期別分析表）

（第2図）

処理条件

1. 第1図の月は 4（4 月）～12（12 月），1（1 月）～3（3 月）である。なお，次の表のとおり，四半期と月が対応している。

四半期	月
第1四半期	4月～6月
第2四半期	7月～9月
第3四半期	10月～12月
第4四半期	1月～3月

2. 配列 Mokuhyo に月ごとの目標売上高（万円）を記憶する。なお，Mokuhyo(0) には年間の目標売上高（万円）を記憶する。

配列

Mokuhyo	(0)	(1)	(2)	(3)	(4)	～	(12)
	91800	8000	7000	8500	7000	～	8300
	(年間)	(1月)	(2月)	(3月)	(4月)	～	(12月)

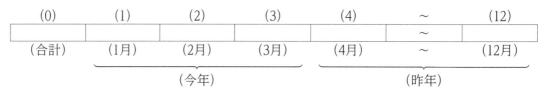

（今年）　　　　　　　　　（昨年）

3. 第1図の入力データを読み，次の処理を行う。
   - 配列 Urikei に売上高（万円）を集計する。なお，Urikei(0) には合計を求める。また，Urikei の添字は月と対応している。

配列

Urikei	(0)	(1)	(2)	(3)	(4)	～	(12)
						～	
	(合計)	(1月)	(2月)	(3月)	(4月)	～	(12月)

（今年）　　　　　　　　　（昨年）

4. 入力データが終了したら，次の処理を行う。
   - 月ごとの目標達成率（％）を次の式で求め，月から目標達成率（％）までを 4 月から 12 月，1 月から 3 月の順に第2図のように表示する。

     目標達成率（％）＝ 売上高計（万円）× 100 ÷ 目標売上高（万円）

     なお，判定は目標達成率が 110 以上であれば◎，100 以上 110 未満であれば○，90 以上 100 未満であれば△，90 未満であれば▲を表示する。
   - 年間の目標達成率（％）を次の計算式で求め，売上高計（万円）の合計，年間の目標売上高（万円），年間の目標達成率（％）を第2図のように表示する。

     年間の目標達成率（％）＝ 売上高計（万円）の合計 × 100 ÷ 年間の目標売上高（万円）
   - 四半期ごとの売上高計（万円）を求める。
   - 四半期ごとの割合（％）を次の計算式で求め，売上高計（万円）と割合（％）を第2図のように表示する。

     割合（％）＝ 四半期ごとの売上高計（万円）× 100 ÷ 売上高計（万円）の合計

5. データにエラーはないものとする。

解答群

ア．Tassei ≧ 90

イ．Urikei(Nen) + Uri → Urikei(Nen)

ウ．i － 12 → Soe

エ．k ≦ 13

オ．Tassei ＜ 100

カ．Sihankei × 100 ÷ Mokuhyo(0) → Wari

キ．Urikei(0) + Uri → Urikei(0)

ク．i － 15 → Soe

ケ．k ≦ 10

コ．Sihankei × 100 ÷ Urikei(0) → Wari

<流れ図>

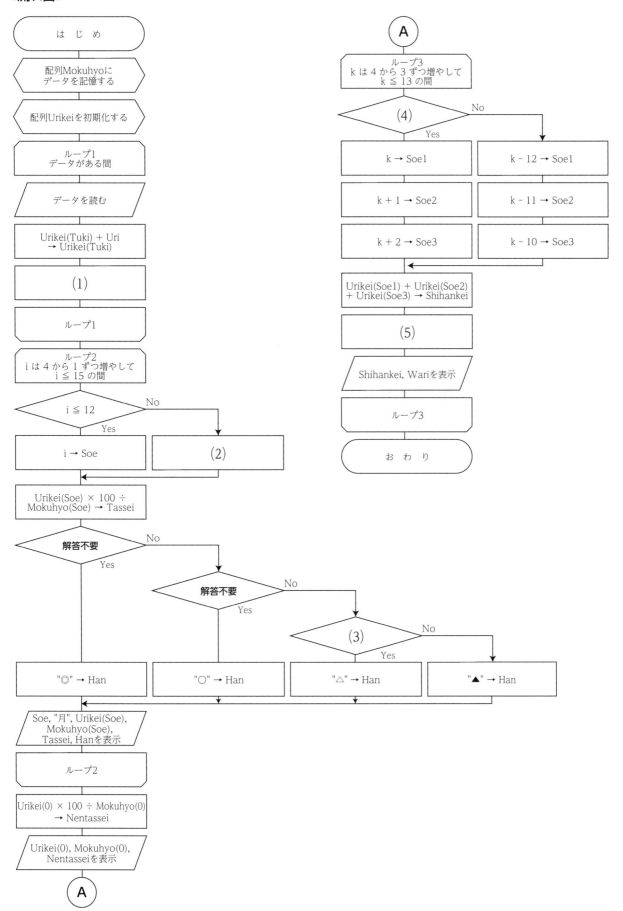

【7】　流れ図の説明を読んで，流れ図の(1)～(5)を答えなさい。

＜流れ図の説明＞

処理内容

　ある文房具卸売会社の取引先データと売上データを読み，処理結果を表示する。また，抽出条件の対象回数を入力すると，取引先分析を行う。

入力データ

取引先データ

取引先番号 (TTban)	取引先名 (TTmei)
××××	×～×

（第1図）

売上データ

月日 (Tukihi)	売上番号 (Uban)	区分番号 (Kban)	取引先番号 (UTban)	売上金額 (Uri)
××××	××××	×	××××	×××××

（第2図）

実行結果

（区分別売上金額・取引回数集計）		
（区分名）	（売上金額計）	（取引回数計）
文具専門店	293,100	22
ドラッグストア	185,100	13
～	～	
スーパーマーケット	186,050	14
デパート	112,300	9
（合　計）	1,378,100	103
【合計のうち新規取引先】	19,800	3

（取引先売上分析）				
（対象回数をキーボードから入力）		6	（回以上）	
（取引先名）	（売上金額計）	（取引回数）	（1回あたりの 売上金額）	（評価）
○○ホーム	145,050	9	16,117	◎
△△ショップ	93,300	6	15,550	◎
～	～		～	～
□□ショップ	57,300	6	9,550	
□□デパート	73,000	6	12,167	○

（第3図）

処理条件

1. 第1図の取引先データの件数は 20 件である。
2. 第2図の区分番号は 1（文具専門店）～ 7（デパート）である。なお，取引先データにない取引先番号は新規取引先である。
3. 配列 Kmei に区分名を記憶する。なお，Kmei の添字は区分番号と対応している。

配列

Kmei	(0)	(1)	～	(7)
		文具専門店	～	デパート

4. 第1図の取引先データを読み，次の処理を行う。
   - 配列 Tban に取引先番号を，配列 Tmei に取引先名を記憶する。なお，Tban と Tmei の添字は対応している。

配列

Tban	(0)	(1)	(2)	～	(20)	(21)
		5135	3157	～	2145	
Tmei	(0)	(1)	(2)	～	(20)	
		○○ホーム	△△ショップ	～	□□ドラッグ	

5. 第2図の売上データを読み，次の処理を行う。
   - 取引先番号を Tban(21) に記憶する。
   - 取引先番号をもとに配列 Tban を探索し，配列 Turi に売上金額を，配列 Tsu に取引回数を集計する。ただし，取引先番号が Tban(21) で見つかった場合は新規取引先として Turi(21) と Tsu(21) に集計する。また，Turi と Tsu の添字は Tban の添字と対応している。

配列

Turi	(0)	(1)	(2)	～	(20)	(21)
				～		
Tsu	(0)	(1)	(2)	～	(20)	(21)
				～		

   - 区分ごとに配列 Kuri に売上金額を，配列 Ksu に取引回数を集計する。Kuri(0) と Ksu(0) には合計を求める。なお，Kuri と Ksu の添字は区分番号と対応している。

配列

Kuri	(0)	(1)	～	(7)
			～	
	（合計）			

Ksu	(0)	(1)	～	(7)
			～	
	（合計）			

   - データを読み終えたあと，区分名・売上金額計・取引回数計を第3図のように表示する。
   - 売上金額計の合計と取引回数計の合計を第3図のように表示する。
   - 売上金額計と取引回数計の合計のうち新規取引先を第3図のように表示する。

6. 抽出したい対象回数をキーボードから入力すると，次の処理を行う。
   - 抽出条件に該当する取引先ごとに 1 回あたりの売上金額を次の計算式で求め，取引先名から評価までを第3図のように表示する。なお，評価は 1 回あたりの売上金額が 15000 以上の場合は◎を，10000 以上 15000 未満の場合は○を表示する。

　　　1 回あたりの売上金額　＝　取引先ごとの売上金額計　÷　取引先ごとの取引回数

─ 解答群 ─

ア．Turi(k)	サ．Kuri(h) ÷ Ksu(h) → Iuri
イ．Uban	シ．i ≦ 7
ウ．Kuri(soe) + Uri → Ksu(soe)	ス．0 から 1 ずつ
エ．Turi(h) ÷ Tsu(h) → Iuri	セ．Turi(21)
オ．1 から 1 ずつ	ソ．UTban
カ．Turi(0)	タ．i ≦ 21
キ．Turi(h) ÷ Nsu → Iuri	チ．Tsu(k)
ク．i ≦ 20	ツ．Tban(21)
ケ．Tsu(21)	テ．Kuri(Kban) + Uri → Kuri(Kban)
コ．TTban	ト．Kuri(h) ÷ Nsu → Iuri

<流れ図>

```
        ┌─────────────────┐                      ( A )
       (    は じ め     )                        │
        └────────┬────────┘            ┌──────────────────────┐
                 │                     │ Turi(soe) + Uri → Turi(soe) │
     ╱─────────────────────╲          └──────────┬───────────┘
    ╱  配列Kmeiを準備し,      ╲          ┌──────────────────────┐
    ╲  データを記憶する        ╱          │ Tsu(soe) + 1 → Tsu(soe) │
     ╲─────────────────────╱          └──────────┬───────────┘
                 │                     ┌──────────────────────┐
     ╱─────────────────────╲          │         (3)           │
    ╱ 配列Turi, Tsuを初期化する ╲        └──────────┬───────────┘
     ╲─────────────────────╱          ┌──────────────────────┐
                 │                     │ Ksu(Kban) + 1 → Ksu(Kban) │
     ╱─────────────────────╲          └──────────┬───────────┘
    ╱ 配列Kuri, Ksuを初期化する ╲        ┌──────────────────────┐
     ╲─────────────────────╱          │  Kuri(0) + Uri → Kuri(0)  │
                 │                     └──────────┬───────────┘
   ┌──────────────────────┐           ┌──────────────────────┐
(1)│       ループ1          │          │  Ksu(0) + 1 → Ksu(0)   │
   │ i は ❶ 増やして ❷ の間   │          └──────────┬───────────┘
   └──────────┬───────────┘           ┌──────────────────────┐
    ╱─────────────────╱                │        ループ2         │
   ╱   データを読む    ╱                └──────────┬───────────┘
    ╱─────────────────╱                ┌──────────────────────┐
                 │                     │        ループ4          │
   ┌──────────────────────┐           │ k は 1 から 1 ずつ増やして │
   │   TTban → Tban(i)     │          │      k ≦ 7 の間         │
   └──────────┬───────────┘           └──────────┬───────────┘
   ┌──────────────────────┐            ╱───────────────────────╱
   │   TTmei → Tmei(i)     │          ╱ Kmei(k), Kuri(k), Ksu(k)を表示 ╱
   └──────────┬───────────┘            ╱───────────────────────╱
   ┌──────────────────────┐           ┌──────────────────────┐
   │       ループ1          │          │        ループ4          │
   └──────────┬───────────┘           └──────────┬───────────┘
   ┌──────────────────────┐            ╱───────────────────────╱
   │       ループ2          │          ╱  Kuri(0), Ksu(0)を表示  ╱
   │    データがある間       │           ╱───────────────────────╱
   └──────────┬───────────┘                       │
    ╱─────────────────╱           (4) ╱──────────────────────────╱
   ╱   データを読む    ╱              ╱ 【合計のうち新規取引先】,  ╱  ※ 左から順に表示
    ╱─────────────────╱             ╱    ❶, ❷を表示            ╱
                 │                      ╱──────────────────────╱
(2)┌──────────────────────┐           ┌──────────────────────┐
   │       ❶ → ❷           │          │  キーボードからNsuを入力  │
   └──────────┬───────────┘           └──────────┬───────────┘
   ┌──────────────────────┐           ┌──────────────────────┐
   │       1 → soe         │          │        ループ5          │
   └──────────┬───────────┘           │ h は 1 から 1 ずつ増やして │
   ┌──────────────────────┐           │      h ≦ 20 の間        │
   │       ループ3          │          └──────────┬───────────┘
   │ UTban ≠ Tban(soe)の間  │                      │
   └──────────┬───────────┘
```

(Nsu ≦ Tsu(h)) ─── No ───┐
   │ Yes
┌──────────────────┐
│   (5)   │ ※ 小数点以下切り捨て
└────────┬─────────┘
(Iuri ≧ 15000) ─── No ───┐
   │ Yes   ↓
                    (Iuri ≧ 10000) ─── No ───┐
                        │ Yes   ↓
┌──────────────┐ ┌──────────────┐ ┌──────────────┐
│ "◎" → Hyoka │ │ "○" → Hyoka │ │ " " → Hyoka │
└──────┬───────┘ └──────┬───────┘ └──────┬───────┘

```
   ┌──────────────────────┐
   │       soe + 1 → soe   │
   └──────────┬───────────┘
   ┌──────────────────────┐
   │       ループ3          │
   └──────────┬───────────┘
         ( A )
```

╱────────────────────────╱
╱ Tmei(h), Turi(h), Tsu(h), ╱
╱ Iuri, Hyoka を表示   ╱
╱────────────────────────╱
   │
┌──────────────────────┐
│   ループ5   │
└──────────┬───────────┘
   ┌─────────────────┐
  (お わ り   )
   └─────────────────┘

第12回 **模擬問題**

制限時間：50分　解答 ➡ P.52

【1】　次の説明文に最も適した答えを解答群から選び，記号で答えなさい。

1．複数のファイルを1つにまとめたり，まとめたファイルを元に戻したりするソフトウェア。
2．複数の種類の要素をユーザに要求する認証方式。
3．任意の文字パターン，特定の文字パターンに一致する文字列を表す特殊な記号。
4．アメリカに本部を持つ，電気・電子分野における世界規模の学会。
5．サーバ専用のコンピュータを置くネットワーク形態。

解答群

ア．多要素認証　　　　　　　　イ．IEEE　　　　　　　　ウ．ANSI
エ．解凍　　　　　　　　　　　オ．ピアツーピア　　　　　カ．ワイルドカード
キ．クライアントサーバシステム　ク．ASCIIコード　　　　　ケ．多段階認証
コ．アーカイバ

【2】　次のA群の語句に最も関係の深い説明文をB群から選び，記号で答えなさい。

＜A群＞　1．セキュリティホール　　2．PDF　　　　　3．ニューメリックチェック
　　　　　4．ガンブラー　　　　　　5．JIS

＜B群＞
ア．日本国内における工業製品などの標準規格。
イ．組織内ネットワークを，外部からの不正アクセスなどから保護するためのシステム。
ウ．情報処理システムや工業製品の標準化を進めている国際機関。
エ．コンピュータの使用環境に依存せずに閲覧できる電子文書のファイル形式。
オ．アルファベットや記号などのデータが含まれていないかどうかを調べる検査方法。
カ．データをコンマで区切って並べたファイル形式。
キ．Webサイトの訪問者をマルウェア感染させるサイバー攻撃。
ク．昇順や降順などのように，定めた順序通りに並んでいるかどうかを調べる検査方法。
ケ．プログラムの設計ミスなどによって発生する，セキュリティ上の欠陥。
コ．コンピュータへのキー入力を記録するハードウェアやソフトウェア。

【3】 次の説明文に最も適した答えをア，イ，ウの中から選び，記号で答えなさい。なお，5については数値を答えなさい。

1．10進数の 8 と2進数の 11010101 との積を表す10進数。

　　ア．205　　　　　　　イ．221　　　　　　　ウ．1,704

2．アセンブリ言語で記述されたソースコードを，機械語に変換するソフトウェア。

　　ア．コンパイラ　　　　イ．アセンブラ　　　　ウ．インタプリタ

3．コンピュータに周辺機器を追加する際，ハードウェアをコネクタに差し込むだけで，OS が自動的に設定を行い，使用できるようにするシステム。

　　ア．OMR　　　　　　イ．プラグアンドプレイ　　ウ．UPS

4．カラー印刷で，シアン，マゼンタ，イエロー，ブラックの混合比率を変化させて色を表現する方法。

　　ア．ppi　　　　　　　イ．RGB　　　　　　　ウ．CMYK

5．デジタルカメラで解像度 1,300 × 1,900 ピクセル，1ピクセルあたりフルカラー（24 ビットカラー）の色情報をもつ画像を撮影し，4.7GB の DVD-R に保存する場合，保存することができる画像の最大の枚数を計算しなさい。なお，すべて同じ条件で撮影し，データは撮影時にデジタルカメラが自動的に 8 分の 1 に圧縮するものとする。また，1GB = 10^9B とする。

【4】　プログラムにしたがって処理するとき，⑴〜⑸を答えなさい。なお，入力する a と b の値は正の整数とし，a の値は b の値よりも大きいものとする。

⑴　a の値が 10 で，b の値が 7 のとき，㋐の処理を 3 回目に実行したあとの c の値を答えなさい。

⑵　a の値が 10 で，b の値が 7 のとき，㋑で出力される c の値を答えなさい。

⑶　a の値が 17 で，b の値が 13 のとき，㋐の処理を何回実行するか答えなさい。

⑷　a の値が 17 で，b の値が 13 のとき，㋒で出力される n の値を答えなさい。

⑸　プログラムの処理について説明した文のうち，正しいものはどれか**ア，イ，ウ**の中から選び，記号で答えなさい。

ア．a の値を固定した場合，a の値と b の値の差が小さいほど，ループ回数は少なくなる。

イ．a の値を固定した場合，a の値と b の値の差がそのままループ回数となる。

ウ．a の値を固定した場合，a の値と b の値の差が小さいほど，ループ回数は多くなる。

＜プログラム＞

```
Sub Program1()
    Dim a As Long
    Dim b As Long
    Dim c As Long
    Dim d As Long
    Dim j As Long
    Dim k As Long
    Dim n As Long
    a = Val(InputBox(""))
    b = Val(InputBox(""))
    d = a - b
    c = a + b
    Do While c >= 0
        b = b - d
        c = c + b     ㋐
    Loop
    j = 2 * c
    k = a + b
    n = Int(j / k)
    MsgBox (c)     ㋑
    MsgBox (n)     ㋒
End Sub
```

【5】　流れ図の説明を読んで，流れ図の(1)～(5)にあてはまる答えを解答群から選び，記号で答えなさい。

<流れ図の説明>

処理内容

　あるベーカリーの商品販売データを読み，商品販売一覧表をディスプレイに表示する。

入力データ

販売コード (Hcod)	商品コード (Scod)	区分 (Ku)	税抜単価 (Tanka)	数量 (Su)
×××	××××	×	×××	××

（第1図）

実行結果

```
                        (商品販売一覧表)
(販売コード) (商品コード)(区分) (税込単価) (数量) (販売金額)
   101       A101   イートイン    286      2      572
   102       A101   テイクアウト   280      5    1,400
    〜         〜        〜         〜       〜       〜
   316       A103   テイクアウト   194      5      970
   317       B101   イートイン    143      2      286
   318       C102   テイクアウト   151      2      302
     (イートイン件数)   111    (テイクアウト件数)   107
     (平均販売金額)    837    (最高販売金額)     2,002
```

（第2図）

処理条件

1．イートインの税込単価は，税抜単価に 1.1 を乗じて求める。テイクアウトの税込単価は，税抜単価に 1.08 を乗じて求める。

2．第1図のデータを読み，第2図のように販売コードから販売金額までを表示する。なお，区分は 1 がイートイン，2 がテイクアウトである。

3．販売金額は，次の計算式で求める。

　　販売金額 ＝ 税込単価 × 販売数量

4．データを読み終えたあと，第2図のようにイートイン件数，テイクアウト件数，平均販売金額と最高販売金額を表示する。

5．入力データにエラーはないものとする。

<流れ図>

解答群

ア．9999 → Max

イ．Tanka × 1.08 → Ttan

ウ．Ku = 1

エ．Eken + Tken → Gokei

オ．Gokei + Kingaku → Gokei

カ．Ku = 2

キ．0 → Max

ク．Kensu + Eken → Kensu

ケ．Tanka × 1.1 → Etan

コ．Eken + Tken → Kensu

【6】 流れ図の説明を読んで，流れ図の(1)～(5)にあてはまる答えを解答群から選び，記号で答えなさい。

＜流れ図の説明＞

処理内容

　ある映画館の 1 か月分の入場者を記録したデータを読み，映画館入場者集計表をディスプレイに表示する。

入力データ

映画コード (Ecode) ××××	時間帯区分 (JKu) ×	年齢区分 (NKu) ×

（第1図）

実行結果

	（映画館入場者集計表）		
（作品名）	（デイタイム）	（レイトショー）	（入場者数計）
アドベンチャーズ	733	366	1,099
〜	〜	〜	〜
無限の刃	945	468	1,413
ウィンターウォーズ	909	387	1,296
		（合計）	11,714
（年齢区分）	（入場者数計）		
シニア	2,287		
大人	3,507		
中高生	3,548		
子ども・幼児	2,372		

（第2図）

処理条件

1．第1図の映画コードは 10 種類，時間帯区分は 1（デイタイム）〜 2（レイトショー）の 2 種類，年齢区分は 1（シニア）〜 4（子ども・幼児）の 4 種類である。

2．配列 Ecod には映画コードを，配列 Emei には作品名を，配列 Nmei には年齢区分の名称を記憶する。なお，Ecod と Emei は添字で対応しており，Nmei の添字は年齢区分と対応している。

配列

Ecod	(0)	(1)	(2)	〜	(9)	(10)
		Y101	Y152	〜	A565	A580

Emei	(0)	(1)	(2)	〜	(9)	(10)
		アドベンチャーズ	バック・トゥ・ザ・パァストゥ	〜	無限の刃	ウィンターウォーズ

Nmei	(0)	(1)	(2)	(3)	(4)
		シニア	大人	中高生	子ども・幼児

3．第1図のデータを読み，次の処理を行う。

・　映画コードをもとに配列 Ecod を探索し，時間帯区分が 1 ならば配列 DNin へ，2 ならば，配列 LNin へ作品名ごとの入場者数を集計する。なお，各配列は添字で対応している。

配列

DNin	(0)	(1)	(2)	〜	(9)	(10)
				〜		

LNin	(0)	(1)	(2)	〜	(9)	(10)
				〜		

・　配列 NNin に年齢区分ごとの入場者数を集計する。なお，配列 Nmei と NNin は添字で対応している。

配列

NNin	(0)	(1)	(2)	(3)	(4)

4．データを読み終えたあと，次の処理を行う。

・　作品名ごとに時間帯区分ごとの入場者数と入場者数計を第2図のように表示する。

・　入場者数計の合計を第2図のように表示する。

・　年齢区分ごとの年齢区分の名称と入場者数計を第2図のように表示する。

5．入力データにエラーはないものとする。

```
　┌─ 解答群 ──────────────────────────────────┐
　│ ア．Ecod(h) ＝ Ecode          カ．NNin(NKu) + 1 → NNin(NKu)  │
　│ イ．m ≦ 4                    キ．DNin(m) + LNin(m) → Gokei  │
　│ ウ．NNin(h) + 1 → NNin(h)      ク．DNin(m) + LNin(m) → Nkei   │
　│ エ．m ≦ 10                    ケ．n ≦ 10                   │
　│ オ．Ecod(h) ≠ Ecode          コ．n ≦ 4                    │
　└──────────────────────────────────────────┘
```

<流れ図>

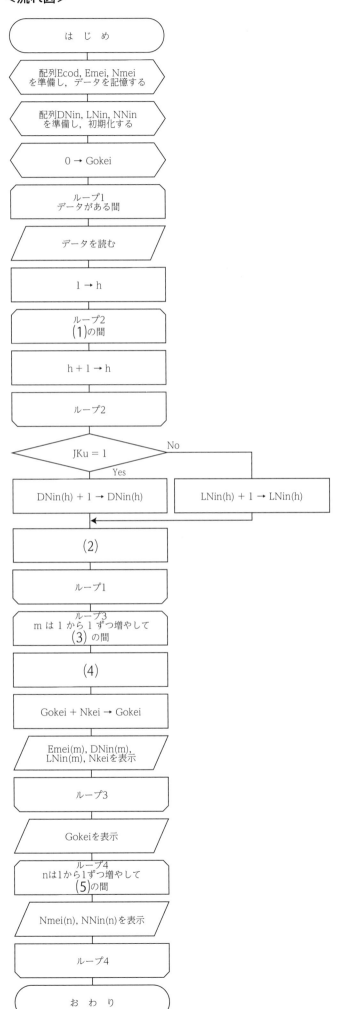

【7】 流れ図の説明を読んで，流れ図の(1)～(5)を答えなさい。

＜流れ図の説明＞

処理内容

　ある家電量販店の販売データを読み，家電製品販売一覧表と，上下期の分類別購入数もしくは次期売上数予測の増減率（％）をディスプレイに表示する。

入力データ

販売データ

品名コード (Hcode)	販売月 (Tuki)	分類コード (Bcode)
×××	××	×

（第1図）

実行結果

（家電製品販売一覧表）		
（品名コード）	（品名）	（販売数）
101	ドラム洗濯機	87
102	タテ型洗濯機	127
103	コードレスクリーナー	109
～	～	～
305	ポータブルSSD	46
306	外付けWEBカメラ	39
	（合計）	1,557
（処理番号0か1を入力）	0	
（分類別販売数）	（上半期）	（下半期）
生活家電	226	243
AV機器・カメラ	329	318
パソコン・周辺機器	242	199

（第2図）

処理条件

1．配列 Hcod には品名コードが，Hmei には品名がそれぞれ記憶されている。なお，Hcod と Hmei は添字で対応している。また，配列 Bmei には分類名が記憶されている。Bmei の添字は分類コードと対応しており，分類コードは 1（生活家電），2（AV機器・カメラ），3（パソコン・周辺機器）である。

配列

Hcod	(0)	(1)	(2)	(3)	～	(19)	(20)
		101	102	103	～	305	306

Hmei	(0)	(1)	(2)	(3)	～	(19)	(20)
		ドラム洗濯機	タテ型洗濯機	コードレスクリーナー	～	ポータブルSSD	外付けWEBカメラ

Bmei	(0)	(1)	(2)	(3)
		生活家電	AV機器・カメラ	パソコン・周辺機器

2．第1図のデータを読み，次の処理を行う。

　・ 品名コードをもとに，配列 Hcod を探索し，配列 Hsu に販売数を集計する。なお，配列 Hcod と Hmei, Hsu は添字で対応している。また，Hsu(0)には合計を求める。

配列

Hsu	(0)	(1)	(2)	(3)	～	(19)	(20)
	（合計）				～		

　・ 販売月より分類コードごとの販売数を上半期（1 ～ 6 月）と下半期（7 ～ 12 月）に分けて配列 Bsu に集計し，第2図のように家電製品販売一覧表を表示する。

配列

Bsu	(0)	(1)	(2)	(3)	(4)	(5)	(6)
		（生活家電）	（AV機器・カメラ）	（パソコン・周辺機器）	（生活家電）	（AV機器・カメラ）	（パソコン・周辺機器）
			上半期			下半期	

3．処理番号 0 か 1 をキーボードから入力すると，第2図のように上下期の分類別購入数（処理番号0）もしくは次期売上数予測の増減率（％）（処理番号1）を表示する。なお，増減率（％）は次の計算式で求める。

増減率（％）＝（下半期販売数 − 上半期販売数）÷ 上半期販売数 × 100

解答群

ア．t → k	サ．1
イ．n ≦ 6	シ．t ＋ 3 → k
ウ．m	ス．0 から 1 ずつ
エ．Tuki ＋ 3 → k	セ．k
オ．0	ソ．n ≦ 20
カ．Hcod(j)	タ．j
キ．n ≦ 3	チ．Hcode
ク．Bcode	ツ．(Bsu(p) − Bsu(n)) ÷ Bsu(n) × 100 → Ritu
ケ．Hmei(j)	テ．n
コ．1 から 1 ずつ	ト．(Bsu(n) − Bsu(p)) ÷ Bsu(p) × 100 → Ritu

<流れ図>

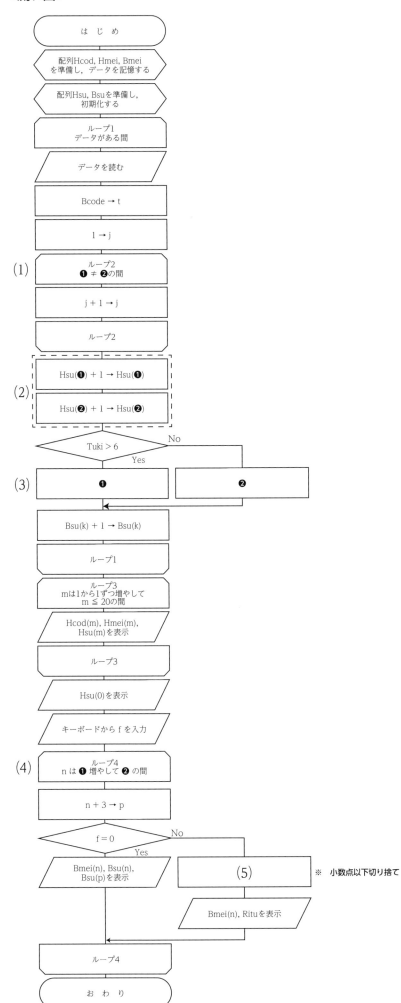

主催　公益財団法人　全国商業高等学校協会

情報処理検定試験

プログラミング2級　試験問題

令和5年度（第69回）

制限時間：50分　解答 ➡ P.55

【1】　次の説明文に最も適した答えを解答群から選び，記号で答えなさい。

1．動画や音声データの標準的な圧縮方式として広く普及している，ファイル形式。

2．対象データの値が，規定された上限もしくは下限に収まっているかを確認する検査。

3．局所変数とも呼ばれ，プログラム内の特定範囲のみ参照できる変数。

4．磁気ディスク装置において，複数のディスクにまたがった同心円状の記憶領域を筒状にとらえた集まりで，アクセスアームを動かさずにデータを読み書きできる領域。

5．データ通信を行う際，0と1の組み合わせで表現された信号を送受信する通信回線。

> **解答群**
>
> ア．GIF　　　　　　　　イ．ディジタル回線　　　　ウ．セクタ
> エ．アナログ回線　　　　オ．リミットチェック　　　カ．MPEG
> キ．シリンダ　　　　　　ク．グローバル変数　　　　ケ．シーケンスチェック
> コ．ローカル変数

【2】　次のA群の語句に最も関係の深い説明文をB群から選び，記号で答えなさい。

＜A群＞　1．テストラン　　　2．フリーウェア　　　3．コンパイラ
　　　　　4．テキストファイル　5．ランニングコスト

＜B群＞
　ア．コンピュータ機器やシステムなどを導入し，稼働するまでにかかる費用。機器代金や工事代金，設置費用などがあげられる。

　イ．ソースコードを1命令ずつ解釈し，そのつど機械語に変換して実行するプログラム。

　ウ．無償で提供されており，期間や機能に制限なく使用することができるソフトウェア。利用者は利用規約にしたがい自由に使うことができるが，著作権は放棄されていない。

　エ．欠陥のあるプログラムを，正しい処理結果が得られるように修正する作業。

　オ．文字データのみで構成された，アプリケーションソフトウェアに依存しない，汎用性のあるファイル。

　カ．取得や初期の利用は無料であるが，期間や機能に一定の制限があり，その制限を解除する場合は代金の支払いが必要となるソフトウェア。

　キ．ソースコードを読み込んで解析し，機械語などに一括変換するプログラム。

　ク．コンピュータ機器やシステムなどの導入後に発生する，システムを継続して運用していくために必要な費用。メンテナンス費用や，消耗品の購入代金などがあげられる。

　ケ．試験用のデータを使用し，作成したプログラムが，正しく動作するかを確認する作業。

　コ．実行形式であるプログラムのファイルなど，文字データとして読み出すことができないファイル。

【3】　次の説明文に最も適した答えをア，イ，ウの中から選び，記号で答えなさい。

1．10進数の 5 と2進数の 1011 との積を表す2進数。

　　　ア．101101　　　　　　　　**イ**．110111　　　　　　　　**ウ**．111011

2．コンピュータが直接解釈できる機械語を，一対一で文字や記号に変換したプログラミング言語。

　　　ア．アセンブリ言語　　　　　**イ**．Java　　　　　　　　　**ウ**．簡易言語

3．ハードウェアやOSなどに依存せず，元の文書とほぼ同様の状態で閲覧，印刷などができるファイル形式。

　　　ア．ZIP　　　　　　　　　　**イ**．CSV　　　　　　　　　**ウ**．PDF

4．パスワードを使用したログイン時に，連続して知識情報である秘密の質問に答えるなど，同じ要素である
　二つ以上の情報を用いて，アクセスを行う認証方式。

　　　ア．多段階認証　　　　　　　**イ**．多要素認証　　　　　　**ウ**．シングルサインオン

5．ソフトウェアにおいて，プログラムの不具合や設計上のミスが原因となって生じた安全上の欠陥。

　　　ア．ファイアウォール　　　　**イ**．セキュリティホール　　**ウ**．ランサムウェア

【4】　プログラムにしたがって処理するとき，(1)～(5)を答えなさい。なお，入力する a の値は 2 以上の整数であり，c の値は a 未満の正の整数とする。

(1)　a の値が 3，c の値が 2 のとき，㋐で1回目に出力される g の値を答えなさい。

(2)　a の値が 3，c の値が 2 のとき，㋐の出力を何回実行するか答えなさい。

(3)　a の値が 20，c の値が 7 のとき，㋐で2回目に出力される h の値を答えなさい。

(4)　a の値が 20，c の値が 7 のとき，㋑の処理を何回実行するか答えなさい。

(5)　プログラムの処理について説明した文のうち，正しいものはどれか。**ア，イ，ウ**の中から選び，記号で答えなさい。

　　　ア．処理を終了したとき，e の値は必ず f の値より小さくなる。

　　　イ．処理を終了したとき，e の値は必ず f の値より大きくなる。

　　　ウ．処理を終了したとき，e の値は必ず f の値と等しい。

＜プログラム＞

```
Sub Program1()
    Dim a As Long
    Dim c As Long
    Dim e As Long
    Dim f As Long
    Dim g As Long
    Dim h As Long
    Dim j As Long
    a = Val(InputBox("aの値を入力してください"))
    c = Val(InputBox("cの値を入力してください"))
    e = c
    f = 0
    Do While e >= f
        g = a - f
        h = a + e
        MsgBox (g & "," & h)    ㋐
        f = f + 1
        j = f * 2 + 1
        c = c - j
        If c < 0 Then
            e = e - 1    ㋑
            j = (e - 1) * 2
            c = c + j
        End If
    Loop
End Sub
```

【5】 流れ図の説明を読んで，流れ図の(1)～(5)にあてはまる答えを解答群から選び，記号で答えなさい。

<流れ図の説明>

処理内容

あるスポーツリーグのチーム別1年間の主催試合観客動員数データを読み，観客動員数一覧をディスプレイに表示する。

入力データ

チーム名 (Tmei) ×	大人 (Otona) ×～×	子供 (Kodomo) ×～×

（第1図）

実行結果

	（観客動員数一覧）				
（チーム名）	（大人）	（子供）	（計）	（子供割合(%)）	（判定）
A	37,002	7,475	44,477	16.8	*
B	28,783	2,720	31,503	8.6	
≀	≀	≀	≀	≀	≀
Q	17,073	2,695	19,768	13.6	*
R	25,963	922	26,885	3.4	
（総計）			581,521		
（平均観客動員数）			32,307		
（全体の子供割合(%)）				10.6	

（第2図）

処理条件

1. 第1図の入力データを読み，計と子供割合(%)を次の計算式で求め，第2図のように表示する。なお，判定は子供割合(%)が 10 より大きい場合は ＊ を表示する。

   計 = 大人 + 子供

   子供割合(%) = 子供 × 100 ÷ 計

2. 入力データが終了したら，総計と平均観客動員数，全体の子供割合(%)を次の計算式で求め，第2図のように表示する。

   総計 = 大人の合計 + 子供の合計

   平均観客動員数 = 総計 ÷ チーム数

   全体の子供割合(%) = 子供の合計 × 100 ÷ 総計

3. データにエラーはないものとする。

```
─ 解答群 ────────────────────
 ア．Otona + Kodomo → Kei
 イ．Kkei × 100 ÷ Tsu → Zwari
 ウ．Kodomo × 100 ÷ Kei → Wari
 エ．"" → Han
 オ．Skei ÷ Tsu → Hei
 カ．Kodomo ÷ Kei → Wari
 キ．Kei ÷ Tsu → Hei
 ク．"＊" → Han
 ケ．Kkei × 100 ÷ Skei → Zwari
 コ．Okei + Kkei → Kei
─────────────────────────────
```

<流れ図>

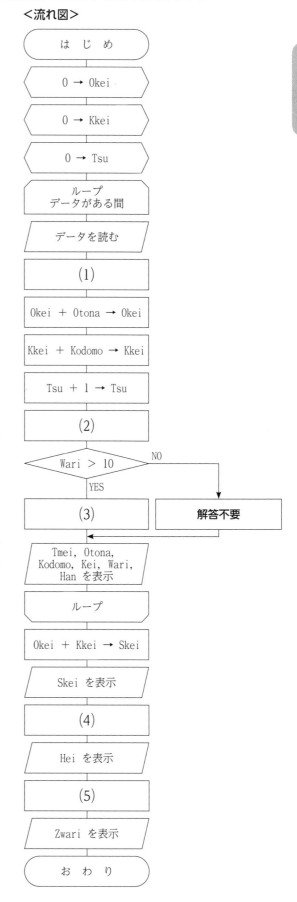

第69回検定

【6】 流れ図の説明を読んで，流れ図の(1)～(5)にあてはまる答えを解答群から選び，記号で答えなさい。
<流れ図の説明>
処理内容
　ある果汁100%ジュース販売店の1か月分のインターネット売上データを読み，時間帯別売上数一覧表とセット別売上数一覧表をディスプレイに表示する。

入力データ

月日 (Tukihi)	時分 (Jifun)	セット番号 (Sban)
××××	××××	×

(第1図)

実行結果

（時間帯別売上数一覧表）		
（時間帯）	（売上件数）	（売上本数）
0時台～ 5時台	28	244
6時台～11時台	99	884
12時台～17時台	122	1,268
18時台～23時台	217	2,134

（セット別売上数一覧表）			
（セット（本））	（売上件数）	（売上本数）	（売上金額）
2	54	108	151,200
4	99	396	495,000
～	～	～	～
18	42	756	819,000
24	48	1,152	1,200,000
（合計）	466	4,530	5,039,000
（最高売上件数のセット（本））	12		

(第2図)

処理条件
1．第1図の時分は次の例のように構成され，時は 0～23，分は 0～59 であり，セット番号は 1（2本入り）～7（24本入り）の7種類である。

　例　1005 → 10 05
　　　　　　　時 分

2．配列 Setto にセットごとの本数を，配列 Kakaku にセットごとの価格を記憶する。なお，Setto と Kakaku の添字はセット番号と対応している。

配列

Setto	(0)	(1)	(2)	(3)	(4)	(5)	(6)	(7)
		2	4	6	8	12	18	24

Kakaku	(0)	(1)	(2)	(3)	(4)	(5)	(6)	(7)
		2800	5000	7000	9200	13200	19500	25000

3．第1図の入力データを読み，次の処理を行う。
　・　時間帯ごとに配列 Jiken に売上件数を求め，配列 Jihon に売上本数を集計する。なお，Jiken と Jihon の添字は対応している。

配列

Jiken	(0)	(1)	(2)	(3)	(4)

Jihon	(0)	(1)	(2)	(3)	(4)
		(0時台～ 5時台)	(6時台～11時台)	(12時台～17時台)	(18時台～23時台)

　・　セットごとに配列 Ken に売上件数を求める。なお，Ken(0) には合計を求める。また，Ken の添字はセット番号と対応している。

配列

Ken	(0)	(1)	(2)	(3)	(4)	(5)	(6)	(7)
	(合計)							

4．入力データが終了したら，次の処理を行う。
　・　時間帯ごとに時間帯から売上本数までを第2図のように表示する。
　・　セットごとに売上本数と売上金額を次の式で求め，セット（本）から売上金額までを第2図のように表示する。
　　売上本数 ＝ セットごとの本数 × 売上件数
　　売上金額 ＝ セットごとの価格 × 売上件数
　・　売上件数の合計から売上金額の合計までを第2図のように表示する。
　・　最高売上件数のセット（本）を第2図のように表示する。なお，最高は同じ売上件数があった場合，先に入力されたデータを優先する。
5．データにエラーはないものとする。

```
─── 解答群 ───
ア．Ken(Sban) ＋ Soe → Ken(Sban)
イ．Ken(0), Hon, Kin
ウ．Ken(r) ≧ Max
エ．k ≦ 4
オ．Ji ÷ 6 → Soe
カ．Ken(Sban) ＋ 1 → Ken(Sban)
キ．Ji ÷ 6 ＋ 1 → Soe
ク．k ＜ 4
ケ．Ken(r) ＞ Max
コ．Ken(0), Honkei, Kinkei
```

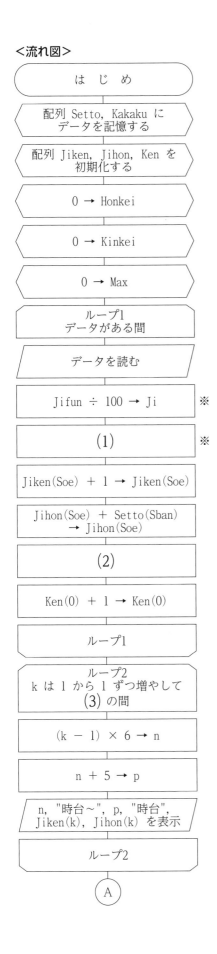

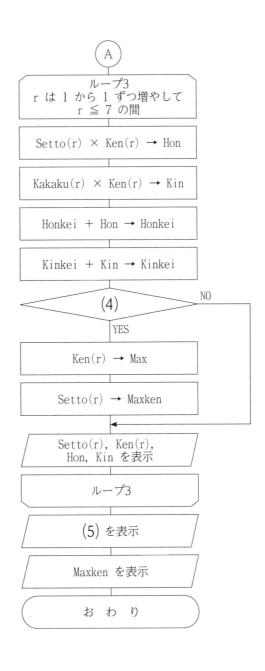

＜流れ図＞

はじめ

配列 Setto, Kakaku に
データを記憶する

配列 Jiken, Jihon, Ken を
初期化する

0 → Honkei

0 → Kinkei

0 → Max

ループ1
データがある間

データを読む

Jifun ÷ 100 → Ji　※

(1)　※

Jiken(Soe) + 1 → Jiken(Soe)

Jihon(Soe) + Setto(Sban)
→ Jihon(Soe)

(2)

Ken(0) + 1 → Ken(0)

ループ1

ループ2
k は 1 から 1 ずつ増やして
(3) の間

(k − 1) × 6 → n

n + 5 → p

n, "時台～", p, "時台",
Jiken(k), Jihon(k) を表示

ループ2

A

A

ループ3
r は 1 から 1 ずつ増やして
r ≦ 7 の間

Setto(r) × Ken(r) → Hon

Kakaku(r) × Ken(r) → Kin

Honkei + Hon → Honkei

Kinkei + Kin → Kinkei

(4)　NO
YES

Ken(r) → Max

Setto(r) → Maxken

Setto(r), Ken(r),
Hon, Kin を表示

ループ3

(5) を表示

Maxken を表示

おわり

※　小数点以下切り捨て

【7】 流れ図の説明を読んで，流れ図の(1)～(5)にあてはまる答えを解答群から選び，記号で答えなさい。

＜流れ図の説明＞

処理内容

　ある映画館のチケット販売データと関連商品の物品販売データを読み，映画別入場者数およびチケット売上金額一覧表と物品別売上金額一覧表をディスプレイに表示する。

入力データ
チケット販売データ

日付 (Hi)	映画コード (Eco)	入場者数 (Nsu)	チケット売上金額 (Tkin)
××××	×××	×～×	×～×

(第1図)

物品販売データ

日付 (Hi)	ジャンル番号 (Jban)	物品番号 (Bban)	物品売上金額 (Bkin)
××××	×	×	×～×

(第2図)

実行結果

```
（映画別入場者数およびチケット売上金額一覧表）
（映画名）（入場者数計）（チケット売上金額計）（備考）
▽▽の銀河    10,639      14,150,200
◇◇と少年     5,949       7,501,600       △
  ～           ～            ～           ～
▲ドラゴン     7,805      12,714,300
■ヒーロー    12,509      15,139,100       ◎
（合計）     219,283     317,098,900
      （物品別売上金額一覧表）
（ジャンル番号(1～6)を入力） 2
（物品名）     （物品売上金額計）
パンフレット     1,576,537
文房具           2,206,828
  ～               ～
```
(第3図)

処理条件

1. 第1図の映画コードは20種類である。
2. 第2図のジャンル番号は 1（SF）～6（アクション）であり，物品番号は 1（パンフレット）～5（その他）である。
3. 配列 Ecod に映画コードを，配列 Emei に映画名を，配列 Bmei に物品名を記憶する。なお，Ecod と Emei の添字は対応しており，Bmei の添字は物品番号と対応している。

配列

Ecod	(0)	(1)	(2)	～	(19)	(20)
		G01	G02	～	R03	A01

Emei	(0)	(1)	(2)	～	(19)	(20)
		▽▽の銀河	◇◇と少年	～	▲ドラゴン	■ヒーロー

Bmei	(0)	(1)	(2)	(3)	(4)	(5)
		パンフレット	文房具	ホビー	衣類	その他

4. 第1図のチケット販売データを読み，次の処理を行う。
 ・ 映画コードをもとに配列 Ecod を探索し，配列 Nkei に入場者数を，配列 Tkei にチケット売上金額を集計する。なお，Nkei(0) と Tkei(0) には合計を求める。また，Nkei と Tkei の添字は，Ecod の添字と対応している。

配列

Nkei	(0)	(1)	(2)	～	(19)	(20)
				～		
	(合計)					

Tkei	(0)	(1)	(2)	～	(19)	(20)
				～		
	(合計)					

 ・ 映画名から備考までを第3図のように表示する。なお，備考は入場者数計が 10000 以上かつチケット売上金額計が 15000000 以上の場合は ◎ を，入場者数計が 6000 未満かつチケット売上金額計が 8000000 未満の場合は △ を表示する。
 ・ 入場者数計とチケット売上金額計の合計を第3図のように表示する。
5. 第1図のチケット販売データが終了したら，次の処理を行う。
 ・ 分析したいジャンル番号（1～6）を Jb に入力する。
 ・ 第2図の物品販売データを読み，Jb をもとに，配列 Bkei に物品売上金額を集計する。なお，Bkei の添字は，物品番号と対応している。

配列

Bkei	(0)	(1)	(2)	(3)	(4)	(5)

 ・ Jb をもとに物品名と物品売上金額計を，第3図のように表示する。
 ・ Jb に 0 が入力されたら処理を終了する。
6. データにエラーはないものとする。

解答群

- ア．Tkei(Bban) ＋ 1 → Tkei(Bban)
- イ．Tkei(k)
- ウ．Nkei(0) ＋ Tkin → Nkei(0)
- エ．Ecod(g) ≠ Eco の間
- オ．Tkei(i) ＞ 15000000
- カ．Bkei(Bban) ＋ Bkin → Bkei(Bban)
- キ．Ecod(g) ＝ Eco の間
- ク．Emei(k)
- ケ．Bkei(Bban) ＋ 1 → Bkei(Bban)
- コ．Nkei(i) ＞ 15000000
- サ．Tkei(i) ≧ 15000000
- シ．Nkei(0) ＋ Nsu → Nkei(0)
- ス．Bmei(k)
- セ．Nkei(i) ≧ 10000
- ソ．Nkei(i) ＞ 10000

＜流れ図＞

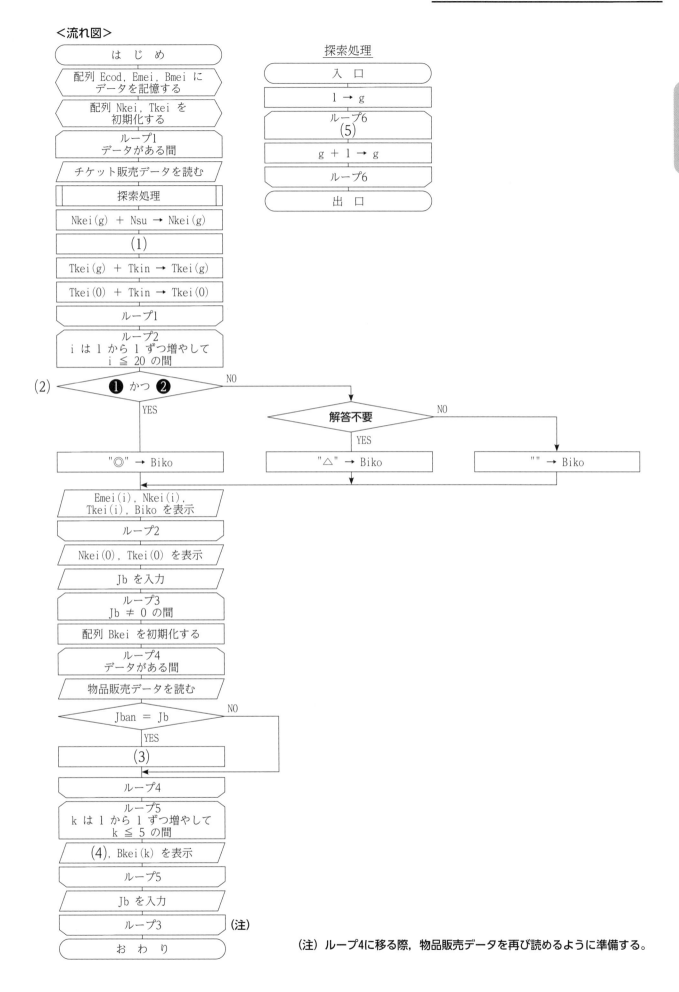

探索処理

| 入 口 |
| 1 → g |
| ループ6
 (5) |
| g + 1 → g |
| ループ6 |
| 出 口 |

はじめ

配列 Ecod, Emei, Bmei に データを記憶する

配列 Nkei, Tkei を 初期化する

ループ1 データがある間

チケット販売データを読む

探索処理

Nkei(g) + Nsu → Nkei(g)

(1)

Tkei(g) + Tkin → Tkei(g)

Tkei(0) + Tkin → Tkei(0)

ループ1

ループ2 i は 1 から 1 ずつ増やして i ≦ 20 の間

(2) ❶ かつ ❷ — NO

YES

"◎" → Biko

解答不要 — NO

YES

"△" → Biko

"" → Biko

Emei(i), Nkei(i), Tkei(i), Biko を表示

ループ2

Nkei(0), Tkei(0) を表示

Jb を入力

ループ3 Jb ≠ 0 の間

配列 Bkei を初期化する

ループ4 データがある間

物品販売データを読む

Jban = Jb — NO

YES

(3)

ループ4

ループ5 k は 1 から 1 ずつ増やして k ≦ 5 の間

(4), Bkei(k) を表示

ループ5

Jb を入力

ループ3 （注）

おわり

（注）ループ4に移る際，物品販売データを再び読めるように準備する。

令和5年度（第70回）

制限時間：50分　解答 ➡ P.60

【1】 次の説明文に最も適した答えを解答群から選び，記号で答えなさい。

1. 磁気ディスク装置において，ディスク上のデータを直接読み書きする部品。

2. ファイルをディレクトリで管理する階層型のファイルシステムにおける，最上位のディレクトリ。

3. 標的のファイルを不正に暗号化したり，コンピュータを利用不能な状態にしたりするなどして，元に戻すことと引き換えに身代金の支払いを要求する不正プログラム。

4. 建物などの限られた範囲内において，通信ケーブルを用いてコンピュータやプリンタなどを接続するネットワーク。

5. コンピュータ同士でデータを送受信する際，互いが対等な関係にあるネットワーク形態。

解答群

ア．磁気ヘッド	イ．ピアツーピア	ウ．無線LAN
エ．有線LAN	オ．シェアウェア	カ．サブディレクトリ
キ．アクセスアーム	ク．ルートディレクトリ	ケ．ランサムウェア
コ．クライアントサーバシステム		

【2】 次のA群の語句に最も関係の深い説明文をB群から選び，記号で答えなさい。

＜A群＞　1．CSV　　　　2．パケット　　　　3．個人情報保護法
　　　　　4．文法エラー　5．インタプリタ

＜B群＞

ア．小説や絵画およびコンピュータプログラムなどの著作物において，創作者の権利保護を図ることを目的とする法律。

イ．プログラム言語で記述されたソースコードを，一括して機械語に翻訳し実行する言語プロセッサ。

ウ．言語プロセッサを用いてソースコードを翻訳する際，プログラムの記述がその言語の記述規則にしたがっていないエラーやスペルミスなどの誤り。

エ．無線通信で構築されたネットワークにおいて，アクセスポイントを識別するために設定される，最大32文字までの任意の文字列。

オ．個人情報を扱う事業者や団体を対象に，個人情報の適正な取り扱いや遵守すべき義務などを定めた法律。

カ．コンピュータの機種や使用環境に依存せず，専用のソフトウェアを使うことで，文章や表，グラフなどを想定したレイアウト通りに閲覧することができる電子文書のファイル形式。

キ．プログラム言語で記述されたソースコードを1行ずつ機械語に翻訳し，そのつど実行する言語プロセッサ。

ク．アプリケーションソフトウェア間のデータ交換で用いられ，データをコンマで区切って記録するファイル形式。

ケ．言語プロセッサを用いてソースコードを翻訳する際，その言語の記述規則にしたがっていないエラーやスペルミスはないが，実行結果が意図した結果にならない誤り。

コ．通信を行う際，ディジタルデータを一定のサイズに分割し，送信元や宛先情報などを付加した伝送単位。

【３】　次の説明文に最も適した答えをア，イ，ウの中から選び，記号で答えなさい。

１．２進数の 10110 と10進数の 8 との和を表す10進数。

　　　　ア．22　　　　　　　　　　　イ．30　　　　　　　　　　　ウ．52

２．米国に本部を置く，電気電子技術分野の世界規模の研究組織。コンピュータや通信技術における規格の
　　標準化活動を行っている。

　　　　ア．ISO　　　　　　　　　　イ．JIS　　　　　　　　　　ウ．IEEE

３．データが特定の項目において昇順であるなど，一定の順序に並んでいるかを確認する検査。

　　　　ア．シーケンスチェック　　　イ．ニューメリックチェック　　ウ．トータルチェック

４．オブジェクト指向のプログラム言語であり，コンピュータの機種やOSの種類などに依存することなく幅広
　　い環境で実行可能な言語。

　　　　ア．C言語　　　　　　　　　イ．Java　　　　　　　　　　ウ．アセンブリ言語

５．解像度2,400×1,800ピクセル，1ピクセルあたり24ビットの色情報を持つ画像250枚分を保存する記憶容
　　量。ただし，1GB＝10^9Bとする。

　　　　ア．3.24GB　　　　　　　　イ．25.92GB　　　　　　　　ウ．32.4GB

【4】　プログラムにしたがって処理するとき，⑴～⑸を答えなさい。なお，入力する x の値，y の値は正の整数とする。

⑴　x の値が 5，y の値が 40 のとき，㋐の処理を何回実行するか答えなさい。

⑵　x の値が 5，y の値が 40 のとき，㋑で出力される h の値を答えなさい。

⑶　x の値が 7，y の値が 11 のとき，㋐の処理を2回目に実行したあとの c の値を答えなさい。

⑷　x の値が 7，y の値が 11 のとき，㋑で出力される h の値を答えなさい。

⑸　プログラムの処理について説明した文のうち，正しいものはどれか。**ア，イ，ウ**の中から選び，記号で答えなさい。

　　　　ア．処理を終了したとき，e の値は必ず x の値より小さくなる。

　　　　イ．処理を終了したとき，e の値は必ず x の値と等しい。

　　　　ウ．処理を終了したとき，e の値は必ず x の値より大きくなる。

<プログラム>
```
Sub Program1()
    Dim x As Long
    Dim y As Long
    Dim a As Long
    Dim b As Long
    Dim c As Long
    Dim e As Long
    Dim f As Long
    Dim g As Long
    Dim h As Long
    x = Val(InputBox("xの値を入力してください"))
    y = Val(InputBox("yの値を入力してください"))
    a = 0
    b = 0
    c = 0
    Do While a < 10
        a = a + 1
        If a > b Then
            b = b + 2
            c = c + x    ㋐
        End If
    Loop
    e = 0
    f = 0
    g = 0
    Do While e < x
        e = e + 1
        f = f + c
        g = g + y
    Loop
    h = f + g
    MsgBox (h)    ㋑
End Sub
```

【5】 流れ図の説明を読んで，流れ図の(1)～(5)にあてはまる答えを解答群から選び，記号で答えなさい。

<流れ図の説明>

処理内容

あるギター買取専門店の1か月の買取データを読み，買取商品一覧をディスプレイに表示する。

入力データ

買取コード (Code) ×～×	製造年 (Nen) ××××	商品状態 (Jotai) ×	買取価格 (Kakaku) ×～×

(第1図)

実行結果

（買取商品一覧）				
（買取コード）	（製造年）	（商品状態）	（買取価格）	（備考）
JB00274	1955	A	398,000	
MD15343	1974	B	750,000	＊
≀	≀	≀	≀	≀
GC05441	1978	A	240,000	
YM36443	1932	C	1,340,000	＊
（買取価格の合計）			23,830,000	
（買取価格が500,000円以上の商品数）			23	
（最も古い製造年）			1930	
（最も古い製造年の買取コード）			EP02892	

(第2図)

処理条件

1．第1図の入力データを読み，第2図のように表示する。
　なお，備考は買取価格が 500000 以上の場合は ＊ を表示する。

2．入力データが終了したら，買取価格の合計，買取価格が500,000円以上の商品数，最も古い製造年，最も古い製造年の買取コードを，第2図のように表示する。なお，最も古い製造年と同じ製造年があった場合，先に入力されたデータを優先する。

3．データにエラーはないものとする。

┌─ 解答群 ─────────────┐
ア．Su を表示
イ．0 → Minnen
ウ．Biko を表示
エ．Kakaku ≧ 500000
オ．Kakaku → Mincode
カ．Code → Mincode
キ．Kei + Kakaku → Kei
ク．Kakaku ≦ 500000
ケ．9999 → Minnen
コ．Kei + Nen → Kei
└────────────────────┘

<流れ図>

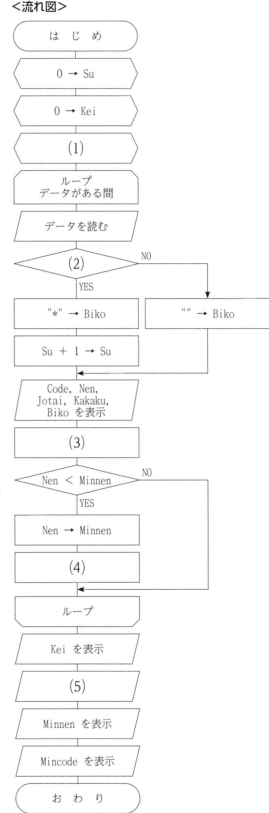

第70回検定

【6】 流れ図の説明を読んで，流れ図の(1)～(5)にあてはまる答えを解答群から選び，記号で答えなさい。

＜流れ図の説明＞

処理内容

　ある期間におけるアーティスト管理会社の会員売上データを読み，アーティスト別売上枚数計と会員分析表をディスプレイに表示する。

入力データ

売上日 (Uhi)	会員コード (Kkod)	チケット売上金額 (Tkin)
×～×	×～×	×～×

（第1図）

実行結果

```
　　　（アーティスト別売上枚数計）
　　White○○　　　～　　　TAKARA☆☆
　　　2,330　　　～　　　1,890
　　　　　（会員分析表）
　（会員番号）（売上金額計）（売上枚数計）（ランク）
　　　1　　　　5,200　　　1　　　　B
　　　～　　　　～　　　　～　　　　～
　　10000　　　29,000　　　10　　　　S
（Sランクの会員番号）
　　　1201
　　　　～
　　10000
（Sランクの人数計）192
```

（第2図）

処理条件

1．第1図の会員コードは次のように構成されており，アーティスト番号は 1（White○○）～7（TAKARA☆☆）の7種類である。なお，会員番号は 1～10000 である。

　　例　701025　→　　　7　　　　01025
　　　　　　　　　アーティスト番号　会員番号

2．配列 Amei にアーティスト名を記憶する。なお，Amei の添字はアーティスト番号と対応している。

配列

Amei	(0)	(1)	～	(7)
		White○○	～	TAKARA☆☆

3．第1図の入力データを読み，次の処理を行う。

　・　アーティストごとに配列 Amai に売上枚数計を求める。なお，配列 Amai の添字はアーティスト番号と対応している。

配列

Amai	(0)	(1)	～	(7)
			～	

　・　会員ごとに配列 Kgo にチケット売上金額を集計し，配列 Kmai に売上枚数計を求める。なお，Kgo と Kmai の添字は会員番号と対応している。

配列

Kgo	(0)	(1)	～	(10000)
			～	

Kmai	(0)	(1)	～	(10000)
			～	

4．入力データが終了したら，次の処理を行う。

　・　アーティストごとにアーティスト名と売上枚数計を第2図のように表示する。

　・　次の表のように，ランクを求める。なお，Sランクの人数を集計する。

売上金額計	20,000円以上	10,000円以上 20,000円未満	5,000円以上 10,000円未満	5,000円未満
ランク	S	A	B	C

　・　配列 Sran にSランクの会員番号を記憶する。なお，Sran は，集計に十分な範囲が用意されている。

配列

Sran	(0)	(1)	～	(1000)
			～	

　・　会員ごとに，会員番号からランクまでを第2図のように表示する。

　・　Sランクの会員番号とSランクの人数計を第2図のように表示する。

5．データにエラーはないものとする。

解答群

　ア．Kban
　イ．Kgo(m) ≦ 5000
　ウ．Kmai(Kban) + 1 → Kmai(Kban)
　エ．1
　オ．m, Kgo(m), Kmai(m), Kran を表示
　カ．Kkod
　キ．m, Kgo(m), Kmai(m), Sran(m) を表示
　ク．Kgo(m) ≧ 5000
　ケ．Kmai(Aban) + 1 → Kmai(Aban)
　コ．Snin

＜流れ図＞

```
        ┌─────────────────────────┐
        (        は じ め        )
        └─────────────────────────┘
        ╱ 配列 Amei にデータを     ╱
       ╱      記憶する           ╱
      ╱─────────────────────────╱
      ╱ 配列 Amai, Kgo, Kmai,   ╱
     ╱   Sran を初期化する      ╱
    ╱─────────────────────────╱
   ┌─────────────────────────┐
   │      ループ1             │
   │   データがある間         │
   └─────────────────────────┘
      ╱ データを読む ╱
     ┌─────────────────────────┐
     │ Kkod ÷ 100000 → Aban    │    ※  小数点以下切り捨て
     └─────────────────────────┘
     ┌─────────────────────────┐
     │ Kkod − Aban × 100000 → (1) │
     └─────────────────────────┘
     ┌─────────────────────────────┐
     │ Amai(Aban) + 1 → Amai(Aban) │
     └─────────────────────────────┘
     ┌─────────────────────────────┐
     │ Kgo(Kban) + Tkin → Kgo(Kban)│
     └─────────────────────────────┘
     ┌─────────────────────────┐
     │         (2)             │
     └─────────────────────────┘
     ┌─────────────────────────┐
     │       ループ1           │
     └─────────────────────────┘
   ╱ Amei(1) ～ Amei(7) を表示 ╱
   ╱ Amai(1) ～ Amai(7) を表示 ╱
     ┌─────────────────────────┐
     │       0 → Snin          │
     └─────────────────────────┘
   ┌─────────────────────────────┐
   │         ループ2             │
   │  m は 1 から 1 ずつ増やして │
   │       m ≦ 10000 の間        │
   └─────────────────────────────┘
```

- ループ2内:
  - 判定: Kgo(m) ≧ 20000　— NO → 次の判定へ / YES → 下へ
    - YES: 解答不要 → Snin + 1 → Snin → m → Sran(Snin)
    - NO: 判定 Kgo(m) ≧ 10000　— NO → 次の判定へ / YES → 解答不要
      - NO: 判定 (3)　— NO → "C" → Kran / YES → "B" → Kran

```
     ╱         (4)             ╱
     ┌─────────────────────────┐
     │       ループ2           │
     └─────────────────────────┘
   ┌─────────────────────────────┐
   │         ループ3             │
   │  p は 1 から 1 ずつ増やして │
   │       p ≦ (5) の間          │
   └─────────────────────────────┘
   ╱ Sran(p) を表示 ╱
     ┌─────────────────────────┐
     │       ループ3           │
     └─────────────────────────┘
   ╱ Snin を表示 ╱
        ┌─────────────────────────┐
        (        お わ り        )
        └─────────────────────────┘
```

判定分岐の表示枠:

判定	YES	NO
Kgo(m) ≧ 20000	解答不要	Kgo(m) ≧ 10000 へ
Kgo(m) ≧ 10000	解答不要	(3) へ
(3)	"B" → Kran	"C" → Kran

【7】 流れ図の説明を読んで，流れ図の(1)～(5)にあてはまる答えを解答群から選び，記号で答えなさい。

＜流れ図の説明＞

処理内容

ある国産茶葉販売店の1か月分の売上データを読み，商品別売上一覧表と当月の分類別売上一覧表をディスプレイに表示する。

入力データ

月日 (Thi) ×～×	分類番号 (Bban) ×	商品コード (Scod) ×××	売上数量 (Usu) ××

(第1図)

実行結果

```
                      （商品別売上一覧表）
（商品名）（当月売上数量計）（当月売上金額計）（前月売上金額計）（前月比(%)）
煎茶          714        325,800      285,500      114.1
  〜           〜          〜           〜          〜
紫芽茶         73        226,880      233,600       97.1
（合計）     2,378     2,091,920    1,948,700
（売上があった商品の平均）  139,461    129,913
                  （当月の分類別売上一覧表）
    （分類名）        （分類別売上金額計）（割合(%)）
不発酵(緑茶)           1,123,970        53.7
    〜                   〜             〜
後発酵(プーアル茶)       345,880        16.5
```

(第2図)

処理条件

1．分類番号は 1（不発酵(緑茶)）～4（後発酵(プーアル茶)）の4種類であり，商品コードは SEN（煎茶）～MUR（紫芽茶）の15種類である。なお，1か月のうち少なくとも1日以上営業し，営業した日には必ず売上があるものとする。

2．配列 Bmei に分類名を，配列 Sco に商品コードを，配列 Smei に商品名を，配列 Stan に単価を，配列 Zkin に前月売上金額計を記憶する。なお，Zkin(0) には前月売上金額計の合計を記憶する。また，Bmei の添字は分類番号と，Sco，Smei，Stan，Zkin の添字は対応している。

配列

Bmei	(0)	(1)	(2)	(3)	(4)
		不発酵(緑茶)	半発酵(ウーロン茶)	発酵(紅茶)	後発酵(プーアル茶)

Sco	(0)	(1)	(2)	～	(14)	(15)
		SEN	FUK	～	BUR	MUR

Smei	(0)	(1)	(2)	～	(14)	(15)
		煎茶	深蒸し茶	～	ブレンド	紫芽茶

Stan	(0)	(1)	(2)	～	(14)	(15)
		500	600	～	2500	3200

Zkin	(0)	(1)	(2)	～	(14)	(15)
	1948700	285500	87000	～	135000	233600

3．第1図の入力データを読み，次の処理を行う。

・商品コードをもとに配列 Sco を探索し，売上金額を次の計算式で求める。なお，売上数量が 3 以上の場合は，売上金額の10%を値引きする。

売上金額 ＝ 売上数量 × 単価

・配列 Tsu に売上数量を，配列 Tkin に売上金額を集計する。なお，Tsu(0) と Tkin(0) には合計を求める。また，Tsu と Tkin の添字は配列 Sco の添字と対応している。

配列

Tsu	(0)	(1)	(2)	～	(14)	(15)
				～		

Tkin	(0)	(1)	(2)	～	(14)	(15)
				～		

（合計）

・配列 Bkin に分類ごとの売上金額を集計する。なお，Bkin の添字は分類番号と対応している。

配列

Bkin	(0)	(1)	(2)	(3)	(4)

4．入力データが終了したら，次の処理を行う。

・当月の売上があった商品数と前月の売上があった商品数を求める。

・前月比(%)を次の計算式で求め，商品名から前月比(%)までを第2図のように表示する。なお，前月売上金額計が 0 の場合は前月比(%)に ― を表示する。

前月比(%) ＝ 当月売上金額計 × 100 ÷ 前月売上金額計

・当月売上数量計の合計から前月売上金額計の合計までを第2図のように表示する。

・当月の売上があった商品の平均と前月の売上があった商品の平均を次の計算式で求め，第2図のように表示する。

当月の売上があった商品の平均 ＝ 当月売上金額計の合計 ÷ 当月の売上があった商品数
前月の売上があった商品の平均 ＝ 前月売上金額計の合計 ÷ 前月の売上があった商品数

・当月の分類ごとの割合(%)を次の計算式で求め，分類名から割合(%)までを第2図のように表示する。

割合(%) ＝ 分類別売上金額計 × 100 ÷ 当月売上金額計の合計

5．データにエラーはないものとする。

解答群

ア．Bkin(Bban) ＋ 1 → Bkin(Bban)
イ．Zkin(0) ÷ Tcnt → Zhei
ウ．Tkin(0) × 100 ÷ Zkin(r)
エ．Bkin(Bban) ＋ Ukin → Bkin(Bban)
オ．Bkin(s) × 100 ÷ Tkin(0) → Wariai
カ．Hiritu
キ．Tkin(0)
ク．Sco(p) ＝ Scod
ケ．Tkin(r) × 100 ÷ Zkin(r)
コ．Tsu(0) ÷ Zcnt → Thei
サ．Bkin(s) × 100 ÷ Tkin(s) → Wariai
シ．Sco(p) ≠ Scod
ス．Ukin
セ．Bkin(s) × 100 ÷ Zkin(0) → Wariai
ソ．Tkin(0) ÷ Tcnt → Thei

＜流れ図＞

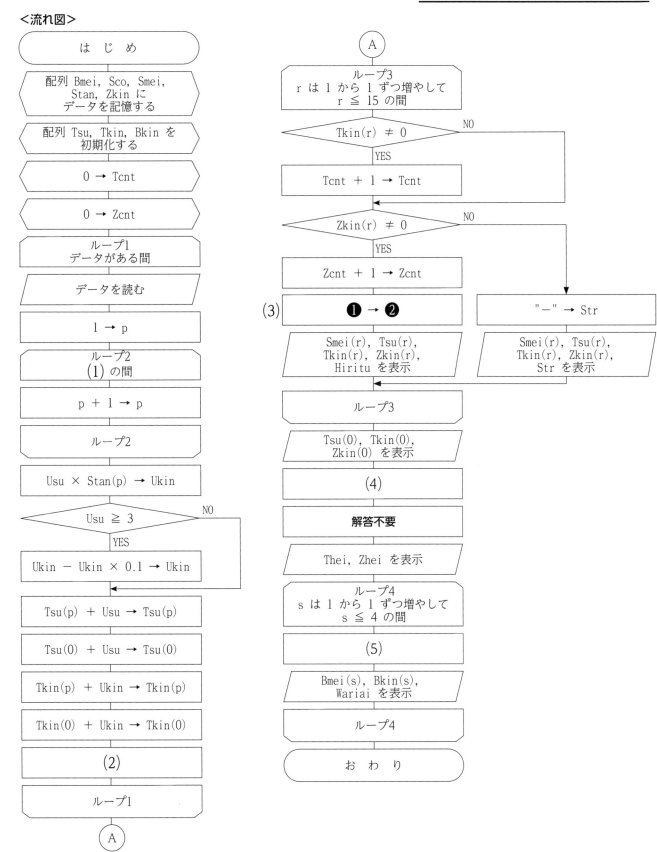

第1回　模擬問題　解答用紙

【1】

1	2	3	4	5

【2】

1	2	3	4	5

【3】

1	2	3	4	5

小計	

【4】

(1)	(2)	(3)	(4)	(5)
		回		

【5】

(1)	(2)	(3)	(4)	(5)

【6】

(1)	(2)	(3)	(4)	(5)

小計	

【7】

(1)		(2)	(3)	(4)		(5)	
❶	❷			❶	❷	❶	❷

小計	

年	組	番号	名前

得点合計

第2回　模擬問題　解答用紙

【1】

1	2	3	4	5

【2】

1	2	3	4	5

【3】

1	2	3	4	5

小計	

【4】

(1)	(2)	(3)	(4)	(5)
		回		

【5】

(1)	(2)	(3)	(4)	(5)

【6】

(1)	(2)	(3)	(4)	(5)

小計	

【7】

(1)	(2) ❶	(2) ❷	(3)	(4) ❶	(4) ❷	(5)

小計	

年	組	番号	名前

得点合計

第3回　模擬問題　解答用紙

【1】

1	2	3	4	5

【2】

1	2	3	4	5

【3】

1	2	3	4	5

小計	

【4】

(1)	(2)	(3)	(4)	(5)
		回		

【5】

(1)	(2)	(3)	(4)	(5)

【6】

(1)	(2)	(3)	(4)	(5)

小計	

【7】

(1) ❶	(1) ❷	(2)	(3) ❶	(3) ❷	(4) ❶	(4) ❷	(5)

小計	

年	組	番号	名前

得点合計

第4回　模擬問題　解答用紙

【1】

1	2	3	4	5

【2】

1	2	3	4	5

【3】

1	2	3	4	5

小計

【4】

(1)	(2)	(3)	(4)	(5)

【5】

(1)	(2)	(3)	(4)	(5)

【6】

(1)	(2)	(3)	(4)	(5)

小計

【7】

(1)		(2)	(3)		(4)		(5)
❶	❷		❶	❷	❶	❷	

小計

年	組	番号	名前

得点合計

第5回　模擬問題　解答用紙

【1】

1	2	3	4	5

【2】

1	2	3	4	5

【3】

1	2	3	4	5

小計	

【4】

(1)	(2)	(3)	(4)	(5)

【5】

(1)	(2)	(3)	(4)	(5)

【6】

(1)	(2)	(3)	(4)	(5)

小計	

【7】

(1)	(2) ❶	❷	(3)	(4) ❶	❷	(5)

小計	

年	組	番号	名前

得点合計

第6回　模擬問題　解答用紙

【1】

1	2	3	4	5

【2】

1	2	3	4	5

【3】

1	2	3	4	5

小計	

【4】

(1)	(2)	(3)	(4)	(5)
	回			

【5】

(1)	(2)	(3)	(4)	(5)

【6】

(1)	(2)	(3)	(4)	(5)

小計	

【7】

(1) ❶	❷	(2)	(3)	(4) ❶	❷	(5)

小計	

年	組	番号	名前

得点合計

第7回　模擬問題　解答用紙

【1】

1	2	3	4	5

【2】

1	2	3	4	5

【3】

1	2	3	4	5

小計	

【4】

(1)	(2)	(3)	(4)	(5)
		回		

【5】

(1)	(2)	(3)	(4)	(5)

【6】

(1)	(2)	(3)	(4)	(5)

小計	

【7】

(1)	(2) ❶	❷	(3) ❶	❷	(4) ❶	❷	(5)

小計	

年	組	番号	名前

得点合計

第8回　模擬問題　解答用紙

【1】

1	2	3	4	5

【2】

1	2	3	4	5

【3】

1	2	3	4	5

小計	

【4】

(1)	(2)	(3)	(4)	(5)

【5】

(1)	(2)	(3)	(4)	(5)

【6】

(1)	(2)	(3)	(4)	(5)

小計	

【7】

(1)	(2) ❶	❷	(3)	(4) ❶	❷	(5) ❶	❷

小計	

年	組	番号	名前

得点合計

第9回　模擬問題　解答用紙

【1】

1	2	3	4	5

【2】

1	2	3	4	5

【3】

1	2	3	4	5

小計	

【4】

(1)	(2)	(3)	(4)	(5)
		回		

【5】

(1)	(2)	(3)	(4)	(5)

【6】

(1)	(2)	(3)	(4)	(5)

小計	

【7】

(1)	(2) ❶	❷	(3)	(4)	(5) ❶	❷

小計	

年	組	番号	名前

得点合計

第10回　模擬問題　解答用紙

【1】

1	2	3	4	5

【2】

1	2	3	4	5

【3】

1	2	3	4	5

小計	

【4】

(1)	(2)	(3)	(4)	(5)
		回		

【5】

(1)	(2)	(3)	(4)	(5)

【6】

(1)	(2)	(3)	(4)	(5)

小計	

【7】

(1)	(2)	(3) ❶	(3) ❷	(4)	(5) ❶	(5) ❷

小計	

年	組	番号	名前

得点合計

第11回　模擬問題　解答用紙

【1】

1	2	3	4	5

【2】

1	2	3	4	5

【3】

1	2	3	4	5

小計	

【4】

(1)	(2)	(3)	(4)	(5)
	回			

【5】

(1)	(2)	(3)	(4)	(5)

【6】

(1)	(2)	(3)	(4)	(5)

小計	

【7】

(1)		(2)		(3)	(4)		(5)
❶	❷	❶	❷		❶	❷	

小計	

年	組	番号	名前

得点合計

第12回　模擬問題　解答用紙

【1】

1	2	3	4	5

【2】

1	2	3	4	5

【3】

1	2	3	4	5

小計

【4】

(1)	(2)	(3)	(4)	(5)
		回		

【5】

(1)	(2)	(3)	(4)	(5)

【6】

(1)	(2)	(3)	(4)	(5)

小計

【7】

(1) ❶	(1) ❷	(2) ❶	(2) ❷	(3) ❶	(3) ❷	(4) ❶	(4) ❷	(5)

小計

年	組	番号	名前

得点合計

主催　公益財団法人 全国商業高等学校協会

令和5年度（第69回）情報処理検定試験プログラミング部門　第2級
解　答　用　紙

【1】

1	2	3	4	5

【2】

1	2	3	4	5

【3】

1	2	3	4	5

小計

【4】

(1)	(2)	(3)	(4)	(5)
	回		回	

【5】

(1)	(2)	(3)	(4)	(5)

【6】

(1)	(2)	(3)	(4)	(5)

小計

【7】

(1)	(2) ❶	❷	(3)	(4)	(5)

小計

試 験 場 校 名	受 験 番 号

得 点 合 計

主催　公益財団法人 全国商業高等学校協会

令和5年度（第70回）情報処理検定試験プログラミング部門　第2級
解 答 用 紙

【1】

1	2	3	4	5

【2】

1	2	3	4	5

【3】

1	2	3	4	5

小計

【4】

(1)	(2)	(3)	(4)	(5)
	回			

【5】

(1)	(2)	(3)	(4)	(5)

【6】

(1)	(2)	(3)	(4)	(5)

小計

【7】

(1)	(2)	(3) ❶	(3) ❷	(4)	(5)

小計

試 験 場 校 名	受 験 番 号	得 点 合 計

情報処理検定試験
模擬問題集
2024

2級
プログラミング編

解 答

とうほう

ハードウェア・ソフトウェアに関する知識

練習問題1-1（P.2）

【1】1．エ　2．カ　3．イ　4．キ　5．ウ

練習問題1-2（P.5）

【1】1．ク　2．ウ　3．エ　4．オ　5．コ

【2】2.1(MB)

（解説）画像の総ピクセル数は，1,000 × 700 = 700,000 より，700,000 ピクセル。1 ピクセル当たり 24 ビットのデータ量を持つので，この画像のビット数は，700,000 × 24 = 16,800,000 より，16,800,000 ビット。1 バイトは 8 ビットなので，この画像のバイト数は，16,800,000 ÷ 8 = 2,100,000 より，2,100,000 バイト。1MB は 10^6B なので，この画像の記憶容量は 2.1MB となる。

【3】5.76(MB)

（解説）解像度 200dpi なので，1 インチに 200 個のドットが存在することになる。よって，縦には 1,200 ドット，横には 1,600 ドットが存在する。この画像の総ドット数は，1,200 × 1,600 = 1,920,000 より，1,920,000 ドット。1 ドット当たり 24 ビットのデータ量を持つので，この画像のビット数は，1,920,000 × 24 = 46,080,000 より，46,080,000 ビット。1 バイトは 8 ビットなので，この画像のバイト数は，46,080,000 ÷ 8 = 5,760,000 より，5,760,000 バイト。1MB は 10^6B なので，この画像の記憶容量は 5.76MB となる。

練習問題1-3（P.7）

【1】1．ウ　2．イ　3．カ　4．ケ　5．オ　6．ク　7．コ　8．キ　9．ア　10．エ

練習問題1-4（P.10）

【1】1．エ　2．ウ　3．オ　4．ク　5．コ

【2】1．10010　2．101000　3．17　4．78

（解説）1．2 進数同士の加算は，桁上がりに注意して筆算する。

2．10 進数の 15 は，2 進数の 1111 である。

3．2 進数の 10111 は，10 進数の 23 である。

4．2 進数の 1101 は，10 進数の 13 である。2 進数の 110 は，10 進数の 6 である。

【3】1．エ　2．カ

通信ネットワークに関する知識

練習問題2-1（P.13）

【1】1．ウ　2．ク　3．イ　4．オ　5．ア

練習問題2-2（P.14）

【1】1．イ　2．エ　3．ウ　4．ア

情報モラルとセキュリティに関する知識

練習問題3-1（P.16）

【1】1．ア　2．ウ　3．エ　4．オ　5．キ　6．ケ　7．カ

練習問題3-2（P.19）

【1】1．ウ　2．エ　3．カ　4．ケ　5．ス　6．ソ　7．オ　8．キ　9．セ

プログラミングの関連知識

練習問題4-1 (P.22)

【1】1. イ　2. カ　3. エ　4. ト　5. オ　6. チ
　　 7. キ　8. ソ　9. サ　10. タ　11. テ　12. セ

マクロ言語

練習問題5-1 (P.31)

(1) 1　(2) 1　(3) 4　(4) 1001　(5) 100100

(解説) 流れ図の横に振られている丸数字とトレース表を対応させ，その時点で対象の変数にどのような操作が行われているのかを，順を追って確認していく。また，条件分岐やループ抜けの条件にも注意する。

練習問題5-2 (P.38)

【1】1. ケ　2. カ　3. キ　4. イ　5. ア　6. ク　7. エ　8. ウ　9. オ

【2】450

(解説) 台形の面積を求めるプログラムである。変数 a に上底を，変数 b に下底を，変数 c に高さを記憶している。しかし，そのようなプログラムの目的が分からなくても，それぞれの変数にどのような値が記憶され，どのような操作が行われているのかを順に追っていけば，出力される x の値を求めることができる。

【3】1.　(1) 10　(2) 0　(3) 101　(4) 2　(5) 10101　　2. イ

(解説) 2 について，プログラムの法則性を問う問題は，実際の検定試験でも出題される。トレース表はプログラムの法則性を判断するためのひとつの資料となるが，「その入力値だから，ある法則がたまたま成り立っている」という可能性も考慮しなければならない。よって，トレース表のみで法則性を判断するのは危険である。

　G の値が 21, P の値が 2 の時のトレース表を見ると，P の値が C の値を超えることがあるので，アは正答でないことが分かる。一方，イとウについては，このトレース表を見る限りでは，どちらも成り立っている。

　そこで，入力値を変えて検討してみるとよい。入力する G の値には制限がないので，例えば G の値が 4, P の値が 5 の場合を考えてみる。この時，最初の④で S に代入される値は 0，最初の⑤で C に代入される値は 4 となる。この入力値では，C の値が 0 か 1 以外になっているので，ウは正答でないと分かる。

　残るイが成り立つかどうかも確認しておく。④と⑤より，G は被除数（割られる数），P は除数（割る数），C はその余りであることが分かる。余りが除数を超えることはないので（例えば，ある整数を 3 で割ったときの余りは 0 〜 2 であり，3 を超えることはない），イは常に成り立つ。

用語チェック　解答

▷P.23

（1）ハードウェア・ソフトウェアに関する知識

■1. ハードウェアの構成
1. 磁気ヘッド　2. アクセスアーム　3. OMR　4. トラック　5. セクタ　6. シリンダ
7. UPS　8. OCR

■2. ソフトウェアに関する知識
9. dpi　10. ppi　11. ビットカラー　12. RGB　13. プラグアンドプレイ　14. ドット
15. 圧縮　16. 解凍　17. ピクセル　18. CMYK　19. アーカイバ

■3. ディレクトリとファイル
20. GIF　21. ZIP　22. PDF　23. ルートディレクトリ　24. サブディレクトリ
25. 拡張子　26. PNG　27. MP3　28. BMP　29. JPEG　30. CSV　31. MPEG
32. バイナリファイル　33. テキストファイル

■4. 関連知識
34. ASCIIコード　35. JISコード　36. TCO（総保有コスト）　37. ランニングコスト
38. イニシャルコスト　39. ISO　40. Unicode　41. IEEE　42. JIS　43. ワイルドカード　44. ANSI

（2）通信ネットワークに関する知識

■1. ネットワークの構成
45. 有線LAN　46. テザリング　47. パケット　48. デジタル回線　49. アナログ回線
50. 無線LAN　51. SSID　52. Wi-Fi

■2. ネットワークの活用
53. ストリーミング　54. クライアントサーバシステム　55. ピアツーピア　56. グループウェア

（3）情報モラルとセキュリティに関する知識

■1. 権利の保護と管理
57. OSS　58. サイトライセンス　59. 産業財産権　60. フリーウェア　61. シェアウェア
62. 著作権　63. 個人情報保護法　64. 不正アクセス禁止法　65. 著作権法　66. 肖像権

■2. セキュリティ管理
67. 多要素認証　68. ガンブラー　69. ワンタイムパスワード　70. 多段階認証
71. シングルサインオン　72. キーロガー　73. セキュリティホール　74. フルコントロール
75. 復号　76. 暗号化　77. バックアップ　78. 書き込み　79. 読み取り
80. ランサムウェア　81. ファイアウォール

（4）プログラミングの関連知識

82. C言語　83. アセンブラ　84. Java　85. アセンブリ言語　86. 機械語（マシン語）
87. トータルチェック　88. テストラン　89. 論理エラー　90. デバッグ
91. リミットチェック　92. 翻訳（コンパイル）　93. コンパイラ　94. インタプリタ
95. 文法エラー　96. グローバル変数　97. ローカル変数　98. シーケンスチェック
99. ニューメリックチェック　100. チェックディジットチェック　101. 簡易言語

データの集計（P.48）

■　問いの答え

(1)　ウ　　(2)　ア

■　変数・配列の解説

変数・配列	型	記憶するデータ・備考
Smei	String	入力データ　商品名
Suryo	Long	入力データ　数量
Tanka	Long	入力データ　単価
Kingaku	Long	商品ごとの金額。数量と単価を乗じて求める。
Gokei	Long	金額の合計。金額を累計して求める。

データの件数と平均（P.50）

■　問いの答え

(1)　イ　　(2)　ア　　(3)　エ

■　変数・配列の解説

変数・配列	型	記憶するデータ・備考
Smei	String	入力データ　商品名
Suryo	Long	入力データ　数量
Tanka	Long	入力データ　単価
Kingaku	Long	商品ごとの金額。数量と単価を乗じて求める。
Gokei	Long	金額の合計。金額を累計して求める。
Kensu	Long	入力データの件数。
Heikin	Long	金額の平均。合計を件数で除算して求める。

最大値と最小値（P.52）

■ 問いの答え

(1) ウ　(2) ア　(3) オ

■ 変数・配列の解説

変数・配列	型	記憶するデータ・備考
Smei	String	入力データ　商品名
Suryo	Long	入力データ　数量
Tanka	Long	入力データ　単価
Kingaku	Long	商品ごとの金額。数量と単価を乗じて求める。
Max	Long	金額の最大を記憶する。
Min	Long	金額の最小を記憶する。

一次元配列（P.54）

■ 問いの答え

(1) ア　(2) エ　(3) カ

■ 変数・配列の解説

変数・配列	型	記憶するデータ・備考
i	Long	配列 Smei と配列 Skei の添字として利用する。配列の利用する範囲に変化させることで初期化や出力を行う。
Scd	Long	入力データの商品コードを記憶する。
Suryo		入力データの数量を記憶する。
Smei(5)	String	商品名を記憶する配列。「Dim Scd(4) As Long」と宣言した場合は，マクロ言語では Smei(0)から Smei(5)までの 6 つの要素が生成されるが，このプログラムでは Smei(1)から Smei(5)までを利用する。
Skei(5)	Long	商品コード別の売上数量を記憶する配列。このプログラムではSkei(1)からSkei(5)までを利用する。

線形探索 （P.56）

■ 問いの答え
(1) ア (2) エ

■ 変数・配列の解説

変数・配列	型	記憶するデータ・備考
Scd(4)	String	商品コードを記憶する。「Dim Scd(4) As Long」と宣言した場合は，マクロ言語では Scd(0) から Scd(4) までの 5 つの要素が生成されるので注意する。
Smei(4)	String	商品名を記憶する。
Skin(4)	Long	商品の価格を記憶する。
Tcd	String	テキストボックスに入力された，探索したいコードを記憶する。
i	Long	カウンタ。添字が 0 の要素から順に配列 Smei の要素を比較するために，ループを 1 周回るたびに i に 1 を加算している。

線形探索の応用① （P.58）

■ 問いの答え
(1) イ (2) カ (3) ケ (4) ア

■ 変数・配列の解説
P.56の「線形探索」と同様なので略。

■ 補足
番兵法において，添字 0 の要素に番兵を置き，配列の末尾から先頭に向かって探索する場合は，「0 → i」を「配列の末尾の添字 → i」とし，「i + 1 → i」を「i − 1 → i」とする。

線形探索の応用② (P.60)

■ 問いの答え

⑴ イ　⑵ エ

■ 変数・配列の解説

変数・配列	型	記憶するデータ・備考
Kijun(4)	Long	割引率の境界の値（基準）を記憶する。購入金額と順に不等号で比較し，購入金額がどの範囲に所属するかを明らかにするために使用する。
Waribiki(4)	Single	割引率を記憶する。Kijun と添字を対応させることで，その購入金額の場合は割引率が何%なのかを明らかにするために使用する。
Kounyu	Long	購入金額を記憶する。
i	Long	線形探索のカウンタとして使用する。
Shiharai	Long	購入金額に割引を適用した支払金額を記憶する。

■ 補足

　比較演算子を「＜」にするか「≦」にするかによって，Kijun に記憶する境界の値が変わるので注意する。また，この練習問題と同様の処理は，多分岐などでも実現できる。

多分岐 (P.62)

■ 問いの答え

⑴ ウ　⑵ イ　⑶ オ

■ 変数・配列の解説

変数・配列	型	記憶するデータ・備考
Smei	String	入力データの商品名を記憶する。
Zen	Long	入力データの前月（前月の売上数量）を記憶する。
Kon	Long	入力データの今月（今月の売上数量）を記憶する。
Ritu	Long	前月からの売上数量の増加率の計算結果を記憶する。
Biko	String	備考に表示する記号を表示する。

第1回　模擬問題　解答

【1】

	1	2	3	4	5
	ク	カ	キ	コ	ケ

【2】

	1	2	3	4	5
	エ	ウ	オ	イ	キ

【3】

	1	2	3	4	5
	イ	イ	ア	ウ	720MB

各2点
15問　小計　30

【4】

	(1)	(2)	(3)	(4)	(5)
	14	166	4 回	129	イ

【5】

	(1)	(2)	(3)	(4)	(5)
	ク	オ	ア	カ	エ

【6】

	(1)	(2)	(3)	(4)	(5)
	オ	ア	イ	キ	コ

各3点
15問　小計　45

【7】

(1) ❶	(1) ❷	(2)	(3)	(4) ❶	(4) ❷	(5) ❶	(5) ❷
オ	タ	ク	シ	ア	ツ	コ	セ

各5点
5問　小計　25

得点合計
100

※　【7】(1)・(4)・(5)は，問ごとにすべてができて正答とする。
　　【7】(1)・(5)順不同可

(解説)

【1】
ア．磁気ヘッド：ハードディスク装置において，データを読み書きするためのパーツ。

イ．シェアウェア：一時的に無償で使用できるが，継続して使用するためには使用料を支払わなければならないソフトウェ
ア。インターネットで公開されていることが多い。

ウ．デジタル回線：0 と 1 で数値化されたデータを送受信する通信回線。

エ．IEEE：米国に本部がある，電気電子技術分野における世界規模の研究組織。コンピュータや通信技術の規格制定におい
て，大きな役割を果たしている。

オ．個人情報保護法：個人情報の有用性に配慮しつつ，個人の権利や利益を保護することを目的として，個人情報を取り扱
う事業者が守らなければならない義務などを定めた法律。

【2】
ア．文法エラー　　カ．ストリーミング　　ク．PNG　　ケ．個人情報保護法　　コ．シーケンスチェック

【3】
1．2 進数の 10101 は，10 進数の 21 である。21×15=315 により，答えはイとなる。

2．ア．ピアツーピア：コンピュータどうしが対等な関係で，データの送受信などを行うネットワーク形態。

　　ウ．サブディレクトリ：階層型ファイルシステムでファイルを管理するとき，あるディレクトリの下層に作成される
　　　　ディレクトリ。

3．イ．ガンブラー：改ざんされた Web ページを利用者が閲覧すると，利用者のパソコンをマルウェアに感染させる攻撃。

　イ．セキュリティホール：ソフトウェアの設計ミスなどによって生じる安全機能上の欠陥。

4．ア．インタプリタ：プログラムを一行ずつ実行可能な形式に解釈しながら実行するソフトウェア。

　イ．コンパイラ：プログラム言語で記述された原始プログラムを，一括で機械語に変換するソフトウェア。

5．画像 1 枚の画素数：1,000 × 800 ＝ 800,000 ピクセル。1 ピクセルあたり 24 ビットのデータ量をもつので，画像 1 枚は 800,000 × 24 ＝ 19,200,000 ビット。8 ビット ＝ 1 バイトなので，19,200,000 ビットは 2,400,000 バイト。問題文にあるとおり，1 メガバイトは 10^6 バイトなので，画像 1 枚あたりの記憶容量は 2.4 メガバイトとなる。この画像 300 枚の記憶容量は，2.4 × 300 ＝ 720 より，720 メガバイトとなる。

【4】

(1)(2)　それぞれの変数の値がどのように変化していくのか，トレース表を作成して確認する。a の値が 4 のとき，⑦で出力される c の値は，次のとおりである。1 回目：9 ／ 2 回目：14 ／ 3 回目：23 ／ 4 回目：37 ／ 5 回目：60 ／ 6 回目：97。

(3)(4)　a の値が 8 のとき，⑦で出力される c の値は，次のとおりである。1 回目：17 ／ 2 回目：26 ／ 3 回目：43 ／ 4 回目：69。⑦の処理は 4 回実行されている。

(5)　この問題では，変数 f に記憶される値の法則性が問われているので，トレース表の f をチェックし，選択肢のうちどれを満たすのかを確認する。

　　ループ内の，「d = Int(c ／ 2)〜End If」に注目する。「e = c − d ＊ 2」でeに記憶される値は，c の値が奇数の場合は 1 となり，c の値が偶数の場合は 0 となる。そして，e の値が 1 の場合のみ，すなわち c の値が奇数の場合のみ，「f = f + c」の処理を行っている。よって，f には c の奇数の和が求められる。

【5】　データの集計，合計，平均，最大値

(1)　流れ図記号や，流れ図の最初で処理を行っていることから，初期値記憶をしようとしていることを判断する。選択肢のうち，初期値記憶はウの「0 → Uhei」か，クの「0 → Kai」のどちらかであると予想できる。そのあとの処理や変数名から，変数Uheiが平均売上高を記憶するもので，計算によって求められるため初期化は必要ない。対して変数 Kai は 回数を記憶するものであるため初期化が必要となりクが正答であると判断する。

(2)　処理条件 1 の，入力データ「月日」の構成により，「月」と「日」に分ける処理を行っているところである。次の処理で Tuki という変数が使われていることから，処理を推測する。選択肢としてオまたはコが該当するが，月日の左から 2 桁が月に該当するので，Tukihi を 100 で割ることで Tuki を取り出すことが可能となるのでオが正答であると判断する。

(3)　流れ図記号と次の処理から最大値の更新処理と判断する。処理条件の3より，最大値が同じ場合は先に入力されたデータを最大とするため，比較演算子にはより大きい「＞」が当てはまるためアが正答である。

(4)　上と下の処理から，合計を表示した後，平均を表示する前の処理であることがわかる。平均は，総計（変数 Guri に記憶）を件数（変数 Kai に記憶）で割ることで求められる。

(5)　最高（変数 Max に記憶）を表示している。

【6】　添字の計算，データの集計，一次元配列，多分岐

(1)　一つ上の処理でデータを読み，次の処理で配列 Syu に変数 n を添字として集計を行っていることから，n を求める処理である。配列 Syu は1〜3，4〜6，7〜9，10〜12で店舗ごとに区分されているので店舗番号と評価点をもとに添字を計算する。例えば，本店（Tban が 1）で評価が普通(Htenが 2)の場合，(Tban-1)×3＋Hten で添字は 2 になる。

(2)　配列 Point の添字は店舗番号に対応しているので，Point(Tban) に評価点を加算することで集計ができる。

(3)　下の処理より変数 i を使った処理であることがわかる。繰り返し処理の順序が，良い，普通，悪いの順になっているので，配列の後方から前方に向かって処理が進行するのでイとなる。

(4)　満足度は評価平均をもとに決められるので，ここでは評価平均を求める処理を行う。変数名よりウまたはキが考えられるが，評価点は配列 Point に集計してあるため答えはキとなる。

(5)　評価平均，満足度，1 人客割合を表示するためコとなる。

【7】　線形探索，集計処理，平均の計算

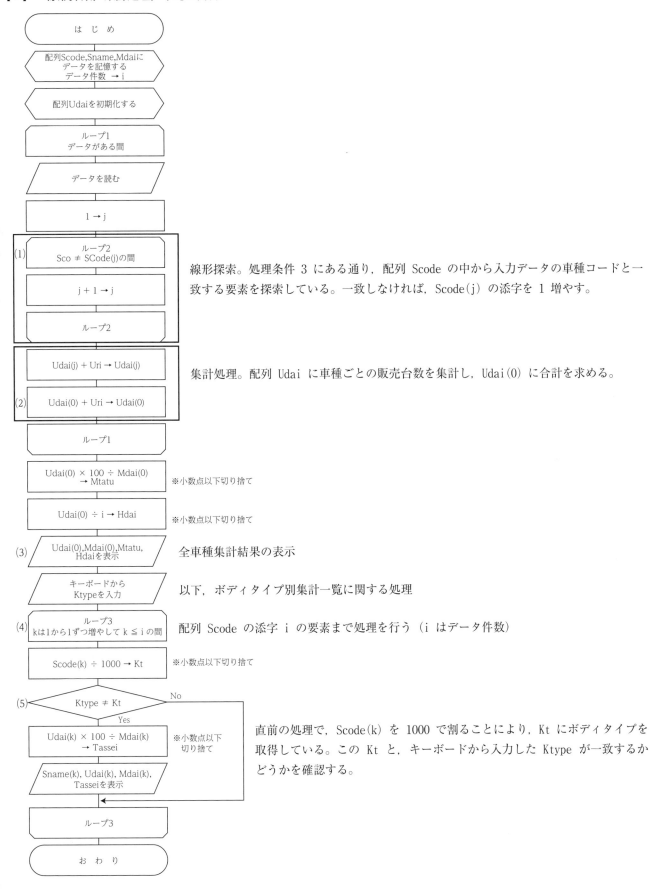

（1）線形探索。処理条件 3 にある通り，配列 Scode の中から入力データの車種コードと一致する要素を探索している。一致しなければ，Scode(j) の添字を 1 増やす。

（2）集計処理。配列 Udai に車種ごとの販売台数を集計し，Udai(0) に合計を求める。

（3）全車種集計結果の表示

以下，ボディタイプ別集計一覧に関する処理

（4）配列 Scode の添字 i の要素まで処理を行う（i はデータ件数）

（5）直前の処理で，Scode(k) を 1000 で割ることにより，Kt にボディタイプを取得している。この Kt と，キーボードから入力した Ktype が一致するかどうかを確認する。

▷P.72

【1】
1	2	3	4	5
コ	イ	カ	エ	ケ

【2】
1	2	3	4	5
ウ	コ	カ	ク	オ

【3】
1	2	3	4	5
イ	ウ	ア	イ	ア

各2点　15問　小計　30

【4】
(1)	(2)	(3)	(4)	(5)
10	13	3回	43	ウ

【5】
(1)	(2)	(3)	(4)	(5)
カ	オ	ク	ア	ケ

【6】
(1)	(2)	(3)	(4)	(5)
ア	ク	ウ	カ	ケ

各3点　15問　小計　45

【7】
(1)	(2) ❶	(2) ❷	(3)	(4) ❶	(4) ❷	(5)
タ	ウ	ソ	オ	ア	エ	キ

各5点　5問　小計　25

得点合計
100

※　【7】(2)・(4)は，問ごとにすべてができて正答とする。

解説

【1】
ア．磁気ヘッド：ハードディスク装置において，データを読み書きするためのパーツ。

ウ．ガンブラー：改ざんされた Web ページを利用者が閲覧すると，利用者のパソコンをマルウェアに感染させる攻撃。

オ．ニューメリックチェック：入力されたデータが数値かどうかを確認する検査。

キ．ワイルドカード：文字列やファイル名などの検索を行う際に用いる，任意の 1 文字や任意の 0 文字以上の文字列を表す特別な記号。

ク．アナログ回線：音声などの情報を符号化せずに，連続的に変化する信号としてデータを送受信する回線。

【2】
ア．テストラン　　イ．圧縮　　エ．クライアントサーバシステム　　キ．読み取り　　ケ．ASCII

【3】
1．下位桁から順に減算を行う。

2．ア．C 言語：OS の開発などに利用される，汎用性に優れたプログラム言語。

　　イ．Java：コンピュータの機種などに左右されずに実行可能な，オブジェクト指向型のプログラム言語。

3．イ．シリンダ：ハードディスク装置において，アクセスアームを動かさずに読み書きすることができる，同心円状の記憶領域の集まり。

　　ウ．セクタ：ハードディスク装置などにおいて，データを読み書きする領域における最小の記録単位。

4．ア．フルコントロール：ファイルやディレクトリに対する，追加・更新・削除などのあらゆる操作の許可を与えた権限。

　ウ．ファイアウォール：組織内のネットワークを，外部の攻撃から守るためのハードウェアまたはソフトウェア。

5．イ．MPEG：moving picture expert group の略。動画データの圧縮方式のうちのひとつ。

　ウ．PNG：圧縮しても画質の劣化がなく，Web ページへの掲載に適している画像ファイル形式。可逆圧縮により圧縮を行う。

【4】

(1)(2)　それぞれの変数の値がどのように変化していくのか，トレース表を作成して確認する。h が 3，s が 4 の時，㋐で出力される g の値は 1，10，91 と変化し，㋑の値は，1,5,5,9,13,17……81 と変化する。

(3)　h が 6，s が 5 の時，㋐の g は 1,7,43 と変化するので計 3 回実行されている。

(4)　この問題は，a と b の値が同じ時にその値を g に累計している。a は 1,6,36 と変化し，b は 1,6,11,16,21,26,31,36 と変化するので，出力される g の値は 1+6+36=43 となる。

(5)　a の値を操作している箇所は，初期値設定を除くと「a = a * h」しかないことに注目する。よって，a の値は，1 以外は必ず h の倍数であるといえる。

【5】　分岐，データの集計，最大値，平均

(1)　流れ図記号により，条件式が当てはまるので，解答はイまたはカとなる。判断記号の YES／NO より正答はカとなる。

(2)　直後の流れ図記号に変数 Kdata が使われているので，Kdata を求める処理になる。処理条件 1 より繰越量の計算であることが分かるので，正答はオとなる。

(3)　直前の流れ図記号により最大値の更新処理と判断する。正答はクとなる。

(4)　処理条件 2 の全会員消費率を求めるためには，消費量合計と基本通信量合計の計算が必要になるため，ループ終端の手前で集計を行っている。直前の流れ図記号より Skei が消費量合計と推測できるので，基本通信量合計を求めるにはKihon を集計すればよいことが分かる。よって正答はアとなる。

(5)　直後の流れ図記号が，実行結果（第 2 図）の全会員消費率（%）の表示処理であることから，ここでは処理条件 2 の全会員消費率の計算を行っている。よって正答はケとなる。

【6】　添字の計算，データの集計，一次元配列

(1)　直後の処理で配列 Ssu に Su を集計しているので，受注番号から商品コード（Scode）を計算する必要がある。処理条件 1 より受注番号から連番の部分を取り除くには Rban × 100 を引けば良いので，正答はアとなる。

(2)　上下の流れ図記号より，直前は配列 Ssu の集計，直後は件数のカウントであることが分かる。Ksu の集計処理を行う必要があり，Ksu の添字は顧客番号に対応しているので，正答はクとなる。

(3)　ループ 2 は商品別受注一覧表の表示処理部分であるため，処理条件 5 よりグラフは配列 Hosi を利用しているが，そのための添字を直前の Soe で求めている。よって正答はウとなる。

(4)　変数名 Jutyu より受注数量（1 回あたり）を求めている処理だと推測できる。計算式は「総計÷件数」とあり，総計は Ssu(0) に集計されているため，正答はカとなる。

(5)　直前の判断記号の条件により，正答はケとなる。

【7】 一次元配列，線形探索

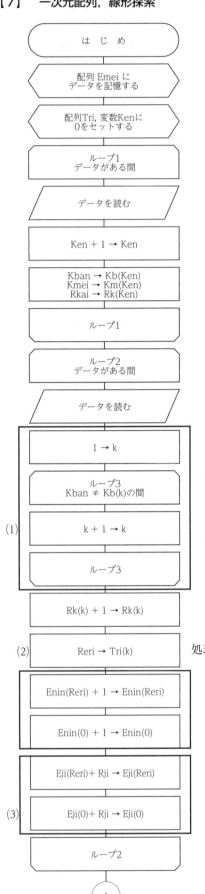

線形探索。処理条件 6 にある通り，読み込んだデータの会員番号（Kban に記憶される）と，配列 Kb を比較し，一致する要素の添字を見つける。Kban と Kb(k) を添字 1 から順に比較し，一致しなければ k に 1 を足すことで比較対象を隣の要素に進めている。

処理条件 6 より，当日利用したエリア（Reri に記憶される）を配列 Tri に入力する。

エリアごとの利用人数の集計。添字 0 の要素には合計を記憶する。

エリアごとの利用時間の集計。添字 0 の要素には合計を記憶する。

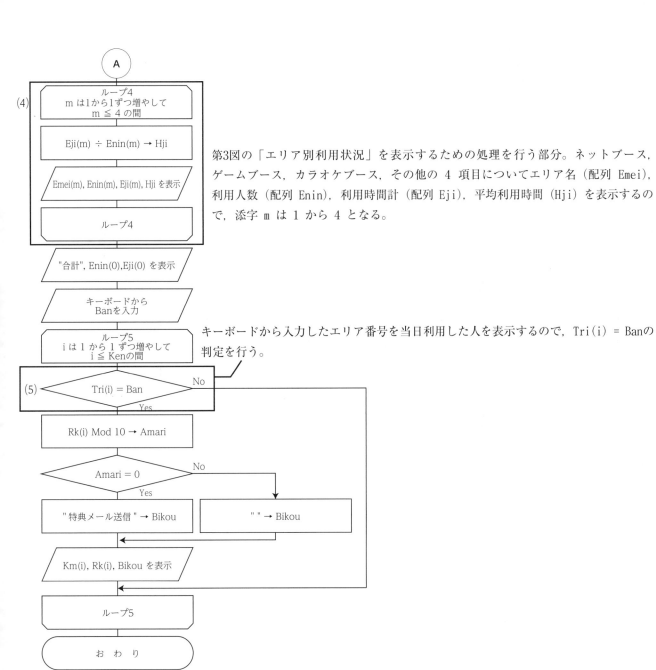

第3図の「エリア別利用状況」を表示するための処理を行う部分。ネットブース，ゲームブース，カラオケブース，その他の 4 項目についてエリア名（配列 Emei），利用人数（配列 Enin），利用時間計（配列 Eji），平均利用時間（Hji）を表示するので，添字 m は 1 から 4 となる。

キーボードから入力したエリア番号を当日利用した人を表示するので，Tri(i) = Ban の判定を行う。

【1】

	1	2	3	4	5
	ア	ケ	ウ	コ	オ

【2】

	1	2	3	4	5
	オ	ア	ク	エ	ケ

【3】

	1	2	3	4	5
	ア	ア	イ	ア	イ

各2点
15問　小計 30

【4】

	(1)	(2)	(3)	(4)	(5)
	30	15	3回	504	ウ

【5】

	(1)	(2)	(3)	(4)	(5)
	ケ	カ	イ	オ	ク

【6】

	(1)	(2)	(3)	(4)	(5)
	オ	ア	コ	ク	エ

各3点
15問　小計 45

【7】

(1) ❶	(1) ❷	(2)	(3) ❶	(3) ❷	(4) ❶	(4) ❷	(5)
イ	タ	サ	ケ	ス	コ	シ	ト

各5点
5問　小計 25

得点合計
100

※　【7】(1)・(3)・(4)は，問ごとにすべてができて正答とする。
　　【7】(1)順不同可

【解説】

【1】

イ．MIDI：電子楽器とパソコンを接続して，演奏データをやり取りするための国際規格。

エ．セキュリティホール：コンピュータシステムにおいて，プログラムの不具合や設計上のミスが起因となって発生した情報セキュリティ上の欠陥のこと。

カ．グローバル変数：プログラムのどこからでも自由にアクセスができる変数。

キ．テキストファイル：テキスト形式のデータを保存したファイル形式。

ク．SSID：IEEE802.11 シリーズで定められている，アクセスポイントを識別するための名前。

【2】

イ．シーケンスチェック　　ウ．イニシャルコスト　　カ．ピアツーピア　　キ．ドット　　コ．ブロードバンド

【3】

1．2 進数の 11100 を 10 進数に変換すると 28 になる。27 と 28 の和は 55 となる。

2．イ．トラック：ハードディスク装置における，同心円状の記憶領域。

　　ウ．セクタ：ハードディスク装置における，データの読み書きを行うときの最小単位。

3．ア．ランサムウェア：感染した PC をロックし，ファイルを暗号化などによって使用不能な状態にした上で，元に戻すことと引き換えに「身代金」を要求する不正プログラムのこと。

　　ウ．キーロガー：キーボード操作の内容を時系列に記録するソフトウェアおよびハードウェアの総称。

4．イ．C 言語：AT ＆ T ベル研究所で開発されたコンパイル型の汎用プログラム言語。

　　ウ．マクロ言語：表計算ソフトなどで繰り返し行う作業をあらかじめ記述するための言語。

5．計算式：24 ビットを 3 バイトに変換後　　（1600×1200）× 3B × 400 ＝ 2,304,000,000B　　約 2.3GB

【4】

(3)　㋐の処理は，r の値と s の値の差の分だけ繰り返されることに注意する。

(5)　「Do While r ＞ s」の前に，x の値には n の値を 3 倍した r の値を代入している。そのため 3 の倍数になっている x の値に r を 1 ずつ減算した値を乗算すると，x の値は必ず 3 の倍数になることに注意する。

【5】　データの件数，最大値・最小値，多分岐

(1)　最大値の初期値の設定を行っている。最大値の初期値には最も小さい値を代入するため，ケが正答であると判断する。

(2)　次の分岐で Hiritu を用いているため，ここでは Hiritu の計算を行っていることを確認する。Hiritu の算出方法は「対前月比率（％）＝ 今月売上高 × 100 ÷ 前月売上高」であることを処理条件の 1 で確認し，カが正答であると判断する。

(3)　「Hiritu ≧ 100」の判断が真のときに「"〇" → Hantei」の処理をしていることを確認する。処理条件の 1 から Hiritu が 105 以上のときは"◎"を Hantei に代入していることを確認し，イが正答であると判断する。

(4)　判断が真のときに Hiritu を Max に代入していることから，最大値との比較であると確認する。Max よりも Hiritu が大きいときに真になる，オが正答であると判断する。

(5)　実行結果の表示順を見て，合計と対前月比率（％）の最大値の間に表示されているのは件数であることを確認し，クが正答であると判断する。

【6】　データの集計，データの件数，一次元配列

(1)　性別コードが女性のときに，女性人数のカウントとして「Jnin(Soe) ＋ 1 → Jnin(Soe)」の処理をしていることを確認する。男性人数のカウントには配列 Dnin を使用することを確認し，オが正答であると判断する。

(2)　性別コードが男性のときに，男性の合計金額の計算として「DGokei ＋ Ukin → DGOkei」の処理をしていることを確認する。女性の合計金額には JGokei を用いていることから，アが正答であると判断する。

(3)　平均売上金額を表示する前の処理であることを確認する。(3)の次の処理で女性の平均売上金額を計算しているのを参考にし，男性の平均売上金額を計算している，コが正答であると判断する。

(4)　このループは時間帯別売上客数の表示をしている。人数をカウントしている配列の添字の数から 1 から 10 まで繰り返すことを確認し，クが正答であると判断する。イでは 10 未満までの繰り返しのため，9 回までしか繰り返さない。

(5)　実行結果を見ると，初めに「10 時台」から表示している。k は 1 から始まるため，10 にするためには 9 加算しなければいけないことを確認し，エが正答であると判断する。

【7】　一次元配列，線形探索，合計，平均

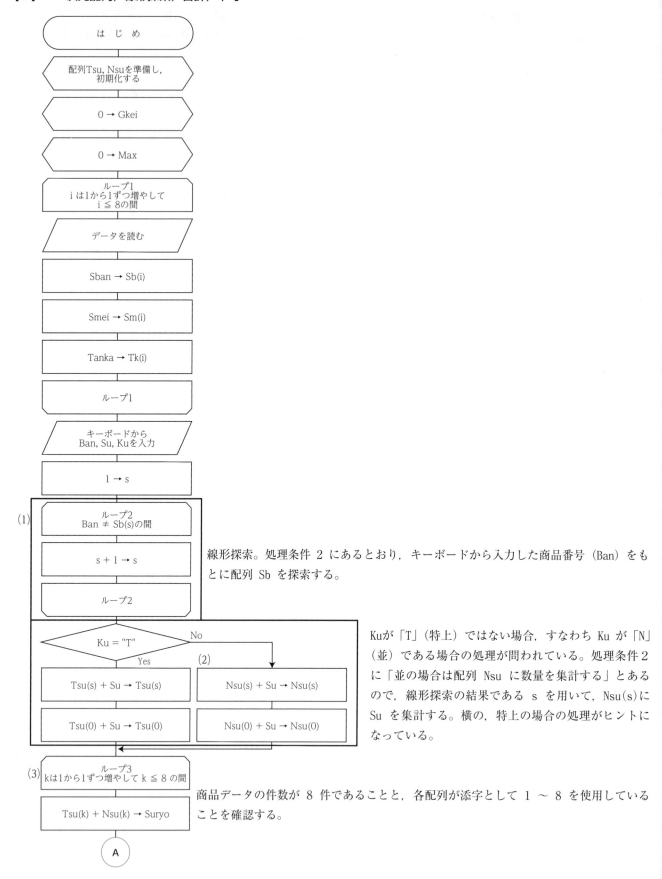

(1) 線形探索。処理条件 2 にあるとおり，キーボードから入力した商品番号（Ban）をもとに配列 Sb を探索する。

(2) Kuが「T」（特上）ではない場合，すなわち Ku が「N」（並）である場合の処理が問われている。処理条件2に「並の場合は配列 Nsu に数量を集計する」とあるので，線形探索の結果である s を用いて，Nsu(s)に Su を集計する。横の，特上の場合の処理がヒントになっている。

(3) 商品データの件数が 8 件であることと，各配列が添字として 1 ～ 8 を使用していることを確認する。

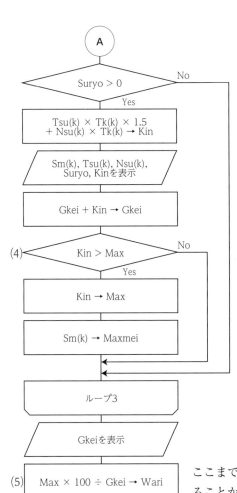

(4)の判断が真のときに Kin を Max に代入していることから，最大値の比較であると判断する。Max よりも Kin が大きい場合に Max を更新する。

ここまでで Wari（割合）を算出していないが，次の処理で Wari を表示していることから，Wari の計算をしている部分であると判断する。処理条件をもとに，Wari の計算方法に当てはまるものを選択する。

第4回　模擬問題　解答

【1】

	1	2	3	4	5
	キ	ク	イ	カ	ケ

【2】

	1	2	3	4	5
	エ	ア	コ	カ	ク

【3】

	1	2	3	4	5
	260	イ	ア	ウ	ア

各2点　　小計
15問　　　30

【4】

(1)	(2)	(3)	(4)	(5)
5	185	714285	6	イ

【5】

(1)	(2)	(3)	(4)	(5)
ウ	カ	エ	ケ	ア

【6】

(1)	(2)	(3)	(4)	(5)
エ	イ	ク	オ	ケ

各3点　　小計
15問　　　45

【7】

(1) ❶	(1) ❷	(2)	(3) ❶	(3) ❷	(4) ❶	(4) ❷	(5)
ウ	サ	ク	オ	ス	カ	ア	テ

各5点　　小計
5問　　　25

得点合計
100

※　【7】(1)・(3)・(4)は，問ごとにすべてができて正答とする。
　　【7】(1)順不同可

解説

【1】
ア．Wi-Fi：無線 LAN の中で，異なる機器同士が相互に接続できることを保証する名称・ブランド名。
ウ．CSV：データをコンマで区切って記録するファイル形式。様々なアプリケーションソフトウェアで使用される。
エ．著作権：小説・音楽・プログラムなどの創作物を創作した者に認められる権利。
オ．Unicode：世界中の文字を一つのコード体系で表現しようとした文字コード。
コ．ルートディレクトリ：ディレクトリの階層構造の中で，最上位に位置するディレクトリ。

【2】
イ．デジタル回線　　ウ．ランニングコスト　　オ．論理エラー　　キ．シェアウェア　　ケ．CMYK

【3】
1．2進数の 11101011 は，10進数の 235 である。
2．ア．TCO：コンピュータシステムの導入・維持・廃棄に至るまでにかかる総費用。
　　ウ．OMR：鉛筆などで書かれたマークを光学的に読み取って入力する装置。
3．イ．トータルチェック：コンピュータで求めた合計値と，別の方法で求めた合計値を照合するチェック。
　　ウ．リミットチェック：データが設定した範囲内に含まれるか確認するチェック。
4．ア．ピアツーピア：サーバ専用機を置かず，コンピュータ同士が対等の関係で通信するネットワーク形態。
　　イ．暗号化：第三者からの盗聴を防止するために，データを第三者に判読できないように変換すること。

5．イ．解凍：圧縮したデータを，元の状態に戻すこと。

ウ．翻訳：プログラム言語で記述された原始プログラムを機械語に変換すること。コンパイル。

【4】

(1) 後判定ループに注意して，トレースを行う。a の値が 5，b の値が 27 のとき，㋐の n の値は次のとおりである。1 回目：23，2 回目：14，3 回目：5。

(2) g は文字列型（String）で宣言されており，下から 5 行目「g = g & Syo(i)」は文字列結合を意味することに注意する。「For i = 1 To k Step 1」の時点で，Syo(1) には 1 が，Syo(2) には 8 が，Syo(3) には 5 が，k には 3 が記憶されている。これらを文字列として結合するので，For 〜 Next ステートメントの処理を最後まで行うと，g には 1 と 8 と 5 をくっつけた 185 が記憶される。(3)，(4)も同様の考え方で解く。

(5) 2^x，3^x，5^x（例えば，2，3，5）をそれぞれ用いて実際にプログラムを実行すると，b の値が 3 のときだけ，㋓の処理が実行されないことがわかる。ただし，a の値が 3 の倍数であれば，b の値が 3^x でも㋓の処理が実行されることがある。問題文の「常に」という条件に注意して，いくつかの入力値を試行してみるとよい。

【5】　最大値

(1) 直後の処理で Tritu を用いて条件判定をしているので，ここで Tritu の算出が必要になる。直後の分岐処理は，処理条件 1 の「当社比率（%）が 50 以上の場合」に該当すると判断し，処理条件 1 に書かれている「当社比率」の求め方に該当するものを選択する。

(2) 処理条件 1 に，当社比率が 50 以上の場合は備考にアスタリスクを表示する，とあるので，答えはカとなる。

(3) 直後の処理より，「当道府県の最大当社比率（%）」の更新であると判断する。「最大」の更新なので，クではないことに注意する。

(4) ループ終了の直後で Gokei を用いているが，他の部分で Gokei を求めていないので，Gokei を求める処理であると判断する。Gokei と Sokei の使い方の違いに注意する。Gokei は，当社コンビニ数の合計であるため，累計するのは Osu（他社コンビニ数）ではなく Tsu（当社コンビニ数）である。

(5) 第2図より，「都道府県全体の当社比率（%）」の表示処理であると判断する。

【6】　線形探索

(1) 線形探索の応用として，あるデータが含まれている「範囲」を探索している。配列 Kijun には範囲の境界にあたる値が記憶されており，入力データの Bsu（部数）がどの範囲に当てはまるのかを探索する。Bsu が比較対象となる Kijun の要素よりも大きければ隣の要素に比較対象を進めたいので，エが正答となる。

(2) 処理条件 3 の，「通常」か「お急ぎ」かを判定している部分である。No の場合に料金を 1.2 倍にしているので，Yes の場合は Ku が 1 のときである。

(3) 処理条件 3 の，用紙サイズをもとに配列 Sz を探索する部分である。

(4) ループ 3 の探索によって，n には該当の用紙サイズに対応する値が記憶されている。この値を用いて，配列 Bkei と Rkei に用紙サイズごとの部数と請求料金を集計している。選択肢アとは，添字に何を使うのかを，直前の線形探索と対応させて見分ける必要がある。

(5) 選択肢ウとは，添字に何を使うのかで見分ける。ループ 4 に注目する。

【7】

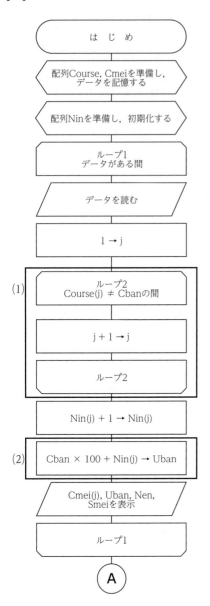

(1) 線形探索。処理条件 2 にあるとおり，入力データのコース番号（Cban）をもとに配列 Course を探索する。添字には j を使うことを読み取る。

(2) 直後に表示処理があるが，ここまでで Uban を求めていないので Uban を求める処理であると判断する。Uban の計算式は，処理条件 2 に書かれている。

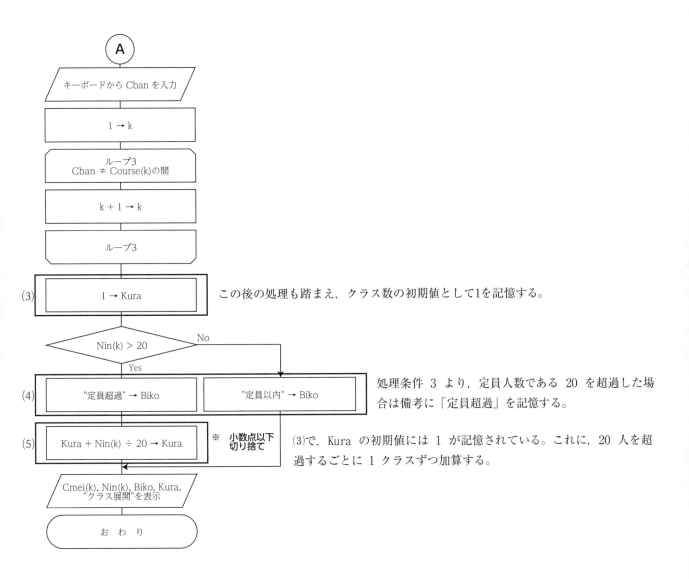

(3) この後の処理も踏まえ，クラス数の初期値として1を記憶する。

(4) 処理条件 3 より，定員人数である 20 を超過した場合は備考に「定員超過」を記憶する。

(5) (3)で，Kura の初期値には 1 が記憶されている。これに，20 人を超過するごとに 1 クラスずつ加算する。

【1】

1	2	3	4	5
ク	ア	キ	オ	エ

【2】

1	2	3	4	5
ウ	イ	オ	ケ	キ

【3】

1	2	3	4	5
ア	ア	イ	イ	ウ

各2点 15問　小計 30

【4】

(1)	(2)	(3)	(4)	(5)
1716	715	126	21	ア

【5】

(1)	(2)	(3)	(4)	(5)
エ	ケ	ク	イ	ウ

【6】

(1)	(2)	(3)	(4)	(5)
コ	カ	イ	ア	ク

各3点 15問　小計 45

【7】

(1)	(2)❶	(2)❷	(3)	(4)❶	(4)❷	(5)
ト	シ	ウ	ケ	タ	ツ	キ

各5点 5問　小計 25

得点合計 100

※　【7】⑵・⑷は，問ごとにすべてができて正答とする。
【7】⑵順不同可

解説

【1】

イ．ニューメリックチェック：入力されたデータが数値かどうかを確認する検査。

ウ．Wi-Fi：機器同士が相互に無線接続できると認められた場合に，その機器に与えられる名称。

カ．PNG：圧縮による画質の劣化がなく，Web ページへの掲載に適している画像ファイル形式。

ケ．アクセスアーム：ハードディスク装置において，磁気ヘッドを目的の位置へ移動させるための部品。

コ．ISO：工業製品やマネジメントシステムなどについて，標準規格の策定を行う国際標準化機構。

【2】

ア．フルコントロール　　エ．ランニングコスト　　カ．セキュリティホール　　ク．ダウンロード　　コ．マクロ言語

【3】

1．10 進数の 26 は，2 進数の 11010 である。2 進数 1110 は 01110 なので，11010 と 01110 との差を求めると，1100 となる。

2．イ．多段階認証：2 回以上，認証を行うような認証。多要素認証も 2 回以上の認証を行っているが，「知識」，「所有」，「生体」という認証要素のうち 2 種類以上を用いていないものは，多要素認証とは呼ばない。この問題では，「2 種類以上の認証要素を組み合わせて」とあるので，多段階認証は誤りとなる。

ウ．ワンタイムパスワード：一度きりしか使用することができないパスワード。

3．ア．TCO：total cost of ownership の略。システムの導入費用・継続費用など，システム運用にかかるすべてのコス

ト。
　　ウ．OCR：optical character reader の略。紙上の文字を光学的に読み取り，データとして認識するような装置。
4．ア．コンパイル：プログラム言語で記述された原始プログラムを，コンピュータが実行可能な形式である機械語に変換すること。
　　ウ．デバッグ：正しい処理結果を導き出すため，プログラム上の誤りや欠陥を修正する作業。
5．ア．IEEE：米国に本部がある，電気電子技術分野における世界規模の研究組織。
　　イ．ISO：工業製品やマネジメントシステムなどについて，標準規格の策定を行う国際標準化機構。

【4】

重複組合せ（nHr）を求めるプログラムである。

(5)　プログラム内で「j = n + r − 1」という処理をしており，Do While j >= n ループを終了したあとは j の値が n より 1 小さくなり，Do While r > 1 のループを終了したあとは必ず r が 1 となるため，j と r を加算すると必ず n の値となる。

【5】　データの合計・平均，最大値・最小値

(1)　最小値の初期化を行う。最小値の初期値には最も大きい値を代入するため，エが正答であると判断する。

(2)　次の処理で Skin を表示しているため，ここで Skin を計算する必要がある。Skin を出力順から「支払金額」であると判断し，計算方法は「支払金額 = 給油量(L) × 単価」であることを処理条件の 2 で確認し，ケが正答であると判断する。

(3)　ループを抜けたあとの(5)の次の処理で Gkin を表示している。Gkin を表示するには(3)で計算を行う必要がある。Gkin は第2図の表示順から「合計金額」であると判断し，(2)で計算した Skin を集計する処理であるクが正答であると判断する。

(4)　次の処理で Tanka を Max に代入している。Max は単価の最高であり，最大値を求めるためには Tanka がそれまでの Max を上回った際に Max に代入する必要があるため，イが正答であると判断する。

(5)　おわりの前に Heikin を表示している。表示順から Heikin は「単価の平均」であると判断し，計算式は処理条件 3 から「単価の平均 = 支払金額の合計 ÷ 給油量の合計」であることを確認する。支払金額の合計は Gkin であり，給油量の合計は Gryo であるため，ウが正答であると判断する。

【6】　線形探索

(1)　入力データの商品コードと一致する商品コードを配列 Scd から線形探索する。ループの中で変数 s を加算しているため，添字は s を用いる。一致しない間ループし，一致したらループを抜けるためコが正答であると判断する。

(2)　直後に Kin（金額）を表示しているため，Kin を計算する。処理条件から計算式は「数量 × 単価 + 保証加入数 × 5000」であることがわかり，入力データの変数と，販売単価の配列 Htan からカが正答であると判断する。

(3)　ループを抜けた次のループ内で Hkei を使用していることがわかる。Hkei は保証加入数計であり，入力データ Ho を集計する必要があるためイが正答であると判断する。

(4)　分岐処理の中で 0.9 をかけている。処理条件から，数量計が 1000 を超え，保証加入割合が 60 以上の場合，仕入金額計に 0.9 をかけて求めることがわかり，アが正答であると判断する。

(5)　最後に利益の合計を表示している。HSokei（販売金額計の合計）から SSokei（仕入金額計の合計）を引いて求めるため，クが正答であると判断する。

【7】 線形探索, 一次元配列, データの件数, データの合計, データの平均

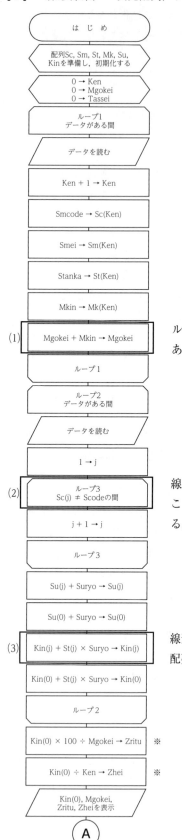

(1) ループ 2 終端の次の Zritu の計算で Mgokei が必要となる。Mgokei は目標金額合計であると判断し, 商品データの Mkin を累計していく処理を行う。

(2) 線形探索。ループ 3 の中で j を加算していることから, ループの条件に j が関係することを確認する。処理条件より, 商品コードと配列 Sc を比較する処理であると判断する。

(3) 線形探索の結果を踏まえ, j を添字として, 配列 Kin の該当要素に売上金額を集計する。配列 Su への数量の集計や, この直後にある Kin(0) への集計もヒントとなる。

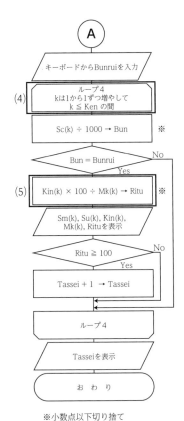

(4)

(5)

※小数点以下切り捨て

キーボードから Bunrui を入力した直後の処理なので，ループ 4 は指定した分類に関する表示処理を行う部分であると判断する。k は次の処理で配列 Sc の添字として使用されており，配列 Sc は添字 1 からデータ件数（Ken）までの要素を使用している。よって，「k は 1 から 1 ずつ増やして k ≦ Ken の間」であると判断する。

次の表示処理で Ritu を表示しているが，ここまでで Ritu を求められていないので，Ritu を求める処理であると判断する。第3図と表示処理を見比べると，Ritu は（商品ごとの）目標達成率であると分かる。処理条件に従い，売上金額計 × 100 ÷ 目標金額で目標達成率を計算する。

第6回　模擬問題　解答

【1】

1	2	3	4	5
エ	カ	ア	キ	ケ

【2】

1	2	3	4	5
カ	オ	エ	コ	イ

【3】

1	2	3	4	5
ウ	ア	ウ	イ	ウ

各2点
15問　小計　30

【4】

(1)	(2)	(3)	(4)	(5)
3	4回	5	9	ウ

【5】

(1)	(2)	(3)	(4)	(5)
エ	ク	カ	イ	キ

【6】

(1)	(2)	(3)	(4)	(5)
ク	ア	イ	エ	ケ

各3点
15問　小計　45

【7】

(1) ❶	(1) ❷	(2)	(3)	(4) ❶	(4) ❷	(5)
ア	イ	ス	ツ	ク	エ	ソ

各5点
5問　小計　25

得点合計
100

※　【7】(1)・(4)は，問ごとにすべてができて正答とする。
　　【7】(1)順不同可

解説

【1】

イ．JIS：日本産業規格。日本国内の産業の発展を目的として，産業製品に関する規格や測定法などを定めた国家規格。

ウ．セクタ：ハードディスク装置などにおいて，データを読み書きする領域における最小の記録単位。

オ．コンパイラ：プログラム言語で記述された原始プログラムを一括で機械語に変換するプログラム。

ク．ピクセル：ディスプレイで表示される画像などの色情報を構成する最小単位。

コ．不正アクセス禁止法：他人のユーザIDやパスワードを無断で使用し，ネットワーク上のコンピュータにアクセスすることを禁止する法律。

【2】

ア．ローカル変数　　ウ．RGB　　キ．ワンタイムパスワード　　ク．ZIP　　ケ．シェアウェア

【3】

1．桁上がりに注意して，2進数どうしを加算する。

2．イ．Java：コンピュータの機種などに左右されずに実行可能な，オブジェクト指向型のプログラム言語。

　　ウ．アセンブリ言語：コンピュータが直接理解できる機械語と1対1の命令で対応しているプログラム言語。

3．ア．ファイアウォール：組織内のネットワークを，外部の攻撃から守るためのハードウェアまたはソフトウェア。

　　イ．ガンブラー：改ざんされたWebページを利用者が閲覧すると，利用者のパソコンをマルウェアに感染させる攻撃。

4．ア．ANSI：アメリカにおける工業分野の標準規格を策定する団体。

ウ．JIS：日本産業規格。日本国内の産業の発展を目的として，産業製品に関する規格や測定法などを定めた国家規格。

5．ア．ストリーミング：ネットワークを通じて，動画や音声などのデータをユーザのコンピュータが受信しながら同時に再生する技術。

　　イ．アーカイバ：複数のファイルを一つにまとめたり，まとめたファイルを元の状態に戻したりするためのソフトウェア。

【4】

(1)(2)　m の値が 16740 のとき，㋐の処理 1 回目の s の値：2／2 回目の s の値：2／3 回目の s の値：3／4 回目の s の値：2 。また，㋐が出力されるときには㋑の処理も行っているので，m の値が 16740 のとき，㋑は 4 回実行される。

(3)(4)　m の値が 18067 のとき，㋒の処理 1 回目の k の値：8000／2 回目の k の値：2000／3 回目の k の値：20／4 回目の k の値：5／5 回目の k の値：1 。4 回目の k の値は 5 である。

(5)　プログラム中のxの値の法則について問われている。x の値が変動する箇所は，「x = 4」で初期値を決定したあとは「x = 9 – x」のところしかないので，ここに注目する。x の初期値は 4 なので，「x = 9 – x」により，x には 5 が記憶される。次のループでは，「x = 9 – x」により，x には 4 が記憶される。これを繰り返し続けるので，x には 4 か 5 しか記憶されない。

【5】　データの集計，最小値，平均値

(1)　第2図のように最小を表示している。最小を求めるための変数である「Min」の初期化がされていないため，最小の初期値である大きな値を代入する必要があることから，エが正答であると判断する。

(2)　次の処理で Gokei から 8000 または 3000 を引いている。処理条件 1 により，「Gokei」が合計金額であるとわかり，8000 引く条件は合計金額が 25,000 以上であることからクが正答であると判断する。

(3)　第2図のように請求金額の平均を出力している。請求金額の平均を求めるには，請求金額の合計を人数の合計で割る必要がある。請求金額の合計を求めていないため，(3)で集計する。請求金額は「Seikyu」に記憶されているため，(3)の正答はカであると判断する。

(4)　第2図を見ると最小を出力していることがわかる。次の処理で最小である「Min」を更新している。新たなデータがこれまでの最小値を下回った際に最小値を更新する必要があることから，イが正当であると判断する。

(5)　第2図を見ると，次の処理で表示している「Heikin」は請求金額の平均であることがわかり，これまでに計算されていないため(5)で計算する必要がある。請求金額の平均を求めるために，請求金額の合計を人数の合計で割る。請求金額の合計は(3)で Sokei を用いて計算する。よって，キが正答であると判断する。

【6】　一次元配列，線形探索，多分岐

(1)　次の処理で n の値を増やしている。処理条件 2 から，店舗コードをもとに配列 Cod を探索する必要があることがわかるため，店舗コード Cod(n) の値が一致しない間ループして線形探索をする処理を行うことから，クが正答であると判断する。

(2)　ループ 3 に入った次の処理で Nkei(p) を使用している。これまでに配列 Nkei は集計されていないため，(2)で集計する必要がある。処理条件 2 から，配列 Nkei には店内飲食客数 (Nsu) を集計する必要があることがわかり，アが正答であると判断する。

(3)　次の処理で Biko を表示している。(3)の左側では「◎」を Biko に代入している。処理条件 3 から，Rkei が 4000 以上 5000 未満のときは「○」を備考に表示するため，イが正答であると判断する。

(4)　ループ 4 の中で配列 Tkei を使用しているが，これまでに集計されていないため(4)で集計する必要がある。処理条件 3 から，配列 Tkei は持ち帰り客数計を求める配列であることがわかる。配列 Tkei の添字は配列 Ukeiと同様に業態コードを用いており，変数 soe を使用する。よって，エが正答であると判断する。

(5)　次の処理で配列 Ukei と配列 Tkei の添字として k を使用しているため，(5)で定義する必要がある。配列 Tkei と配列 Ukei は処理条件 3 から要素 1 から要素 4 まで使用するため，ケが正答であると判断する。

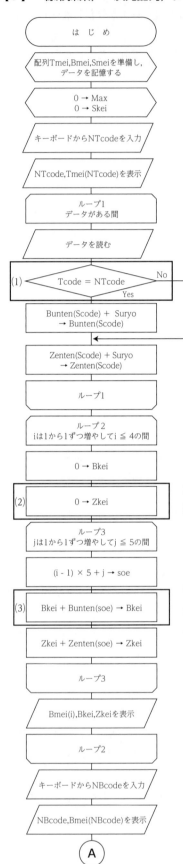

次の処理で配列 Bunten に Suryo を集計している。処理条件 4 より，配列 Bunten は分析対象店舗の集計用配列であることがわかる。キーボードから入力された店舗コード（NTcode）と，入力データの店舗コード（Tcode）が等しいときに配列 Bunten に集計するため，アとイが正答であると判断する。

ループ 3 の中で Zkei に配列 Zenten のデータを集計している。これまでに初期化されていないため，(2)で初期化する必要があり，スが正答であると判断する。

ループ 3 を抜けたあとに Bkei を出力しているが，これまでに集計されていないため(3)で集計する必要がある。第2図から Bkei は分析店舗の売上数量であることがわかり，処理条件 4 から配列 Bunten に売上数量が集計されていることがわかる。(3)の直前に soe を計算しており，(3)で配列 Zenten の添字として利用している。(3)でも同様に soe を利用して集計するため，ツが正答であると判断する。

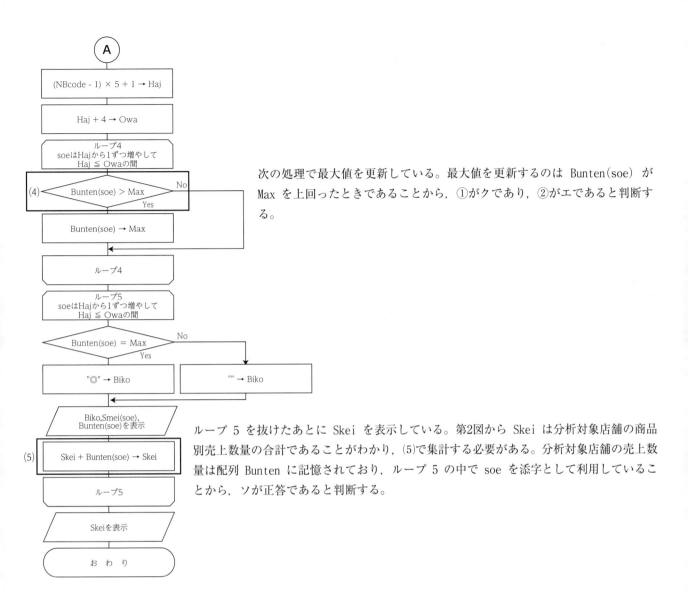

次の処理で最大値を更新している。最大値を更新するのは Bunten(soe) が Max を上回ったときであることから、①がクであり、②がエであると判断する。

ループ 5 を抜けたあとに Skei を表示している。第2図から Skei は分析対象店舗の商品別売上数量の合計であることがわかり、(5)で集計する必要がある。分析対象店舗の売上数量は配列 Bunten に記憶されており、ループ 5 の中で soe を添字として利用していることから、ソが正答であると判断する。

◁P.112

【1】

1	2	3	4	5
コ	イ	キ	ク	オ

【2】

1	2	3	4	5
ク	オ	ウ	ケ	イ

【3】

1	2	3	4	5
イ	ア	イ	ア	ウ

各2点 15問　小計 30

【4】

(1)	(2)	(3)	(4)	(5)
51	39	2回	2	ア

【5】

(1)	(2)	(3)	(4)	(5)
ア	エ	ケ	キ	ウ

【6】

(1)	(2)	(3)	(4)	(5)
ウ	ア	ク	イ	コ

各3点 15問　小計 45

【7】

(1)	(2) ❶	(2) ❷	(3) ❶	(3) ❷	(4) ❶	(4) ❷	(5)
オ	セ	チ	ク	テ	シ	カ	エ

各5点 5問　小計 25

得点合計
100

※　【7】(2)・(3)・(4)は，問ごとにすべてができて正答とする。

解説

【1】

ア．ファームウェア：さまざまな電子機器に組み込まれたコンピュータシステムを制御するためのソフトウェア。

ウ．JIS コード：JIS（日本産業規格）で規格化された日本語の文字コード。

エ．コンパイラ：プログラム言語で記述された原始プログラムを，一括して機械語に変換するプログラム。

カ．ピアツーピア：コンピュータ同士が対等な関係で相互に通信を行うネットワーク。

ケ．テストラン：プログラムが正しく作動するかどうかテストデータを用いて試してみること。

【2】

ア．リミットチェック　　エ．SSID　　カ．OMR　　キ．マクロ言語　　コ．バイナリファイル

【3】

1．10 進数の 15 を 2 進数で表すと 1111 となる。1111 と 1010 との和は 11001 となる。

2．イ．シェアウェア：一定の試用期間を設け，試用期間後も継続して使いたい場合は料金を支払うソフトウェア。

　　ウ．サイトライセンス：大量に同じソフトウェアを導入する際に，1 つの契約で複数台分の使用許諾を認める契約のこと。

3．ア．MPEG：データ量の多い動画・音声データを高能率で圧縮する方式の規格の総称。

　　ウ．MP3：音響データを圧縮する方式の一つで，動画圧縮方式の MPEG-1 で記録するファイル形式。

4．イ．トラック：ハードディスク装置において，同心円状の記憶領域。

ウ．シリンダ：ハードディスク装置において，複数のディスクの同じトラックをまとめた領域。

5．ア．フルコントロール：データへのアクセス権のことで，すべての権限が許可された状態のこと。

　イ．書き込み：データのアクセス権のことで，データの更新が可能な状態のこと。

【4】

(3) ㋑の処理は，a が b より大きいときのみ行われることに注意する。

(5) m の値は，m を出力する処理の前で，「m = c ＊ 10 － q ＊ 11」で計算されている。q = Int(c ＊ 10 ／ 11) なので，「m = 10c － Int $\left(\dfrac{10c}{11}\right)$ ＊ 11」とも表すことができる。cに整数値をいくつか入れてみると，答えはアであるとわかる。

【5】　データの件数，最大値・最小値

(1) 流れ図記号が準備であることから，初期値の設定であると判断する。他の 2 つの準備では Ksu と Maxten の初期値を設定している。実行結果から初期値を設定する必要があるのは応募数であると考え，アが正答であると判断する。

(2) データを読んだ後，(2)の処理をし，その後 Ten（評価点）が 320 以上であるか判断していることから，(2)では Ten の計算をしていると考える。処理条件の 1 から Ten は「インパクト × 2 ＋ イラスト ＋ ワード」の計算式で求められていることから，エが正答であると判断する。

(3) Ten が 320 以上であるときの処理として考える。処理条件の 1 から評価点が 320 以上のときは，備考に"○"を表示することと，評価点が 320 以上の件数を求めていることを確認する。件数は(3)の処理の後に求めていることから，ケが正答であると判断する。

(4) 判断で真のとき，Maxten に Ten を代入していることから，評価点の最大値を判断していると考える。処理条件を確認すると，先に入力されたデータを優先することから，キが正答であると判断する。

(5) 実行結果から「評価点が最大の応募者名」を表示していることを確認する。最大値であった場合は応募者名を記憶しなければいけないため，ウが正答であると判断する。

【6】　データの集計，一次元配列

(1) 流れ図記号が準備であることから，初期値の設定であると判断する。他の準備記号では配列に値の設定と初期化を行っているのと，RGokei（受講人数計）のゼロクリアを行っている。実行結果から合計を累計で求めるのは NGokei（受講人数計）であることを確認し，ウが正答であると判断する。

(2) 処理条件の 1 から受講コードはコースと曜日から構成されていることを確認する。(2)の後に曜日の値を算出していることから，(2)ではコースの値を算出していると判断する。受講コードの 2 桁目がコースの値であることから，10 で除算すると考え，アが正答であると判断する。

(3) 処理条件の 4 からデータを読んだ後，配列に集計することを確認する。区分が 2（学生）のときはコースごとの受講人数を配列 KGnin に，曜日ごとの受講人数を配列 YGnin に集計する。(3)の後に配列 YGnin の集計をしていることから，配列 KGnin の処理であると考える。コースごとに集計するため，添字にはコースを使用することを確認し，クが正答であると判断する。

(4) 処理条件の 5 からデータの集計後に，コースごとの受講人数計と受講料計を求め，コース別集計表を表示することを確認する。(4)の処理の後に受講料計を求めていることを確認し，受講人数計の処理であると判断する。ループで i を使用していることと受講料計の計算を参考にして，添字に i を使用することを確認し，イが正答であると判断する。

(5) 実行結果と処理条件の 5 から曜日別分析表を表示することを確認する。曜日ごとに受講人数を集計する配列 YInin と配列 YGnin の添字が 0 から 6 であることを確認し，コが正答であると判断する。オは 6 未満までの繰り返しのため，K は 5 までしか処理されない。

【7】 線形探索，一次元配列，データの件数，データの合計，データの平均

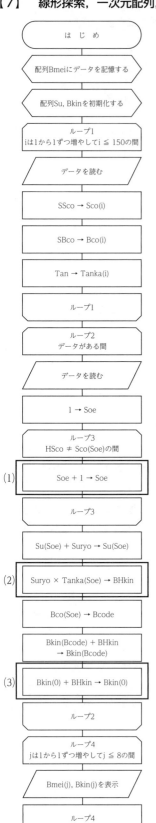

はじめ

配列Bmeiにデータを記憶する

配列Su, Bkinを初期化する

ループ1
iは1から1ずつ増やしてi ≦ 150の間

データを読む

SSco → Sco(i)

SBco → Bco(i)

Tan → Tanka(i)

ループ1

ループ2
データがある間

データを読む

1 → Soe

ループ3
HSco ≠ Sco(Soe)の間

(1) Soe + 1 → Soe

線形探索。処理条件3のとおり，販売データの商品コードと配列 Sco を比較している処理であると判断する。配列 Sco の添字を増やすことで，線形探索を行っている。

ループ3

Su(Soe) + Suryo → Su(Soe)

(2) Suryo × Tanka(Soe) → BHkin

2つ下の処理で分類ごとの販売金額を集計していることから，BHkin の計算を行っていると判断する。販売金額は「数量 × 単価」で求めることと，単価は配列 Tanka を使用することを確認する。

Bco(Soe) → Bcode

Bkin(Bcode) + BHkin → Bkin(Bcode)

(3) Bkin(0) + BHkin → Bkin(0)

分類ごとの販売金額の合計は Bkin(0) に求めることを確認する。

ループ2

ループ4
jは1から1ずつ増やしてj ≦ 8の間

Bmei(j), Bkin(j)を表示

ループ4

A

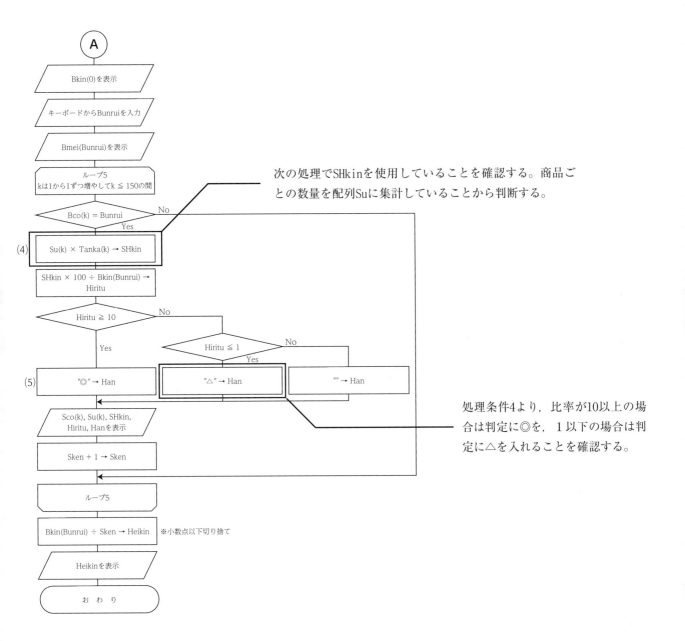

次の処理でSHkinを使用していることを確認する。商品ごとの数量を配列Suに集計していることから判断する。

処理条件4より，比率が10以上の場合は判定に◎を，1以下の場合は判定に△を入れることを確認する。

【1】

	1	2	3	4	5
	カ	ア	イ	キ	オ

【2】

	1	2	3	4	5
	コ	イ	キ	エ	ク

【3】

	1	2	3	4	5
	605	ウ	イ	ア	イ

各2点 15問　小計 30

【4】

	(1)	(2)	(3)	(4)	(5)
	3	2431	4	241	ウ

【5】

	(1)	(2)	(3)	(4)	(5)
	エ	ケ	イ	ア	カ

【6】

	(1)	(2)	(3)	(4)	(5)
	ウ	コ	キ	エ	ア

各3点 15問　小計 45

【7】

(1)	(2) ❶	(2) ❷	(3)	(4) ❶	(4) ❷	(5) ❶	(5) ❷
エ	ス	ケ	チ	カ	シ	イ	ト

各5点 5問　小計 25

得点合計
100

※　【7】(2)・(4)・(5)は，問ごとにすべてができて正答とする。

解説

【1】

ウ．多段階認証：複数の段階に分けて認証を行うこと。その際，認証要素の種類数は問わない。

エ．クライアントサーバシステム：サーバ専用機を置くネットワーク形態。

ク．シーケンスチェック：データが正しい順番に並んでいるかを確認するチェック。

ケ．GIF：256 色までの色情報を扱うことができる，画像のファイル形式。アイコンなどに多く用いられる。

コ．バイナリファイル：文字データとして扱うことのできないファイル。

【2】

ア．ピクセル　　ウ．アクセスアーム　　オ．グローバル変数　　カ．簡易言語　　ケ．フリーウェア

【3】

1．2 進数 01101001 は，10 進数の 105 である。

2．ア．アセンブラ：アセンブリ言語で記述されている原始プログラムを機械語に変換するソフトウェア。

　　イ．インタプリタ：原始プログラムを 1 命令ずつ解釈して実行するソフトウェア。

3．ア．フルコントロール：すべての操作を認めるアクセス権限。

　　ウ．シングルサインオン：一回の認証で複数のシステムを使用できるようになる認証。

4．イ．ANSI：米国内の工業分野における標準規格を管理する組織。

　　ウ．IEEE：米国に本部がある，コンピュータなどに関する世界規模の学会。

5．ア．イニシャルコスト：システムの導入に必要な費用。

　　ウ．TCO：システムの導入・維持・廃棄などにかかる総費用。

【4】

⑴　「s Mod n」は，「s ÷ n」をしたときの余りを算出することを意味する。

⑵　m の値が 10 のとき，「For g = 1 To m Step 1 ～ Next g」の処理を終えた段階で，配列 tmp の値は要素 1 から要素 10 まで順に，2，4，3，1，2，4，3，1，2，4となっている。そして，「Do While tmp(h) <> hoz」では，tmp(1) と同じ値が出たらループを抜けるので，ループを抜けるときの h の値は 5 となる（tmp(1) と tmp(5) が同じ値のため）。よって，「For p = 1 To h − 1 Step 1 ～Next p」では，tmp(1) から tmp(h − 1)（すなわち tmp(4)）までの値を文字列結合した値が kei に記憶されることになる。

⑸　⑴～⑷ のトレース表より，配列 tmp に記憶される値を確認すると，一定の間隔で同じ値が繰り返し出現していることに気づける（ n の値が 3 のときは 2，1 が，5 のときは 2，4，3，1 が，7 のときは 2，4，1 が，9 のときは 2，4，8，7，5，1 が繰り返す。2 の累乗を同じ数で割り続けると，余りに周期性が生じる）。「Do While tmp(j) <> hoz ～ Loop」によって，この繰り返しのパターンを抽出しているので，m の値が変わっても kei の値は変わらないとするウが正答である。なお，このプログラムで抽出を行うことができるのは，ひとつの周期のなかで同じ数が一回しか出現しないためである。

【5】　最大値

⑴　後の処理から，Max の初期値設定が必要であると判断する。Max は「増減率（%）の最大」を記憶する変数であり，最大値を記憶する変数であるためあり得る値の中で最も小さい値を記憶する。

⑵　直後の表示処理のうち，Ritu をまだ求めていないことから，ここで Ritu を求める必要がある。Ritu は「増減率（%）」を記憶する変数であり，計算式は処理条件 1 に示されている。選択肢オとケのうち，変数名や表示処理の順番から Kon が「今年度」を表していると判断すると，ケを選択できる。

⑶　ここでは，Max の更新処理を行っている。Max を更新する場合は，同時にその検定名（Kmei）を「増減率（%）が最大の検定名」にする必要がある。

⑷　現在の入力データが「増加傾向にある検定」なのか，「減少傾向にある検定」なのかを判断している。前年度より今年度の方が多い場合（選択で Yes の場合）は「増加傾向にある検定」なので，Zsu に 1 を加算すると判断する。

⑸　第2図と見比べて，減少傾向にある検定数を表示していると判断する。

【6】　線形探索，データの累計

⑴　線形探索の応用として，配列の中に探しているデータがなかった場合に線形探索のループを抜け，エラー数をカウントしようとしている。この線形探索では，添字 j を用いて探索を行っており，探索対象である配列 Scod の要素数は 8 である。よって，j が 9 になってしまったら，配列 Scod の中には探しているデータが存在しないことになるため，ループを抜ける。

⑵　j が 9 以上になってしまっていたら配列 Scod の中に探しているデータがないということになる。その場合は，エラー数に 1 を加算する。

⑶　処理条件 3 にある，「分類番号をもとに配列 Bsu に数量を集計する」という部分である。

⑷　下の表示処理のうち，Gokei（総売上金額）をまだ求めていないことに注目する。

⑸　下の表示処理のうち，Wari（割合）をまだ求めていないことに注目する。

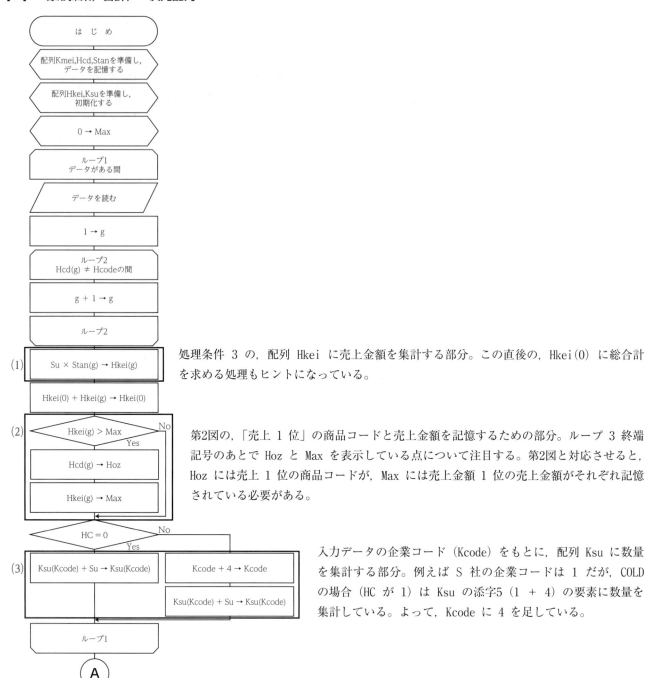

(1) 処理条件 3 の，配列 Hkei に売上金額を集計する部分。この直後の，Hkei(0) に総合計を求める処理もヒントになっている。

(2) 第2図の，「売上 1 位」の商品コードと売上金額を記憶するための部分。ループ 3 終端記号のあとで Hoz と Max を表示している点について注目する。第2図と対応させると，Hoz には売上 1 位の商品コードが，Max には売上金額 1 位の売上金額がそれぞれ記憶されている必要がある。

(3) 入力データの企業コード（Kcode）をもとに，配列 Ksu に数量を集計する部分。例えば S 社の企業コードは 1 だが，COLD の場合（HC が 1）は Ksu の添字5（1 ＋ 4）の要素に数量を集計している。よって，Kcode に 4 を足している。

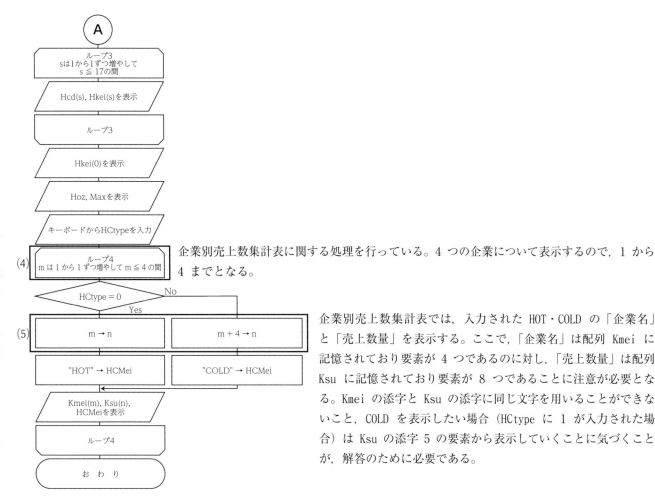

企業別売上数集計表に関する処理を行っている。4つの企業について表示するので、1から4までとなる。

企業別売上数集計表では、入力された HOT・COLD の「企業名」と「売上数量」を表示する。ここで、「企業名」は配列 Kmei に記憶されており要素が4つであるのに対し、「売上数量」は配列 Ksu に記憶されており要素が8つであることに注意が必要となる。Kmei の添字と Ksu の添字に同じ文字を用いることができないこと、COLD を表示したい場合（HCtype に1が入力された場合）は Ksu の添字5の要素から表示していくことに気づくことが、解答のために必要である。

◁P.128

【1】

	1	2	3	4	5
	オ	ケ	カ	コ	キ

【2】

	1	2	3	4	5
	ウ	ケ	エ	イ	ア

【3】

	1	2	3	4	5
	イ	ウ	ア	ア	イ

各2点 15問　小計 30

【4】

	(1)	(2)	(3)	(4)	(5)
	61	156	3回	175	イ

【5】

	(1)	(2)	(3)	(4)	(5)
	ク	オ	イ	ケ	カ

【6】

	(1)	(2)	(3)	(4)	(5)
	ウ	コ	カ	ア	イ

各3点 15問　小計 45

【7】

	(1)	(2)❶	(2)❷	(3)	(4)	(5)❶	(5)❷
	オ	ク	ス	サ	ツ	ウ	ト

各5点 5問　小計 25

得点合計
100

※　【7】(2)・(5)は，問ごとにすべてができて正答とする。
　　【7】(2)順不同可

解説

【1】

ア．OCR：手書きの文字を光学的に読み取り，データとしてコンピュータに入力する装置。

イ．ガンブラー：ウェブページの閲覧者をウィルスなどに感染させる攻撃。

ウ．圧縮：データの意味を変えずに，データ容量を小さくすること。

エ．有線 LAN：LAN ケーブルによって機器同士を接続したネットワーク。

ク．簡易言語：簡単なコマンド操作などでデータ処理プログラムを組むことができるプログラム言語。

【2】

オ．OSS　　カ．復号　　キ．PNG　　ク．C 言語　　コ　多要素認証

【3】

1．2 進数の 101 は，10 進数の 5 である。13 × 5 = 65 →　65 を 2 進数に変換すると，1000001 となる。

2．ア．不正アクセス禁止法：他人のユーザ ID やパスワードを使って不正にアクセスすることを禁止する法律。

　　イ．著作権法：創作物に対する創作者の権利である著作権を保護するための法律

3．イ．チェックディジットチェック：コードの末尾に検査用数字を付与するなどによって，コードの誤りを検出する
　　　チェック。

　　ウ．ニューメリックチェック：データが数値かどうかを確認するチェック。

4．イ．IEEE：米国に本部がある，コンピュータやネットワークに関する世界規模の学会。

ウ．JIS：日本国内の産業の効率化などを目指して定められた規格。

5．計算式：（総画素数）6,000 × 4,500 = 27,000,000／（ビット数）27,000,000 × 24 = 648,000,000／（バイト数）
648,000,000 ÷ 8 = 81,000,000／（メガバイトに変換）81,000,000 ÷ 10^6 = 81

【4】

⑴ n の値が 7 のとき，⑦で出力される b の値は次のとおりである。1 回目：14，2 回目：34，3 回目：61，4 回目：
95。

⑸ 「If f = 1 Then ～ End If」に注目すると，f に 1 が記憶されるのは b が奇数の場合なので，c には b が奇数の
ときの値が累計されていく。そのため，イが正答であることが分かる。

【5】　最小値

⑴ 処理条件 3 にもあるように，2 回目の分岐処理である⑷の付近で最小値を求めている。最小値の初期値を設定して
いないため，⑴で設定する必要がある。最小値の初期値には大きな値を設定する必要があるため，クが正答であると判
断する。

⑵ 処理条件 1 にあるように，客室稼働率（%）が 50 以下の場合には，＊を表示する。よって，オが正答であると判断
する。

⑶ 処理条件 3 にあるように，客室稼働率（%）が 50 以下の件数を出力する。そのため，⑵で Yes に分岐している⑶で
件数を数える必要がある。よって，イが正解であると判断する。

⑷ 最小値を求める分岐の処理である。処理条件 3 にあるように，第2図に最低客室稼働率（%）の施設名を表示する必要
がある。第2図と流れ図から，Minsmei が最低客室稼働率（%）の施設名であることがわかる。施設名は Smei に保存さ
れていることがわかるため，ケが正答であると判断する。

⑸ 直後の処理で Zritu を表示しているが，これまでに計算がされていないため⑸で求める必要がある。第2図から
Zritu は全体の客室稼働率（%）であることがわかる。処理条件 2 から，全体の客室稼働率（%）の計算式がわかり，⑸
下の出力から，Kgokei が客室数の合計で，Agokei が空室数の合計であることわかる。よって，カが正答であると判断
する。

【6】　多分岐，配列

⑴ 直後の処理で Jkugiri を使用しているが，これまでに定義されていないため⑴で求める必要がある。Jkugiri は料
金を求めるのに使用していることがわかる。処理条件 3 から，30 分ごとに基本料金が追加され，上限は 480 分であ
ることがわかる。

配列 Kryo に記憶されている値はそれぞれのルーム区分の基本料金であり，ルーム区分が Rku のルームの基本料
金は Kryo（Rku）となる。また，料金（Kin）は流れ図にある通り「Kryo(Rku) × Jkugiri」で求められる。処理条件
2・3 と照らし合わせると，1 分以上 30 分以下利用した場合は Jkugiri が 1，31 分以上 60 分以下使用した場合は
Jkugiri が 2 ……と設定されなければならない。利用時間（Rjikan）に料金が切り替わる 30 と 31 を代入してそれ
ぞれ確認するなどの方法により，クではなくウが正答であると判断する。

⑵ 直後の処理で備考に○を代入している。○を代入する条件は，120 分以上 240 分未満であることから，コが正答で
あると判断する。

⑶ 第2図に表示されているデータから，⑶では利用時間（分）を出力する必要があることが判断できる。利用時間は⑴
の上で計算されていることから，カが正答であると判断する。

⑷ ループ 2 の中で配列 Jkei を利用しているが，これまでに集計されていないため⑷で集計する必要がある。処理条
件 3 から，配列 Jkei には利用時間を集計することがわかり，アが正答であると判断する。

⑸ ループ 2 終端の前の出力処理で Rfun を出力しているが，これまでに計算されていないため，⑸で計算する必要が
ある。第2図の表示から Rfun は利用時間計の「分」部分であることがわかる。利用時間計は配列 Jkei に集計されて
おり，⑸の 2 つ下でも分を求める計算をしていることからイが正答であると判断する。

【7】線形探索，一次元配列，件数

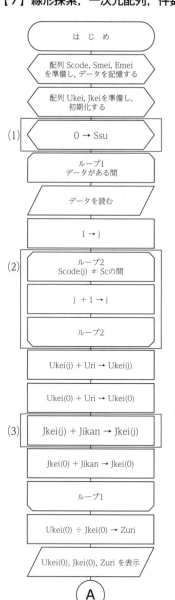

(1)

流れ図記号より，初期値設定をしているところであると判断する。解答群より，オかケが候補となるが，(5)の直後の処理から Ssu は 0 から始まる件数カウントであると判断し，オが正答であると考える。

(2)

線形探索。処理条件3に「売上データ」の「社員コードをもとに配列 Scode を探索……」とある。売上データの社員コードは Sc に記憶されているので片方はスとなり，配列 Scode の添字には直後の処理より j を使うことがわかるのでもう片方はクとなる。

(3)

直後に配列 Jkei(0) に Jikan を集計している。処理条件 3 から，配列 Jkei に勤務時間を集計する処理であることがわかる。社員コードをもとに探索した配列 Scode の添字と配列 Jkei の添字が対応していることがわかり，サが正答であると判断する。

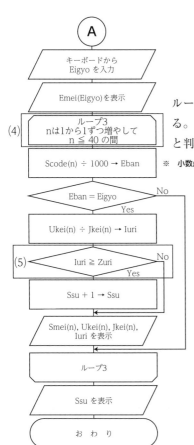

ループ 3 の中で配列の添字として変数 n を使用しているため，(4)で定義する必要がある。それぞれの配列は添字として 1 から 40 まで使用しているため，ツが正答であると判断する。

※ 小数点以下切り捨て

直後の処理で Ssu を加算し，ループ3終端の次の処理で Ssu を表示している。第3図の実行結果から，全営業所の1時間あたりの売上金額以上の社員数が Ssu であることがわかる。処理条件 4 から，社員ごとの1時間あたりの売上金額は，売上金額計÷勤務時間計であることがわかり，(5)の上で計算している Iuri に求められている。全営業所の 1 時間あたりの売上金額は実行結果と流れ図から Zuri であることがわかる。よって，①がウ，②がトであると判断する。

▷P.136

【1】

1	2	3	4	5
カ	イ	コ	ケ	ウ

【2】

1	2	3	4	5
オ	キ	コ	ウ	エ

【3】

1	2	3	4	5
ウ	イ	ウ	ア	イ

各2点
15問　小計 30

【4】

(1)	(2)	(3)	(4)	(5)
4	5	6回	8	イ

【5】

(1)	(2)	(3)	(4)	(5)
ア	ク	イ	ケ	オ

【6】

(1)	(2)	(3)	(4)	(5)
ク	イ	エ	ア	ウ

各3点
15問　小計 45

【7】

(1)	(2)	(3) ❶	(3) ❷	(4)	(5) ❶	(5) ❷
ツ	ウ	タ	ス	テ	セ	カ

各5点
5問　小計 25

得点合計
100

※　【7】(3)・(5)は，問ごとにすべてができて正答とする。
　　【7】(3)順不同可

解説

【1】

ア．解凍：圧縮したデータを元の状態に戻すこと。

エ．個人情報保護法：個人情報を扱う事業者や団体に，個人情報を適切に取り扱うことを義務付ける法律。

オ．C 言語：OS の開発などに利用される，汎用性の高いプログラム言語。

キ．ニューメリックチェック：データが数値であるかどうかを確認するチェック。

ク．ランニングコスト：システムの維持のためにかかる費用。

【2】

ア．クライアントサーバシステム　　イ．産業財産権　　カ．PNG　　ク．論理エラー　　ケ．JIS コード

【3】

1．2 進数の 10101 は，10 進数の 21 である。

2．ア．アセンブラ：アセンブリ言語で記述されている原始プログラムを機械語に変換するソフトウェア。

　　ウ．コンパイラ：プログラム言語で記述された原始プログラムを機械語に変換するソフトウェア。

3．ア．フリーウェア：期間に関わらず，無償で使用できるソフトウェア。ただし，通常は著作権は放棄されていない。

　　イ．シェアウェア：試用期間を過ぎても使用し続けるためには代金の支払いが必要となるソフトウェア。

4．イ．イニシャルコスト：システムの導入に必要となる費用。

　　ウ．ランニングコスト：システムの維持に必要となる費用。

5．ア．セクタ：ハードディスク装置における，最小の記録単位。

　　ウ．シリンダ：ハードディスク装置において，アクセスアームを動かさずに読み書きできる記憶領域の集まり。

【4】

⑴　n の入力値が 7 のとき，㋐の処理を実行したときの n の値は次のとおりである。1 回目：8，2 回目：4，3 回目：2，4 回目：1。

⑵　c の値は，ループ処理を繰り返した回数と同じになっているので，n > 1 の条件に従って，n の値をトレースすることで答えられる。n は初期値：7，1 回目：16，2 回目：8，3 回目：4，4 回目：2，5 回目：1 となるので，答えは5となる。⑷も同様に解答する。

⑶　アの処理は，n の値が偶数の時に実行される。変化をトレースすると，初期値 11 で，24，12，6，3，8，4，2，1 となるので，答えは 6 回。

⑸　処理を終了するためには，「Do While n > 1」でループ抜けをすることになるので，処理を終了したときの n の値は 1 以下になっている。n の値を小さくする処理は，「j = Int(n / 2)」を踏まえた「n = j」の部分のみだが，最初の n の値が 2 以上の整数であり，かつ減算によって n が小さくなることはないので，n の値は 1 未満にはならない。よって，「Do While n > 1」でループ抜けをする際には，n は必ず 1 となるため，イが正答である。

【5】　合計・最大値・多分岐

⑴　⑶の直前にある処理で，Kin が表示されているので，Kin を求める処理が必要である。流れ図より Kin が売上金額であることがわかるので，処理条件 1 の「売上金額」を算出する式にならって答えを選ぶ。

⑵　この処理は，Nin が 1000 以上 1500 未満のときに行われる。処理条件 1 より，この場合は○を表示する。

⑶　人数の合計を求める処理を行っている。

⑷　上下の処理から，最大の人数を記憶していると判断する。

⑸　第2図の出力結果より，人数が最大の時の日付を表示する処理であると判断する。

【6】　線形探索・件数のカウント・平均

⑴　直後の処理が Gkei(0) のカウントになっていることから，Gkei の学科ごとのカウントであることがわかる。学科は，入力データの Gcode によって配列の該当要素に加算することができる。

⑵　線形探索を行っている。添字 h に 1 を足してループ処理を繰り返す。

⑶　ループ 3 の処理中に Ghei と Zhei の比較があるので，Zhei を求める処理が必要である。Zhei は生徒一人の年間平均ボランティア回数を指す。

⑷　ループ処理中の表示なので添字は i である。選択肢ケについて，Ghei（学科平均）は配列ではなく単一の変数であるので間違っている。

⑸　直後の処理や第2図より，活動内容と活動回数を表示する部分であると判断する。活動内容は配列 Vmei に，活動回数は配列 Vkei に記憶されているが，それぞれ添字が 16 の要素まで値が入っているので，オではなくウが正答となる。

【7】 線形探索・集計・割合

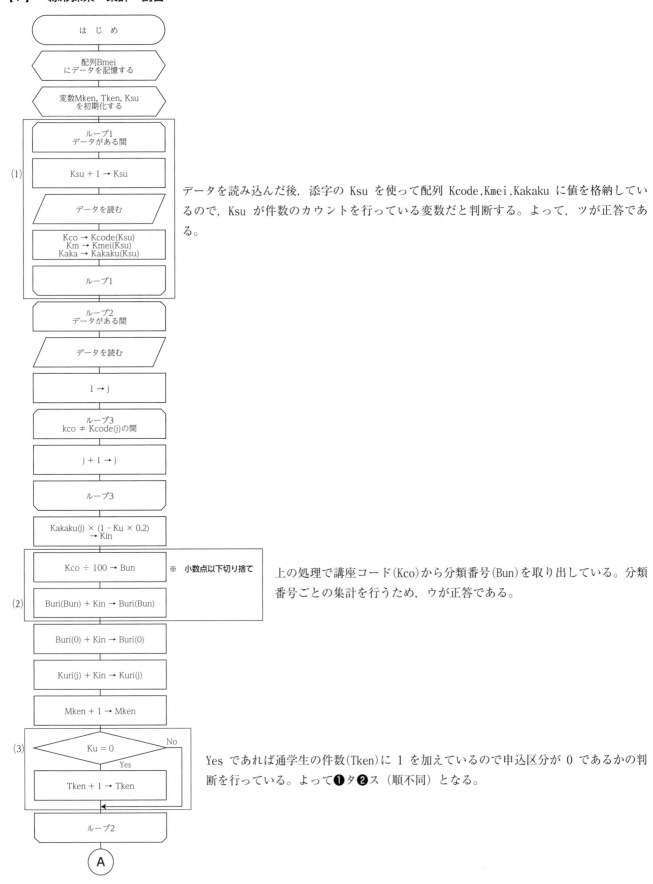

データを読み込んだ後，添字の Ksu を使って配列 Kcode,Kmei,Kakaku に値を格納しているので，Ksu が件数のカウントを行っている変数だと判断する。よって，ツが正答である。

上の処理で講座コード(Kco)から分類番号(Bun)を取り出している。分類番号ごとの集計を行うため，ウが正答である。

Yes であれば通学生の件数(Tken)に 1 を加えているので申込区分が 0 であるかの判断を行っている。よって❶タ❷ス（順不同）となる。

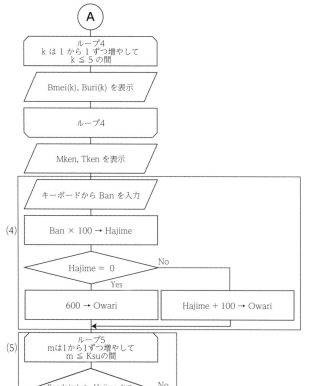

(4)

キーボードより入力した値(Ban)により表示する分類番号が変化するため，変数 Hajime の計算を行う。分類番号は 100 番台が簿記講座，200 番台が情報処理講座……500 番台が不動産等講座となっているのでテが正答となる。

(5)

下の判断記号により添字は m であることがわかる。配列 Kcode を使って処理を行うので❶セとなり，配列に格納されているデータの件数は変数 Ksu に記憶されているので❷カとなる。

▷P.144

【1】

	1	2	3	4	5
	ク	イ	カ	エ	キ

【2】

	1	2	3	4	5
	エ	コ	キ	ア	カ

【3】

	1	2	3	4	5
	ウ	ア	イ	ア	イ

各2点 15問　小計　30

【4】

	(1)	(2)	(3)	(4)	(5)
	3	2回	38	8	ア

【5】

	(1)	(2)	(3)	(4)	(5)
	イ	ア	ウ	キ	オ

【6】

	(1)	(2)	(3)	(4)	(5)
	キ	ウ	ア	ケ	コ

各3点 15問　小計　45

【7】

	(1) ❶	(1) ❷	(2) ❶	(2) ❷	(3)	(4) ❶	(4) ❷	(5)
	オ	ク	ソ	ツ	テ	セ	ケ	エ

各5点 5問　小計　25

得点合計
100

※　【7】(1)・(2)・(4)は，問ごとにすべてができて正答とする。

解説

【1】

ア．PDF：データを実際に紙に印刷したときのレイアウトの状態で保存することができるファイル形式。

ウ．ワンタイムパスワード：一定時間ごとに新しいパスワードに変更され，一度だけ有効な使い捨てのパスワードのこと。

オ．トラック：磁気ディスク装置において，同心円状の記憶領域。

ケ．アクセス許可：システムのデータなどにアクセスする権限のこと。

コ．ブロードバンド：高速・大容量な通信ができるインターネット接続サービスのこと。

【2】

イ．テキストファイル　　ウ．テザリング　　オ．マクロ言語　　ク．暗号化　　ケ．シェアウェア

【3】

1．10進数の27は，2進数の11011である。11011と11001の減算を行う。

2．イ．JISコード：JIS（日本産業規格）で規格化された日本語の文字コード。

　　ウ．Unicode：文字コードの国際的な業界標準の一つで、世界中の様々な言語の文字を表現できる。

3．ア．チェックディジットチェック：番号などの入力や読み取りの誤りを検出するために，番号の末尾に検査用の数字を付加してデータのチェックを行うこと。

　　ウ．トータルチェック：手計算で求めた合計値とシステムで算出した合計値を比較して誤りがないかチェックすること。

4．イ．著作権：文芸，学術，美術又は音楽などの著作物を保護するための権利のこと。

　　ウ．知的財産権：人間の知的活動によって生み出されたアイデアや創作物などの財産的な価値を守る権利のこと。

5．ア．多段階認証：アクセスできる領域を段階的に分けて，本人認証を複数回要求すること。

　　ウ．バックアップ：データやプログラムなどを，不測の事態に備えて別のハードディスクなどに保存すること。

【4】

⑵　IF ステートメントの真と偽の処理は，ループを繰り返すたび，交互に行われることに注意する。

⑸　出力される c の値は，a の値の 1 桁目の値となるため，必ず 10 未満になる。

【5】　データの集計，データの件数，最大値・最小値

⑴　分岐の後の処理で Hantei の処理を行っていることから，Hantei の判断を行っていると考える。処理条件の 1 から Hantei に"＊"を代入するときは「バニラがチョコより多く，かつミントが 2 倍以上であった場合」であることを確認し，イが正答であると判断する。

⑵　⑴の判断で真の場合，処理条件の 2 から「判定に＊が付く店舗数」をカウントすることを確認し，アが正答であると判断する。

⑶　分岐処理で真の場合，Maxkei に Kei を代入していることから最大値の判断であると考える。処理条件の 2 で「最大が同じ計であった場合，先に入力されたデータを優先する」ことを確認し，ウが正答であると判断する。ケの「≧」では後に入力されたデータが優先される。

⑷　処理条件の 2 から「計が最大の販売店名」（Maxname）を表示することを確認し，キが正答であると判断する。

⑸　実行結果の表示順を見て，計の合計と計の最大の間に表示されているのは「判定に＊が付く店舗数」であることを確認し，オが正答であると判断する。

【6】　一次元配列，多分岐

⑴　処理条件の 3 にデータを読み配列 Urikei に売上高を集計するとある。⑴の上の処理で月ごとの集計を行っていることから，Urikei(0) に合計を求める処理であると考え，キが正答であると判断する。

⑵　処理条件の 4 に入力データが終了したら 4 月から 12 月，1 月から 3 月の順に表示するとある。ループの i は 4 から始まり 15 以下の間とあることを確認し，1 月から 3 月は i が 13 から 15 の時と考える。上の分岐で i が 12 以下の場合はそのまま Soe に使用していることから，13 以上の場合は 12 減算して 1 月から 3 月にしていると考え，ウが正答であると判断する。

⑶　処理条件の 4 の Han（判定）の条件から，"△"を表示するときは 90 以上 100 未満であることを確認する。はじめの分岐で目標達成率が 110 未満であるときにその他の判定を判断していると推理し，⑶の分岐では目標達成率が 100 未満の場合に判断を行っていると考える。90 以上 100 未満が真の場合に"△"を表示する分岐にする，アが正答であると判断する。

⑷　四半期別分析表で四半期ごとに表示する月を，処理条件の 1 で確認する。k は 4 から始まって 3 ずつ増える。k が 4・7・10 の場合は k の値を四半期ごとの初めの月に使用する。k が 13 の場合は 1 月を四半期ごとの初めの月にするため 12 減算すると考え，k が 13 の時に偽の処理をする，ケが正答であると判断する。

⑸　処理条件の 4 から四半期別分析表では，四半期ごとの Shihankei（売上高計）と Wari（割合）を表示することを確認する。⑸の前の処理で Shihankei を求めていることから，⑸では Wari を求めていると考える。Wari の算出方法は「四半期ごとの売上高計（万円）× 100 ÷ 売上高計（万円）の合計」であることを確認し，コが正答であると判断する。

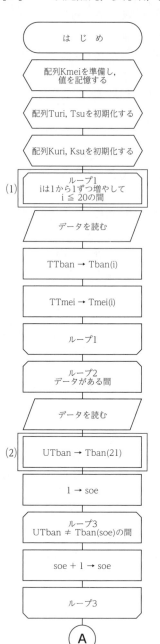

ループ 1 では，読み込んだ取引先データを配列 Tban と配列 Tmei に記憶している。処理条件 1 より取引先データは 20 件であることと，各配列は 1 番目から使用していることを確認し，オとクが正答であると判断する。

売上データを読み，(2)の次から配列 Tban を線形探索している。処理条件 5 から，探索の前に取引先番号を Tban(21)に記憶することを確認し，ソとツが正答であると判断する。

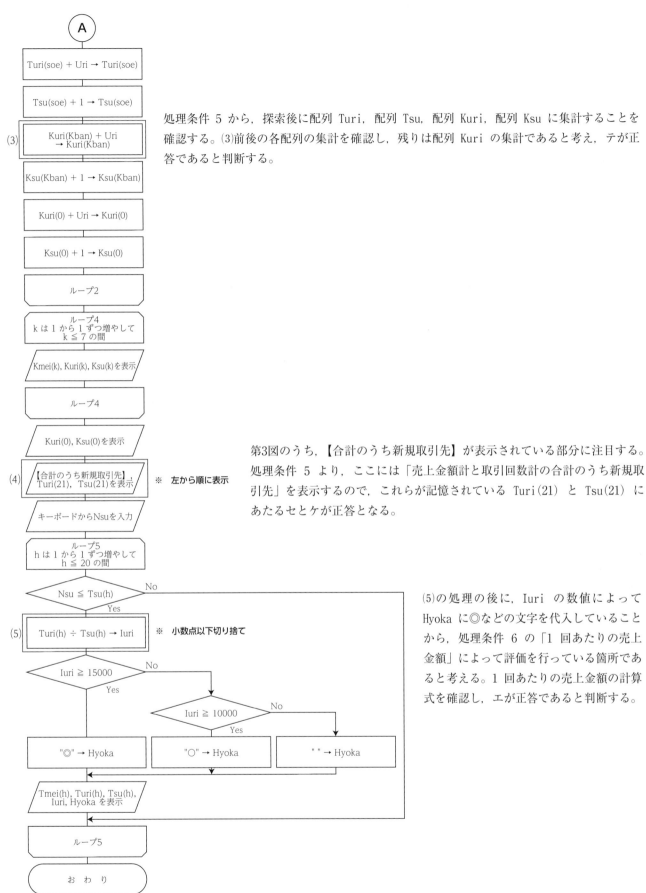

処理条件 5 から，探索後に配列 Turi，配列 Tsu，配列 Kuri，配列 Ksu に集計することを確認する。(3)前後の各配列の集計を確認し，残りは配列 Kuri の集計であると考え，テが正答であると判断する。

第3図のうち，【合計のうち新規取引先】が表示されている部分に注目する。処理条件 5 より，ここには「売上金額計と取引回数計の合計のうち新規取引先」を表示するので，これらが記憶されている Turi(21) と Tsu(21) にあたるセとケが正答となる。

(5)の処理の後に，Iuri の数値によって Hyoka に◎などの文字を代入していることから，処理条件 6 の「1 回あたりの売上金額」によって評価を行っている箇所であると考える。1 回あたりの売上金額の計算式を確認し，エが正答であると判断する。

第12回　模擬問題　解答

【1】

	1	2	3	4	5
	コ	ア	カ	イ	キ

【2】

	1	2	3	4	5
	ケ	エ	オ	キ	ア

【3】

	1	2	3	4	5
	ウ	イ	イ	ウ	5074枚

各2点 15問　小計 30

【4】

	(1)	(2)	(3)	(4)	(5)
	20	-4	8回	10	ウ

【5】

	(1)	(2)	(3)	(4)	(5)
	キ	ウ	イ	オ	コ

【6】

	(1)	(2)	(3)	(4)	(5)
	オ	カ	エ	ク	コ

各3点 15問　小計 45

【7】

	(1) ❶	(1) ❷	(2) ❶	(2) ❷	(3) ❶	(3) ❷	(4) ❶	(4) ❷	(5)
	カ	チ	タ	オ	シ	ア	コ	キ	ツ

各5点 5問　小計 25

得点合計 100

※　【7】(1)・(2)・(3)・(4)は，問ごとにすべてができて正答とする。
　　【7】(1)(2)順不同可

解説

【1】
ウ．ANSI：米国における工業分野の標準規格を定める組織。

エ．解凍：圧縮したデータを，元の状態に戻すこと。

オ．ピアツーピア：サーバ専用機を置かず，それぞれの機器を対等の関係として通信を行うネットワーク形態。

ク．ASCIIコード：1文字を7ビットで表現する文字コード。英字，数字，記号などを扱うことができる。

ケ．多段階認証：複数の段階に分けて認証を行うこと。認証要素の種類数は問わない。

【2】
イ．ファイアウォール　　ウ．ISO　　カ．CSV　　ク．シーケンスチェック　　コ．キーロガー

【3】
1. 2進数11010101は，10進数の213である。213 × 8 = 1,704。

2. ア．コンパイラ：原始プログラムを一括して機械語に変換するソフトウェア。

　 ウ．インタプリタ：原始プログラムを一命令ずつ解釈して実行するソフトウェア。

3. ア．OMR：手書きのマークを読み取り，データとして入力する装置。

　 ウ．UPS：無停電電源装置。突然停電した際に，一定時間，パソコンなどに電力を供給する装置。

4. ア．ppi：1インチの中にいくつのピクセルがあるのかを表す単位。解像度の指標になる。

　 イ．RGB：赤・緑・青の光を組み合わせて色を表現する方式。

5．（計算式）（画像 1 枚あたりの総ピクセル数）1,300 × 1,900 = 2,470,000／（画像 1 枚あたりのビット数）2,470,000 × 24 = 59,280,000／（画像 1 枚当たりのバイト数）59,280,000 ÷ 8 = 7,410,000／（カメラが 8 分の 1 に圧縮）7,410,000 ÷ 8 = 926,250。よって，画像 1 枚は 926,250 バイトとなる。DVD-R は 1 枚 4.7GB = 4,700,000,000 バイトの記憶容量を持つ。4,700,000,000 ÷ 926,250 = 5074.2... となるので，最大で 5074 枚の画像を保存できる。

【4】

⑴ a の入力値が 10，b の入力値が 7 のとき，⑦の処理を行ったあとの c の値は次のとおりである。1 回目：21，2 回目：22，3 回目：20，4 回目：15，5 回目：7，6 回目：-4。

⑸ 「Do While c >= 0 ～ Loop」のループは，c が負数になったら抜けるようになっている。c の値を変動させる処理は，ループ内では「c = c + b」なので，b が絶対値の大きい負数になるのが早いほど，ループの回数は少なくなる。b の値は，ループ内の「b = b - d」によって小さくなっていくので，d の値が大きいほど b の値が小さくなるのが早くなる。d の値は「a - b」によって決まるので，a の値と b の値の差が大きいほど，d の値も大きくなる。この逆に考えると，ウが正答であることが分かる。

【5】 平均値，最大値

⑴ Max の初期値設定を行う。最大値を記憶する変数の初期値は，最も小さいものとなるため，アにしないように注意。

⑵ Yes の場合に，Kname に「イートイン」を入れているので，区分（Ku）が 1 のときに Yes に分岐するのだと判断する。

⑶ 直前の選択で No に進むのは，Ku が 2 の場合，すなわちテイクアウトの場合である。ここではテイクアウトの場合の税込単価（Ttan）を求めることになるが，Ttan は Tanka に 1.08 を乗じると処理条件 1 にあるので，イが正答となる。隣の「解答不要」にはケが入る。

⑷ 後で平均販売金額を計算するために，合計が必要となる。

⑸ 直後の処理で用いている Kensu を求める。件数は，これまで別々に求めていたイートイン件数とテイクアウト件数の合計である。

【6】 線形探索，一次元配列

⑴ 線形探索。処理条件 3 にある通り，入力データの「映画コード」（Ecode）をもとに配列 Ecod を探索する。この直後の処理より，添字には h を使うことがわかる。今回はアとオのどちらかになるが，線形探索は比較対象と一致しなければループ処理を続けることになるので，アではなくオとなる。

⑵ この直前でデイタイムとレイトショーごとの人数を集計しており，ここでは年齢区分ごとの入場者を集計している。年齢区分は入力データから NKu に記憶されているので，これを添字に用いて配列 NNin に集計する。

⑶ 処理条件 4 のうち，「作品名ごと」の集計結果を表示するための処理を行うループ。作品は 10 種類あり，関連する配列も添字 10 の要素まであるので，エが正答となる。

⑷ 作品ごとの入場者数を Nkei に記憶し，それを 10 作品全体の入場者数を記憶する Gokei に加算していく。キとクで迷うことになるが，キにしてしまうと Gokei にすべての作品の入場者数を集計できないので注意する。

⑸ ループ 4 は，年齢区分ごとの入場者数計を表示するための処理を行うループである。また，直後の表示処理で添字に n を使っていることにも注目する。

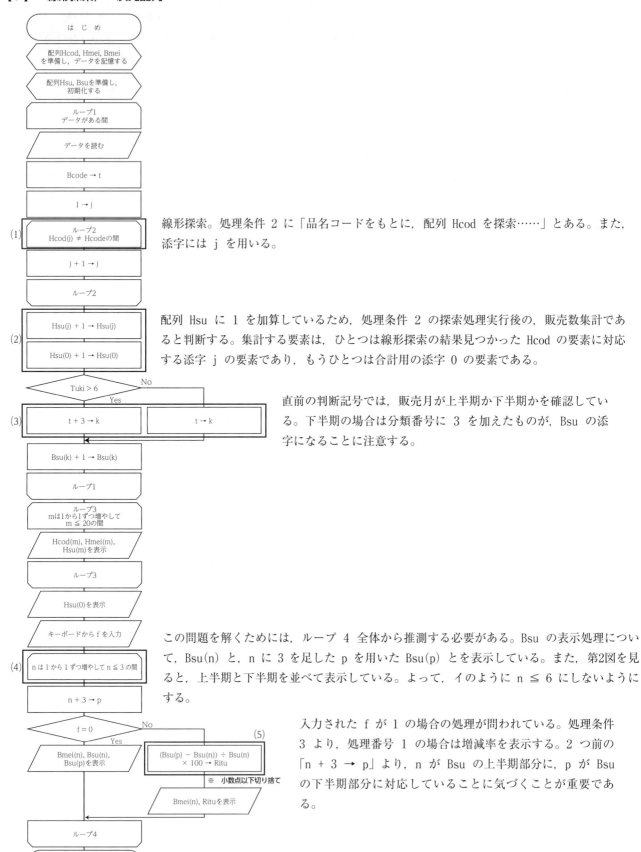

線形探索。処理条件 2 に「品名コードをもとに，配列 Hcod を探索……」とある。また，添字には j を用いる。

配列 Hsu に 1 を加算しているため，処理条件 2 の探索処理実行後の，販売数集計であると判断する。集計する要素は，ひとつは線形探索の結果見つかった Hcod の要素に対応する添字 j の要素であり，もうひとつは合計用の添字 0 の要素である。

直前の判断記号では，販売月が上半期か下半期かを確認している。下半期の場合は分類番号に 3 を加えたものが，Bsu の添字になることに注意する。

この問題を解くためには，ループ 4 全体から推測する必要がある。Bsu の表示処理について，Bsu(n) と，n に 3 を足した p を用いた Bsu(p) とを表示している。また，第2図を見ると，上半期と下半期を並べて表示している。よって，イのように n ≦ 6 にしないようにする。

入力された f が 1 の場合の処理が問われている。処理条件 3 より，処理番号 1 の場合は増減率を表示する。2 つ前の「n + 3 → p」より，n が Bsu の上半期部分に，p が Bsu の下半期部分に対応していることに気づくことが重要である。

令和5年度（第69回）

主催　公益財団法人 全国商業高等学校協会

令和5年度（第69回）情報処理検定試験プログラミング部門　第2級
審　査　基　準

【1】

1	2	3	4	5
カ	オ	コ	キ	イ

【2】

1	2	3	4	5
ケ	ウ	キ	オ	ク

【3】

1	2	3	4	5
イ	ア	ウ	ア	イ

各2点 15問　小計 **30**

【4】

(1)	(2)	(3)	(4)	(5)
3	2 回	27	3 回	ア

【5】

(1)	(2)	(3)	(4)	(5)
ア	ウ	ク	オ	ケ

【6】

(1)	(2)	(3)	(4)	(5)
キ	カ	エ	ケ	コ

各3点 15問　小計 **45**

【7】

(1)	(2) ❶	(2) ❷	(3)	(4)	(5)
シ	セ	サ	カ	ス	エ

※ 複数解答問題は，問ごとにすべてができて正答とする。順不同。

各5点 5問　小計 **25**

得　点　合　計　**100**

【1】

ア．GIF：256 色までの色情報を扱うことができる，画像用のファイル形式。アイコンなどに用いられる。

ウ．セクタ：ハードディスク装置における，最小の記憶単位。

エ．アナログ回線：データ通信を行う際，連続的な物理量によって表現された信号を送受信する通信回線。

ク．グローバル変数：大域変数とも呼ばれ，プログラムの全体からアクセスが可能な変数。

ケ．シーケンスチェック：データが適切な順序に並んでいるかを確認する検査。シーケンス（シークエンス，sequence）は「順序」という意味である。

【2】

ア．イニシャルコスト　　イ．インタプリタ　　エ．デバッグ　　カ．シェアウェア　　コ．バイナリファイル

【3】

1．2 進数同士の掛け算は筆算で計算してもよいが，一度 10 進数に変換して計算し，2 進数に戻すと安全である。
　2 進数の 1011 は，10 進数の 11。「5 × 11 ＝ 55」。10 進数の 55 は，2 進数 110111。

2．イ．Java：オブジェクト指向型のプログラム言語であり，OS などの環境の違いに依存せず実行可能。

　　ウ．簡易言語：特定の機能を簡単に実現するためのコマンド群あるいはプログラム言語。

3．ア．ZIP：複数のファイルを 1 つにまとめたり，ファイル容量を小さくしたりできるファイル形式。

　　イ．CSV：データをコンマで区切って記録するファイル形式。アプリケーションソフトウェアにおけるデータの記録や交換に広く用いられる。CSV は Comma-Separated Value の略であり，カンマ（Comma）で区切られた（Separated）値（Value）という意味になる。

4．イ．多要素認証：異なる複数の要素を用いて行う認証方式。認証は，ある情報システムなどを利用する権限がある本人かどうかを確かめることであり，その際に用いる要素には「知識」「所有」「生体」がある。これらのうち 2 つ以上を組み合わせるのが多要素認証である。設問文のように，知識要素にあたる「パスワード」と「秘密の質問」の両方を用いたとしても，認証回数は複数だが用いた要素は 1 つだけなので，多段階認証ではあるが多要素認証にはならない。

　　ウ．シングルサインオン：一度の認証により，複数の情報システムやサービスを利用可能にすること。SSO ともいう。

5．ア．ファイアウォール：内部ネットワーク（LAN）と外部ネットワーク（インターネット）の境界に設置するハードウェアやソフトウェア。外部から内部に入ってくるパケットや，内部から外部に出ていくパケットをチェックして，問題があれば遮断する。

　　ウ．ランサムウェア：感染したパソコン内のファイルを暗号化して使用できなくし，そのファイルを「人質」のように扱って，復号と引き換えに「身代金」を支払うよう要求するようなマルウェア。ランサム（ransom）は「身代金」，ウェアは「ソフトウェア」を意味する。

【4】※提供データにトレース表あり。

⑴　a が 3，c が 2 の入力値であるとき，「Do While e >= f 〜 Loop」開始直後の「g ＝ a － f」について，a は 3，f は 0 なので，g は 3 になる。これが出力されるので，⑴の答えは 3 となる。

⑵　㋐の出力は If ステートメントなどの中にあるわけではないので，出力回数とループ回数は一致する。【ループ開始前】e：2，f：0，【1 周目終了時】e：1，f：1，【2 周目終了時】e：0，f：2。「e >= f」を満たさないので，3 周目は行われない。よって，a が 3，c が 2 の入力値であるとき，ループは 2 周行われる。

⑶　a が 20，c が 7 の入力値であるとき，㋐における h の出力について，【1 回目】27，【2 回目】27 なので，27 が正解である。この後も h は出力されるが，問われているのは 2 回目の出力であるので省略する。

⑷　㋑の処理は，「If c < 0 Then 〜 End If」の If ステートメントが YES になった場合に行われる。a が 20，c が 7 の入力値であるとき，If ステートメント実行時点での c の値は，【1 周目】4，【2 周目】－1，【3 周目】2，【4 周目】－7，【5 周目】－10である。c の値が負数の場合に If ステートメントが YES になり，㋑の処理も実行されるので，3 回が正解となる。

⑸　処理を終了するときは，「Do While e >= f 〜 Loop」の処理を抜けており，その後 e も f も変更をしていないので，「e < f」の状態になっている。よって，イやウはあり得ず，アが正解である。

【5】データの集計

(1) 「データを読む」の直後なので，処理条件1「第1図の入力データを読み…」の部分に注目すると，計と子供割合(%)を求めるとあるので，この処理をしていることが分かる。

　(1)では特に，計を求めている。計は処理条件1に「大人＋子供」によって求めるとあり，大人は読み込んだデータのOtonaに，子供はKodomoに記憶されているので，これらを加えてKeiに記憶しているアが正解である。

(2) 直後にWariを用いた条件分岐があるが，ここまでにWariは求められていないので，(2)で求める。処理条件1より，Wariは「子供割合(%)」であり，「子供 × 100 ÷ 計」で求める。「子供」は読み込んだデータのKodomoに，「計」は(1)で求めたKeiに記憶されているので，これらを用いて処理条件1の計算式の通りに計算しているウが正解である。

(3) 処理条件1の「判定は子供割合(%)が10より大きい場合は＊を表示する」の処理を行っている。「Wari > 10」の条件判定がYESの場合の処理が問われており，直後の表示処理も合わせて考えると，クの「"＊" → Han」が入る。なお，横の「解答不要」には「"" → Han」が入る。

(4) 直後でHeiを表示しているが，ここまででHeiは求められていないので，(4)で求める必要がある。前後の処理と処理条件2も合わせて考えると，Heiは「平均観客動員数」であると分かる。処理条件2に，「平均観客動員数」は「総計 ÷ チーム数」で求めるとあり，「総計」はSkeiに，「チーム数」はTsuに記憶されている。なお，入力データ1件が1チームのデータにあたるので，データの件数とチーム数は一致する。そのため，データを読むたびに(2)の1つ上でTsuに1を加えることにより，「チーム数」を求めている。これらを正しく計算式に当てはめているオが正解である。

(5) 直後でZwariを表示しているが，ここまででZwariは求められていないので，(5)で求める必要がある。前後の処理と処理条件2も合わせて考えると，Zwariは「全体の子供割合(%)」であると分かる。処理条件2に，「全体の子供割合(%)」は「子供の合計 × 100 ÷ 総計」で求めるとあり，「子供の合計」はKkeiに，「総計」はSkeiに記憶されている。これらを正しく計算式に当てはめているケが正解である。

【6】一次元配列，最大値

(1) 直後で配列JikenとJihonの添字にSoeを使用しているが，ここまでにSoeを求めていないので(1)で求める必要がある。配列JikenとJihonの添字と時間（○時台～○時台）の関係は，処理条件3の通り次のようになっている。

配列

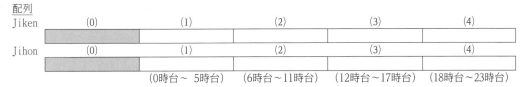

Jiken　(0)　(1)　(2)　(3)　(4)

Jihon　(0)　(1)　(2)　(3)　(4)

　　　（0時台～ 5時台）（6時台～11時台）（12時台～17時台）（18時台～23時台）

　処理条件1の通り，入力データのJifun（4桁）のうち，上位2桁が「時」を表している。この「時」は(1)の直前でJiに取り出されているので，これをどのように操作したら上の配列のような対応にできるかを考えればよい。

　Soeを求める選択肢にはオとキがあるので，適当な値で試行すると分かりやすい。例えば，「時」が14の場合，添字は3にならなければならない。以下の通り試行してみると，正しいのはオではなくキであると判断できる。

> オの「Ji ÷ 6 → Soe」をすると，「14 ÷ 6 = 2」（小数点以下切り捨て）より Soe は 2 になる。
> キの「Ji ÷ 6 + 1 → Soe」をすると，「14 ÷ 6 + 1 = 3」（小数点以下切り捨て）より Soe は 3 になる。

(2) 処理条件3の，「セットごとに配列Kenに売上件数を求める」の処理にあたる。配列Kenの添字はセット番号と対応しており，セット番号は読み込んだデータのSbanに記憶されているので，SbanをKenの添字にしているカが正解である。

(3) 入力データの終了後の処理なので，処理条件4「入力データが終了したら…」に注目する。すると，「時間帯ごとに時間帯から売上本数までを第2図のように表示する」とあり，ここではこの処理を行っている。時間帯ごとの売上件数と売上本数はそれぞれJikenとJihonに記憶されており，添字末尾は4なので，「k ≦ 4」を継続条件にする。

(4) この条件分岐がYESになった場合，MaxとMaxkenをそれぞれKen(r)とSetto(r)に更新している。Maxkenは最後に表示されていることから，「最高売上件数のセット（本）」である。ループ3でrを1～7の範囲で1ずつ増やしているので，Ken(r)とMaxを「Ken(r) > Max」のように比較し，YESであればMaxをKen(r)に，MaxkenをSetto(r)に更新することで，ループ3が終了したときにはMaxkenには「最高売上件数のセット（本）」が記憶されている。なお，処理条件4に「最高は同じ売上件数があった場合，先に入力されたデータを優先する」とあるので，「Ken(r) ≧ Max」のように比較するウは誤りとなる。

(5) 第2図の，下から2行目の「（合計）」の表示にあたる。売上件数，売上本数，売上金額の合計は，それぞれKen(0)，Honkei，Kinkeiに記憶されているので，コが正解である。

【7】線型探索，多分岐

〈流れ図〉

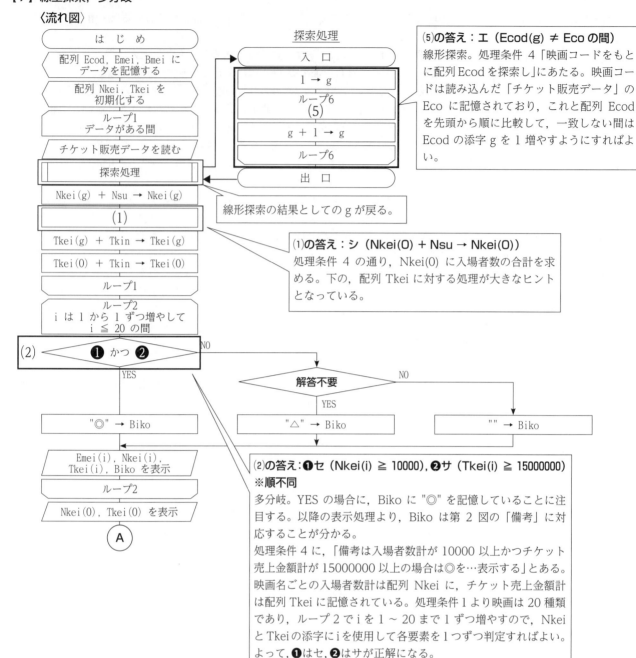

(5)の答え：エ（Ecod(g) ≠ Eco の間）

線形探索。処理条件4「映画コードをもとに配列Ecodを探索し」にあたる。映画コードは読み込んだ「チケット販売データ」のEcoに記憶されており，これと配列Ecodを先頭から順に比較して，一致しない間はEcodの添字gを1増やすようにすればよい。

(1)の答え：シ（Nkei(O) + Nsu → Nkei(O)）

処理条件4の通り，Nkei(0)に入場者数の合計を求める。下の，配列Tkeiに対する処理が大きなヒントとなっている。

(2)の答え：❶セ（Nkei(i) ≧ 10000），❷サ（Tkei(i) ≧ 15000000）
※順不同

多分岐。YESの場合に，Bikoに"◎"を記憶していることに注目する。以降の表示処理より，Bikoは第2図の「備考」に対応することが分かる。
処理条件4に，「備考は入場者数計が10000以上かつチケット売上金額計が15000000以上の場合は◎を…表示する」とある。映画名ごとの入場者数計は配列Nkeiに，チケット売上金額計は配列Tkeiに記憶されている。処理条件1より映画は20種類であり，ループ2でiを1〜20まで1ずつ増やすので，NkeiとTkeiの添字にiを使用して各要素を1つずつ判定すればよい。よって，❶はセ，❷はサが正解になる。

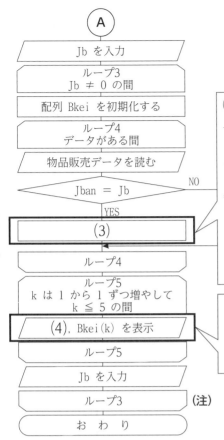

(3)の答え：カ（Bkei(Bban) ＋ Bkin → Bkei(Bban)）

上の「Jban = Jb」が YES の場合に行う処理であることに注目する。また，読み込んだ物品販売データには「ジャンル番号（Jban）」と「物品番号（Bban）」があることに注意する。

「Jb を入力」で入力されたジャンル番号に対応する物品販売データだけ，物品番号ごとに物品売上金額を集計したい。Jb とジャンル番号（Jban）が一致するかどうかは直前の条件分岐で判定されており，これが YES ならそのデータの物品番号（Bban）に対応した Bkei の要素に物品売上金額（Bkin）を加算する。よって，答えはカである。

下の具体例も参照。

(4)の答え：ス（Bmei(k)）

処理条件 5 の通り，物品名と物品売上金額計を表示する。物品名は Bmei，物品売上金額計は Bkei に記憶されており，これらの添字は対応している。よって，空欄部分には Bmei(k) が入る。

(注) ループ4に移る際，物品販売データを再び読めるように準備する。

---

(3)の部分の具体例

・ジャンル番号1（すなわち SF。処理条件 2 参照。）の映画の関連商品に関する物品別売上金額一覧表を表示したいので，プログラム実行者は第 3 図の「ジャンル番号（1 ～ 6）を入力」に「1」と入力した。

・「物品販売データを読む」で最初に読み込まれたデータは，「1201,1,1,1000」だった。これは，12月1日に，ジャンル番号 1，物品番号 1 の物品売上が 1000 円あったということを意味する。ジャンル番号（Jban）が，入力されたジャンル番号（Jb）と一致するので，「Jban = Jb」が YES になり，物品番号1（すなわちパンフレット。処理条件3参照。）の売上金額（Bkei(1)）に 1000 が加えられる。

・次に「物品販売データを読む」で読み込まれた 2 件目のデータは，「1202,2,1,2000」だった。これは，12月2日に，ジャンル番号 2，物品番号 1 の物品売上が 2000 円あったということを意味する。入力されたジャンル番号 1 の映画の関連商品ではないので，物品売上金額計に集計しない。「Jban = Jb」は，Jban が 2，Jb が 1 なので NO になり，Bkei には 2000 が集計されない。

……このように最後のデータまで読み込んで処理をすると，Jban が 1 のデータのみ，物品番号 Bban をもとにして，Bkei に物品別の売上金額計が集計される。

▷P.170

主催　公益財団法人　全国商業高等学校協会

令和5年度（第70回）情報処理検定試験プログラミング部門　第2級

審　査　基　準

【1】

1	2	3	4	5
ア	ク	ケ	エ	イ

【2】

1	2	3	4	5
ク	コ	オ	ウ	キ

【3】

1	2	3	4	5
イ	ウ	ア	イ	ア

各2点
15問　小計　**30**

【4】

(1)	(2)	(3)	(4)	(5)
5　回	325	14	322	イ

【5】

(1)	(2)	(3)	(4)	(5)
ケ	エ	キ	カ	ア

【6】

(1)	(2)	(3)	(4)	(5)
ア	ウ	ク	オ	コ

各3点
15問　小計　**45**

【7】

(1)	(2)	(3) ❶	(3) ❷	(4)	(5)
シ	エ	ケ	カ	ソ	オ

※　複数解答問題は，問ごとにすべてができて正答とする。

各5点
5問　小計　**25**

得　点　合　計　**100**

解説

【1】

ウ．無線LAN：建物などの限られた範囲内において，電波などによって情報通信機器を接続するネットワーク。

オ．シェアウェア：機能や使用回数が制限されており，その制限を解除して利用するためには料金を支払う必要がある契約形態のソフトウェア。

カ．サブディレクトリ：ファイルをディレクトリで管理する階層型のファイルシステムにおける，下位のディレクトリ。

キ．アクセスアーム：磁気ディスク装置において，磁気ヘッド（1で問われている「ディスク上のデータを直接読み書きする部品」）を所定の位置に移動させるための部品。

コ．クライアントサーバシステム：コンピュータ同士でデータを送受信する際，サービスを提供するサーバと，サービスを提供されるクライアントに役割を分けるネットワーク形態。

【2】

ア．著作権法　　イ．コンパイラ　　エ．SSID　　カ．PDF　　ケ．論理エラー

【3】

1．2進数の10110は，10進数の22。「22 ＋ 8 ＝ 30」より，答えはイの30である。

2．ア．ISO：国際間取引を促進するために，工業製品やマネジメントシステムに関する国際標準を定める団体。

　　イ．JIS：日本国内の産業の発展のために，産業製品に関して定められる規格。

3．イ．ニューメリックチェック：入力された値が数値かどうかを確認する検査。ニューメリック（numeric）は「数値の」という意味である。

　　ウ．トータルチェック：コンピュータのプログラムなどで求めた合計値と，手計算など別の手段で求めた合計値が一致するかどうかを確認する検査。トータル（total）は「合計」という意味である。

4．ア．C言語：OSの開発などに使用される，汎用性の高いプログラム言語。

　　ウ．アセンブリ言語：コンピュータが直接理解できる機械語と一対一で対応した命令を記述できるプログラム言語。

5．① 解像度 2,400 × 1,800 ピクセルの画像1枚の総ピクセル数は，

$$2400 × 1800 ＝ 4320000$$

　　より 4,320,000 ピクセル。

② 1ピクセルあたりのデータ量は24ビット，すなわち3B（バイト）。

③ 画像1枚のデータ量は，

$$4320000 × 3 ＝ 12960000$$

　　より12,960,000B。

④ 問われているデータ量の単位はGBであり，1GB ＝ 10^9B である。12,960,000B を 0.01296GB と変換しておく。

⑤ この画像250枚を保存する記憶容量は，

$$0.01296 × 250 ＝ 3.24$$

　　より 3.24GB。

【4】 ※提供データにトレース表あり。

(1)(2) x が5，y が40の場合について，トレースをして確認する。⑦の処理は，「If a ＞ b Then ～ End If」が YES に分岐した場合に行われる。上側の「Do While a ＜ 10」のループについて，If ステートメント実行時の a と b の値は，<u>【1周目】a が1，b が0</u>【2周目】a が2，b が2<u>【3周目】a が3，b が2</u>【4周目】a が4，b が4<u>【5周目】a が5，b が4</u>【6周目】a が6，b が6<u>【7周目】a が7，b が6</u>【8周目】a が8，b が8<u>【9周目】a が9，b が8</u>【10周目】a が10，b が10 となり，「a ＜ 10」を満たさなくなるのでループを抜ける。下線部が引かれている周で，If ステートメントの判定は YES になるため，⑦は5回実行されている。また，c にも x が5回足され，ループを抜けたときには25になっている。

　　④で出力される h の値も，トレースをして確認する。

(3)(4) x が7，y が11の場合について，トレースをして確認する。なお，If ステートメントが YES になり，⑦の処理が実行されるたびに c に x が加えられるので，⑦の処理が2回行われたら c の値は14になる。また，「Do While a ＜ 10 ～ Loop」のループにおいて，If ステートメントが YES になるのは5回なので，このループを抜けたときの c の値は x が5回足されて35になっている。このことが(1)(2)で分かっていると，トレース作業時間の短縮になる。

(5) 処理を終了したということは，下側の「Do While e ＜ x ～ Loop」のループを抜けている。e はループ内で「e ＝ e ＋

1」で 1 ずつ増やされ，x の値は変更されない。また，ループに入る前は，「e = 0」により e は 0 であり，x は 0 よ り大きい。よって，ループを抜けたときには必ず e と x の値が同じになっている。そして，その後「End Sub」まで e も x も変更されていない。よって，処理を終了したときには e と x の値が同じなので，イが正解となる。

【5】データの集計，最小値

(1) 「最も古い製造年」を記憶する変数 Minnen の初期値を設定している。なお，入力データの Nen（製造年）は西暦で表 されており，値が小さいほど古いことを意味する。

　　最小値の初期値は，あり得る最も大きい値よりも大きくするとよい。仮に，Minnen の初期値が 0 のように小さい値に なっていると，読み込んだ Nen が Minnen より小さくなることがなく，最後に出力される Minnen も 0 となってしまい 妥当ではない。よって，Minnen に大きい値である 9999 を記憶しているケが正解である。

　　なお，最小値の更新処理は空欄(3)の後で行われており，(1)からは遠いので，(1)の時点では Minnen の初期値設定をして いるということは分かりづらいかもしれない。そのような場合は，一旦(1)を保留して先に進み，後で(1)を考えてもよい。 また，この大問では問われていないが，最大値を記憶する変数の初期値はあり得る最も小さい値よりも小さくする。

(2) (2)の分岐が YES，NO いずれの場合でも，Biko に値を記憶している。YES の場合は Biko に"＊"を記憶しているが，こ れは処理条件 1「備考は買取価格が 500000 以上の場合は＊を表示する」に対応する。よって，(2)はエが正解である。

　　なお，YES の場合には Su にも 1 を加えているが，この Su は第 2 図の「買取価格が 500,000 円以上の商品数」であ る。

(3) ループを抜けた後に「Kei を表示」があるが，(3)以外で Kei の値を設定しているところがないので，(3)では Kei に関 する処理をする。Kei は，流れ図と第 2 図と照らし合わせると，「買取価格の合計」であると分かる。よって，Kei に ループのたびに Kakaku を加えているキが正解である。

(4) (4)は，2 つ上の「Nen ＜ Minnen」が YES になっている場合の処理である。これが YES になるということは，読み込 んだ入力データの Nen が暫定の最小値を記憶している Minnen より小さいということである。第 2 図および流れ図の最 後を見ると，Minnen（最も古い製造年）と Mincode（最も古い製造年の買取コード）を表示している。よって，(4)の部分 では現在読み込んだデータの Code（買取コード）を Mincode に代入する処理を行う。

(5) 第 2 図で，Kei（買取価格の合計）の下には Su（買取価格が 500,000 円以上の商品数）が表示されている。

【6】データの集計，多分岐

(1) (1)の 2 つ下の処理で，配列 Kgo の添字に Kban を使っているが，Kban が他で求められていないので(1)の部分で求め る。

　　処理条件 3 より，配列 Kgo は会員ごとのチケット売上金額計を記憶する配列であり，添字は会員番号と対応してい る。会員番号は，処理条件 1 より，入力データの Kkod（会員コード）の最上位 1 桁を除いた下位 5 桁である。

　　(1)の前に，「Kkod ÷ 100000」（小数点以下切り捨て）によって，Kkod の最上位 1 桁が Aban（アーティスト番号） として取り出されている。Kkod の下位 5 桁を取り出すためには，Aban に 100000 をかけて Kkod から引けばよい。よっ て，(1)には Kban が入る。

(2) 処理条件 3 の通り，配列 Kgo への「会員ごとチケット売上金額」の記憶だけでなく，配列 Kmai への「会員ごとチ ケット売上枚数」の記憶も行わなければならない。入力データ 1 件がチケット 1 枚に対応するので，入力データがある たびに，その入力データの Kcod から取り出した Kban を添字として使い，Kmai(Kban) に 1 を加えればよい。

(3) (3)の分岐が YES の場合，Kran に "B" が記憶されている。Kran は処理条件 4 に示される「会員のランク」であり， その会員のチケット売上金額計が 5,000 円以上 10,000 円未満の場合に B ランクとなる。

　　(3)の条件判断を行うのは，「Kgo(m) ≧ 10000」が NO になっている場合なので，「10,000 円未満」という条件は必ず満 たされている。後は「5,000 円以上」という条件に合致するかどうかを確かめればよいので，クが正答である。

(4) 処理条件 4 の「会員ごとに，会員番号からランクまでを第 2 図のように表示する」に対応する。具体的には，第 2 図を見ると，会員ごとの①会員番号，②売上金額計，③売上枚数計，④ランクが表示されている。これらはそれぞれ，① ループ 2 で設定している m，② Kgo(m)，③ Kmai(m)，④ Kran に記憶されているので，オが正解である。

(5) (4)の表示をした後，「S ランクの会員番号」と「S ランクの人数計」を表示する必要がある。ループ 2 内の条件判定 「Kgo(m) ≧ 20000」が YES になっている場合は，その会員は S ランクにあたるので，S ランクの人数計を記憶する Snin に 1 を加えている。また，配列 Sran にも，「m → Sran(Snin)」によって S ランクの会員番号が記憶されている。 よって，ループ 3 は「p は 1 から 1 ずつ増やして p ≦ Snin の間」とすれば，配列 Sran の各要素の値をすべて表示 できる。

【7】線型探索，一次元配列

〈流れ図〉

はじめ

配列 Bmei, Sco, Smei, Stan, Zkin に
データを記憶する

配列 Tsu, Tkin, Bkin を
初期化する

0 → Tcnt

0 → Zcnt

ループ1
データがある間

データを読む

1 → p

ループ2
(1) の間

p + 1 → p

ループ2

$Usu \times Stan(p) → Ukin$

$Usu \geqq 3$ NO

YES

$Ukin - Ukin \times 0.1 → Ukin$

$Tsu(p) + Usu → Tsu(p)$

$Tsu(0) + Usu → Tsu(0)$

$Tkin(p) + Ukin → Tkin(p)$

$Tkin(0) + Ukin → Tkin(0)$

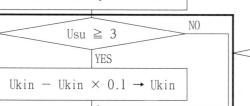

(2)

ループ1

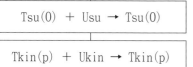

A

(1)の答え：シ（Sco(p) ≠ Scod）
線形探索。処理条件3の「商品コードをもとに配列 Sco を探索し」に対応する処理を行っている。商品コードは読み込んだ入力データの Scod であり，これと配列 Sco の各要素が一致するかどうかを順に調べる。

処理条件3「売上数量が 3 以上の場合は，売上金額の10% を値引きする」に対応した処理。

(2)の答え：エ（Bkin(Bban) + Ukin → Bkin(Bban)）
処理条件3の「配列 Bkin に分類ごとの売上金額を集計する」に対応する。配列 Bkin の添字は分類番号と対応しており，分類番号は入力データの Bban に記憶されている。また，売上金額は Ukin に記憶されている。よって，Bkin(Bban) に Ukin を加えているエが正解である。

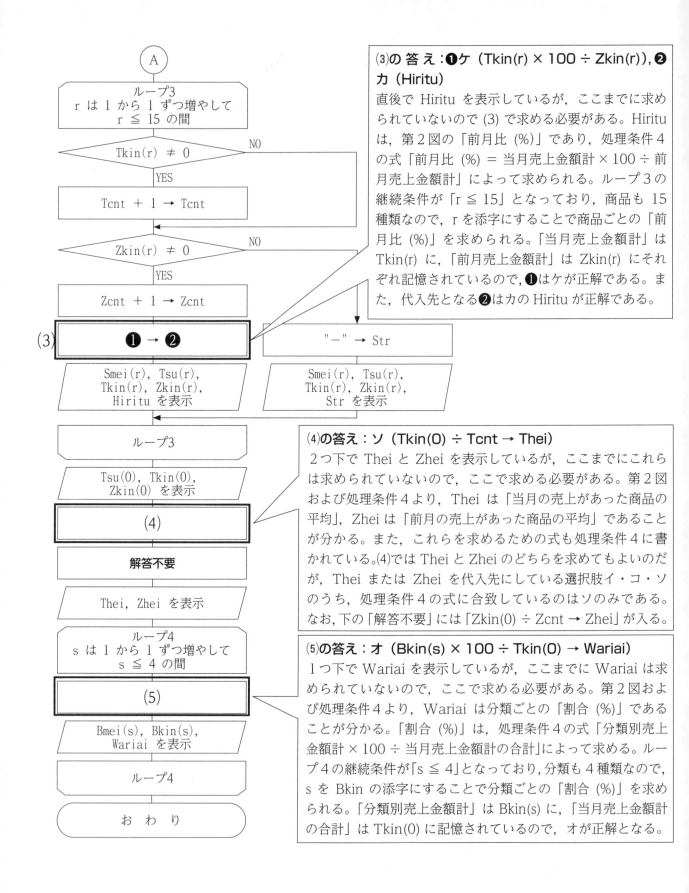

(3)の答え：❶ケ（Tkin(r) × 100 ÷ Zkin(r)），❷カ（Hiritu）

直後で Hiritu を表示しているが，ここまでに求められていないので (3) で求める必要がある。Hiritu は，第2図の「前月比 (%)」であり，処理条件4の式「前月比 (%) = 当月売上金額計 × 100 ÷ 前月売上金額計」によって求められる。ループ3の継続条件が「r ≦ 15」となっており，商品も 15 種類なので，r を添字にすることで商品ごとの「前月比 (%)」を求められる。「当月売上金額計」は Tkin(r) に，「前月売上金額計」は Zkin(r) にそれぞれ記憶されているので，❶はケが正解である。また，代入先となる❷はカの Hiritu が正解である。

(4)の答え：ソ（Tkin(0) ÷ Tcnt → Thei）

2つ下で Thei と Zhei を表示しているが，ここまでにこれらは求められていないので，ここで求める必要がある。第2図および処理条件4より，Thei は「当月の売上があった商品の平均」，Zhei は「前月の売上があった商品の平均」であることが分かる。また，これらを求めるための式も処理条件4に書かれている。(4)では Thei と Zhei のどちらを求めてもよいのだが，Thei または Zhei を代入先にしている選択肢イ・コ・ソのうち，処理条件4の式に合致しているのはソのみである。なお，下の「解答不要」には「Zkin(0) ÷ Zcnt → Zhei」が入る。

(5)の答え：オ（Bkin(s) × 100 ÷ Tkin(0) → Wariai）

1つ下で Wariai を表示しているが，ここまでに Wariai は求められていないので，ここで求める必要がある。第2図および処理条件4より，Wariai は分類ごとの「割合 (%)」であることが分かる。「割合 (%)」は，処理条件4の式「分類別売上金額計 × 100 ÷ 当月売上金額計の合計」によって求める。ループ4の継続条件が「s ≦ 4」となっており，分類も4種類なので，s を Bkin の添字にすることで分類ごとの「割合 (%)」を求められる。「分類別売上金額計」は Bkin(s) に，「当月売上金額計の合計」は Tkin(0) に記憶されているので，オが正解となる。